सुखी परिवार
समृद्ध राष्ट्र

डॉ. कलाम की
कलम से
4,50,000 से अधिक प्रतियों की बिक्री
मेरी जीवन-यात्रा
भारत 2020
और उसके बाद
खुशहाल व समृद्ध विश्व
जीवन वृक्ष
जाग्रत् भारत श्रेष्ठ भारत
वैज्ञानिक भारत
तेजस्वी मन
मेरे सपनों का भारत
हम होंगे कामयाब
कलाम
महाशक्ति भारत
विजयी भव
हमारे पथ-प्रदर्शक
क्या है कलाम?
Guiding Souls
KALAM
BLOSSOM
Songs of Life

सुखी परिवार समृद्ध राष्ट्र

आचार्य महाप्रज्ञ

डॉ. ए.पी.जे. अब्दुल कलाम

प्रभात प्रकाशन

प्रकाशक

प्रभात प्रकाशन प्रा. लि.

4/19 आसफ अली रोड, नई दिल्ली–110002

फोन : 011–23289777 • हेल्पलाइन नं. : 7827007777

इ–मेल : prabhatbooks@gmail.com ❖ वेब ठिकाना : www.prabhatbooks.com

संस्करण

2026

अनुवाद

सुशील कपूर

पेपरबैक मूल्य

चार सौ रुपए

मुद्रक

नरुला प्रिंटर्स, दिल्ली

SUKHI PARIVAR SAMRIDDHA RASHTRA

by Shri Acharya Mahapragya & Dr. A.P.J. Abdul Kalam

Published by **PRABHAT PRAKASHAN PVT. LTD.**

4/19 Asaf Ali Road, New Delhi-110002

ISBN 978-81-7315-738-7

₹ 400.00 (PB)

आभार

जीवन के विभिन्न क्षेत्रों से जुड़े लाखों देशवासियों के साथ पिछले कई दशकों से हमारा विचार-विमर्श होता रहा है। इस पुस्तक को लिखने में हमारे विचारों ने उन्हीं से स्वरूप ग्रहण किया। ऐसे प्रत्येक पारस्परिक मिलन ने हमारे अनुभव को समृद्ध किया और उत्तम परिवार, उत्तम समाज तथा उत्तम राष्ट्र के बारे में हमारी समझ को विकसित किया। इस पुस्तक को लिखने के दौरान हमें पिछली कुछ शताब्दियों की अपने समाज के विकास और संयोजन की विशालता का एहसास हुआ। हमने समझा कि हमारे देश में विभिन्न प्रयोजनों से आनेवालों का इस पर कितना प्रभाव पड़ा। हम विशेष रूप से वाई.एस. राजन तथा उन सभी लोगों का धन्यवाद करते हैं, जो हमारे समाज व उसकी विशिष्टताओं को समझने में हमारे सहायक बने।

इस पुस्तक में प्रस्तुत आचार्य महाप्रज्ञजी विचारों को आकार देने में जिन अनुयायियों व श्रद्धालुजनों ने योगदान दिया, आचार्य महाप्रज्ञजी उन सभी को साधुवाद देते हैं। पुस्तक के लेखन से निरंतर जुड़े रहने व उसके प्रतिपाद्य विषय को सुचारु रूप प्रदान करने के लिए साध्वी नियोजिका विश्रुतविभा, प्रोफेसर मुनि महेंद्रकुमार, डॉ. सोहनलाल गांधी और प्रो. अरुण के. तिवारी विशेष साधुवाद के पात्र हैं।

ए.पी.जे. अब्दुल कलाम विश्व के उन हजारों नागरिकों का धन्यवाद करना चाहते हैं, जिनके साथ उनका निरंतर संपर्क बना हुआ है। इन सबने उन्हें एक ऐसे मूल्य-आधारित, समृद्ध, सुखी, शांतिप्रिय व सुरक्षित समाज के विकास के लिए काम करने को प्रेरित किया, जिसका आधार परिवार है। वह मेजर जनरल आर. स्वामीनाथन को अति धन्यवाद व्यक्त करते हैं, जिन्होंने सभी अध्यायों को पढ़कर

विषय-वस्तु की समृद्धि के लिए उपयोगी सुझाव दिए। श्री आर.के. प्रसाद और श्री घनश्याम शर्मा ने पांडुलिपि तैयार करने तथा संपादन में बड़े मनोयोग से अथक परिश्रम किया। उनके सद् प्रयास से ही प्रस्तुत पुस्तक का संपूर्ण होना संभव हो सका है।

पुस्तक का उद्भव

आचार्य महाप्रज्ञजी ज्ञान के अजस्र स्रोत हैं। जो भी आत्मा उनके संपर्क में आती है, उसे वह पवित्र कर देते हैं। अक्तूबर, 1999 में अध्यात्म साधना केंद्र, महरौली में मेरा उनसे प्रथम साक्षात्कार हुआ। लगभग आधी रात का समय था, आचार्यजी अपने प्रमुख मुनियों के साथ राष्ट्र व देशवासियों के कल्याण के लिए तीन बार प्रार्थना कर चुके थे। प्रार्थना के बाद उन्होंने मेरी ओर देखकर जो कुछ कहा, वे शब्द अब भी मेरी स्मृति में गूंजते हैं। उन्होंने जो फरमाया उसका अर्थ है, 'कलाम, आपने अपनी टीम के साथ जो पुरुषार्थ किया है, नियति उसका यथार्थ फल देगी, परंतु नियति ने आपके लिए इससे बड़ा उद्देश्य नियत किया हुआ है। इसीलिए आज आप यहाँ मेरे साथ हैं। मुझे ज्ञात है कि अब हमारा देश परमाणु-शक्ति-संपन्न राष्ट्र बन गया है, किंतु आपने और आपकी टीम ने जो उपलब्धि पाई है, आपका जीवन-लक्ष्य उससे कहीं उदात्त है। वह तो वास्तव में किसी भी मानव ने जो उपलब्ध किया है, उससे भी महान् है। विश्व में हजारों की संख्या में परमाणु-अस्त्र बढ़ रहे हैं। जो भी आध्यात्मिक आशीर्वाद मेरे पास हैं, उनके साथ मैं आपको आदेश देता हूँ कि ऐसी शांति की मिसाइल विकसित करो, जिससे ये परमाणु-अस्त्र निष्प्रभावी हो जाएँ। ये सब महत्त्वहीन और राजनीतिक दृष्टि से तुच्छ हो जाएँ।'

आचार्यजी ने अपना संदेश समाप्त किया, तो हाल में सन्नाटा छा गया। मुझे प्रतीत हुआ मानो दैवी शक्तियाँ आचार्यजी से सहमति प्रकट कर रही हों। जीवन में पहली बार मैं हिल उठा। तब से आचार्यजी के संदेश मेरे लिए पथ-प्रदर्शक बन गए हैं। उनको कार्यान्वित करना एक चुनौती है, जिसने मेरे जीवन को नवीन अर्थ दिए हैं।

उस मुलाकात के बाद मैं आचार्य महाप्रज्ञजी से अनेक बार मिला। प्रत्येक मुलाकात के साथ मुझे स्पष्ट अनुभव हुआ कि हमारी चर्चाओं का कोई महान् उद्देश्य है। इसे किसी-न-किसी रूप में अभिव्यक्त होना चाहिए, परंतु उस समय मैं नहीं जानता था कि यह कैसे संभव होगा। 2 अगस्त, 2005 को आचार्यजी को 'राष्ट्रीय साम्प्रदायिक सद्भाव' अलंकरण से सम्मानित किया गया। उस दिन मैंने उनसे भेंट की। हम साथ-साथ बैठे थे, तभी आचार्यजी बोले, 'कलाम, अब अपने विचारों को कार्यान्वित करने का समय आ गया है। ये विचार हैं, परिवार व राष्ट्र के विकास के माध्यम से एक शांतिपूर्ण, सुखी व समृद्ध समाज का विकास करना। यह कार्य हम एक पुस्तक के रूप में संपन्न करेंगे।'

हमने इस प्रश्न पर विचार किया कि एक उत्तम राष्ट्र का निर्माण कैसे किया जा सकता है, फिर हम इस निष्कर्ष पर पहुँचे कि इसके बीज परिवार में बोए जा सकते हैं। कोई ऐसा व्यक्ति ही, जिसका पालन-पोषण उचित मूल्यों की शिक्षा देनेवाले परिवार में हुआ हो, राष्ट्र के प्रति अपने उत्तरदायित्व को समझ सकता है। ऐसा नागरिक 'निष्ठा से काम करो और निष्ठा से सफलता पाओ' के सिद्धांत को अपनाएगा। यह आधार वाक्य ही इस पुस्तक का मूल सिद्धांत है। इसी कारण हमने इसका नाम 'सुखी परिवार और समृद्ध राष्ट्र' रखा है।

उत्तम राष्ट्र

सुंदर तथापि सुबोधगम्य
रक्ताभ ज्योति से छायापथ आवृत्त
आकाशगंगा, हमारा छायापथ।
सभी नक्षत्र स्तंभित, आश्चर्यचकित
कहाँ से आई यह सुंदर सशक्त ज्योति
किससे निःसृत, किससे निःसृत
यही पुकार मची छायापथ में।

इसका उत्तर मैं दूँगा मेरे मित्रो!
अरे छायापथ के मेरे मित्रो, मैं हूँ सूर्य,
आठ ग्रह करते हैं मेरी परिक्रमा,

जिसके क्रोड में हैं छह अरब मानव-जीवन,
वे निवास करते हैं सैकड़ों राष्ट्रों में।
इनमें से एक महान् सभ्यतावाला राष्ट्र है,
भारत 2020, जो मना रहा है एक उत्तम राष्ट्र का उद्‌भव।
भारत से समारोह की ज्योति पहुँची हमारे छायापथ तक,
जो है एक प्रदूषण-रहित स्वच्छ पर्यावरणवाला राष्ट्र
निर्धनता-विहीन, समृद्ध,
युद्ध-भीतिमुक्त, शांतियुक्त,
निवासार्थ सर्वाधिक आनंददायक स्थल।

—ए.पी.जे. अब्दुल कलाम

अनुक्रम

भाग–1

विकास

1

भारतीय संस्कृति की गतिशीलता

> मानव अपने मोक्ष को स्वयं प्राप्त कर सकता है, तीन रत्नों के माध्यम से :
> सही आस्था, सही ज्ञान और सही आचरण।
>
> *—भगवान् महावीर*

भारत में परिवर्तन हो रहा है। विश्व के सामने एक नए राष्ट्र का उदय हो रहा है। यह इतनी तीव्रता और स्पष्टता से हो रहा है कि हम सब उस प्रक्रिया को देख सकते हैं। इस जागृति में से भारत के नवजागरण का उदय हो रहा है, जो इसके भविष्य का निर्णायक होगा। निस्संदेह आज राष्ट्र के सामने बहुत सी समस्याएँ हैं। भारतीयता की भावना के साथ इन समस्याओं का प्रतिकार विज्ञान एवं आध्यात्मिकता के और अधिक संश्लेषण से ही किया जा सकता है। कार्य कठिन है, परंतु आवश्यक है।

भारतीय सभ्यता विश्व की किसी भी महान् संस्कृति के समान ही अपने प्रारूप और अभिव्यक्ति में महान् रही है। उसका धर्म, दर्शन, विज्ञान, चिंतन, साहित्य, कला, काव्य, सामाजिक गठन, राजनीति, शिल्प, व्यापार-वाणिज्य सभी महान् रहे हैं। ऐसा कौन सा क्षेत्र है, जिसमें भारत ने महान् उपलब्धि हासिल नहीं की है?

असाधारण आध्यात्मिक नेताओं, विचारकों और संतों ने भारतीय संस्कृति को समृद्ध किया। वेदों, उपनिषदों, रामायण और महाभारत जैसे महान् ग्रंथों ने भारतीय संस्कृति और जीवन पर गहरा प्रभाव डाला। भारतीय इतिहास में हम अनेक सभ्यताओं व संस्कृतियों की केंद्राभिमुखता पाते हैं। इन्होंने भारतीय संस्कृति को समृद्ध किया।

गणित, खगोलविद्या और रसायनशास्त्र प्राचीन विज्ञान के मुख्य घटक थे। भारतीयों ने इनमें बहुत कुछ खोजा, बनाया और पूर्वानुमान किया।

इसके लिए उन्होंने तर्क व प्रयोगों का इस्तेमाल किया। इनमें से कई वैज्ञानिक विचारों व अनुसंधानों तक यूरोपीय धारा बहुत बाद में पहुँची। शल्य-क्रिया में भारतीय पारंगत थे और उनकी चिकित्सा-पद्धति आज भी प्रचलित है। मध्यकाल में इसके ज्ञान का ह्रास हुआ, किंतु यह अब फिर से जीवंत हो रहा है।

संस्कृति मानव-अस्तित्व का एक सशक्त साधन है, लेकिन यह अत्यंत भंगुर भी है। यह सतत परिवर्तनशील है। केवल मानसिक अस्तित्व होने के कारण वह सरलता से लुप्त हो जाती है। संस्कृति की अनेक परतें हमारे प्रबुद्ध आचरण के स्वरूप और प्रत्यक्ष ज्ञान का भाग होती हैं। सांस्कृतिक परंपराएँ ही किसी समाज विशेष की विशिष्टता को दर्शाती हैं। जब हम भारतीय संस्कृति की बात करते हैं, तो उन साझी भाषाओं, परंपराओं व आस्थाओं की ओर संकेत करते हैं, जो एक समुदाय को दूसरे से अलग करती हैं। अधिकांश मामलों में वे लोग संस्कृति में साझेदारी करते हैं, जो इसे अपने माता-पिता व परिवार के सदस्यों से अपने लालन-पालन के दौरान ग्रहण करते हैं। इस अध्याय में हम भारतीय संस्कृति के विकास का दीर्घ सिंहावलोकन मानव-संस्कृति के उद्‌भव-काल से कर रहे हैं।

भारतीय संस्कृति

भारतीय संस्कृति जितनी बहुपक्षीय है, उतनी संभवतः संसार की कोई भी दूसरी महान् संस्कृति नहीं। भारतीय संस्कृति का कोई भी सामान्यीकरण इसके विविध समुदायों पर लागू नहीं हो सकता। भारतीय संस्कृति के सामाजिक ढाँचे की जटिलताओं को समझना विद्वानों व पर्यवेक्षकों के लिए सदा से चुनौतीपूर्ण रहा है।

भारतीय संस्कृति को उसके दीर्घकालीन इतिहास, विलक्षण भूगोल, उसके अपने पड़ोसियों की परंपराओं, रीति-रिवाजों व विचारों को आत्मसात् करने के साथ-साथ, सिंधु घाटी की सभ्यता के काल से अपनी सांस्कृतिक विरासत को

बनाए रखने के उसके गुणों ने स्वरूप दिया है। भारत को निरंतर यूरोप, पश्चिम एशिया व मध्य एशिया के आक्रमणों का सामना करना पड़ा तथा 1325 सालों तक तीन लहरों में भारत पर उनका आधिपत्य बना रहा, फिर चौथी लहर समुद्री-मार्ग से यूरोपियन शक्तियों व अंग्रेजों की आई, जो 227 सालों तक बनी रही। विभिन्न संस्कृतियों का यह मेल भारतीय सभ्यता की विलक्षणता है। राष्ट्र के परिवेश में बड़ी संख्या में विभिन्न क्षेत्रीय, सामाजिक एवं आर्थिक समुदाय रहते हैं। इनमें से प्रत्येक के अपने-अपने सांस्कृतिक रीति-रिवाज हैं। भारतीय संस्कृति का विकास कैसे हुआ, उसे ज्ञात करना महत्त्वपूर्ण है।

जब मानव ने वन्य जीवन छोड़कर गाँवों व कस्बों में रहना शुरू किया, तो नई सामाजिक, आर्थिक व्यवस्था एवं शासन प्रणालियाँ विकसित हुईं। इसके साथ ही वे बीज रोपे गए, जिसे संस्कृति कहा जाता है। ज्योंही नगर बड़े और अधिक परिष्कृत होने लगे तथा लोग गाँव से निकलकर शहरों में एकत्र होने लगे, त्योंही उनके व्यवसाय प्रकृति या हस्तकला पर निर्भर न रहकर अपने साथी मनुष्यों व उनके हितों पर निर्भर हुए।

जैन धर्म के अनुसार भगवान् ऋषभदेव का जन्म अयोध्या के इक्ष्वाकु वंशीय राजा नाभिराज और महारानी मरुदेवी के पुत्र के रूप में हुआ था। जैन परंपरा के अनुसार यह मानवीय सभ्यता के विकास से पहले यौगलिक सभ्यता का काल था। विद्वानों ने ऋषभ का काल प्रस्तर-युग की समाप्ति और कृषि-युग के आरंभ में माना है। हड़प्पा व मोहनजोदड़ो के प्राचीन नगरों की खुदाई में मिली मृत्तिका-मुद्राओं व अन्य साक्ष्यों से ऋषभ व सिंधु घाटी सभ्यता के बीच संबंध का पता चलता है। ऋषभ ने लोगों को कृषि, पशुपालन, भोजन बनाना व अन्य विद्याएँ सिखाईं। उनके एक सौ पुत्र थे। उनके ज्येष्ठ पुत्र भरत ने तत्कालीन ज्ञात विश्व को जीता। जैन मान्यता के अनुसार हमारे देश का नाम भारत उन्हीं के नाम पर पड़ा। ऋषभ के दूसरे पुत्र बाहुबली थे, जिनकी विशाल मूर्ति कर्नाटक के श्रवणबेलगोला में स्थित है।

मानव की संग्रह की मनोवृत्ति ने परस्पर-संघर्ष को जन्म दिया। इसका निबटारा करने के लिए सामुदायिक अनुशासन का उदय हुआ। मानव-समुदाय के प्रमुख को 'कुलकर' कहते थे। उन्होंने मौखिक प्रताड़ना का दंड-विधान किया, जिसे 'हाकार नीति' कहा जाता था। जब संग्रह की प्रवृत्ति और प्रबल हो गई तो संघर्ष भी तीव्र हो गए। तब फटकार लगाने का प्रावधान किया गया। इसे 'माकार

नीति' कहते थे। तत्पश्चात् 'धिक्कार नीति' बनाई गई।

ऋषभ ने अपने शासन के अधीन जनसंख्या का वर्गीकरण उसके गुणों, कार्यकलापों व पेशों के आधार पर किया। उन्होंने पूरे समाज को कृषक, वैश्य, क्षत्रिय इन तीन वर्गों में विभाजित किया।

कर्म (पेशे) के आधार पर चार जातियाँ बनाई गईं—(1) उग्र (सुरक्षा), (2) भोज (शिक्षक), (3) राजनय (ऋषभ के मित्रगण) और क्षत्रिय (शेष जातियाँ)। ऋषभ ने इन जातियों का वर्गीकरण सामाजिक प्रमुख के रूप में किया था, किसी धार्मिक नेता के रूप में नहीं।

दार्शनिक रूप से जीवन के दो मुख्य पहलू हैं—सक्रियता (प्रवृत्ति) और सक्रियता का अभाव (निवृत्ति)। कोई भी समाज किसी कार्य या सक्रियता के बिना कायम नहीं रह सकता। इसके साथ ही कोई भी संयम के बिना अपने आचरण में समृद्ध और चरित्र में श्रेष्ठ नहीं बन सकता। वैदिक विचारधारा में सक्रियता का तत्त्व प्रधान है, जबकि श्रमण विचारधारा में संयम पर बल दिया गया है। इन दोनों के मेल के कारण ही भारतीय समाज गतिशीलता के साथ-साथ नैतिकता व आचरण में भी समृद्ध रहा।

व्यक्ति और समाज के संबंधों के बारे में प्राचीन भारतीय दृष्टिकोण वास्तव में मानव-अस्तित्व के चतुर्विध लक्ष्यों के गहन बोध पर आधारित है। मानव-जीवन के लक्ष्यों को बहुत सुंदर तरीके से आकांक्षाओं के आधार पर निर्धारित किया गया है—धर्म, अर्थ, काम और मोक्ष। जो कुछ इंद्रियों के संपर्क में आता है, जो कुछ धन-संपत्ति के रूप में रखा जा सकता है, जिसका भौतिक मूल्य होता है, वह अर्थ है। काम मानव-जीवन का मनोवैज्ञानिक मूल्य है। वह मानवीय मूल्य, जो वैश्विक सिद्धांत के अतिमानवीय बोध में स्वयं से भी आगे निकल जाता है, वह धर्म है। इस प्रतिमान के ढाँचे अर्थात् धर्म, अर्थ और काम की समग्रता पर बौद्धिक अन्वेषण करने पर हमें इस शोध की और उसकी अंतिम निष्पत्ति की गहनता का बोध होगा।

हम कह सकते हैं कि जीवन का जो आध्यात्मिक मूल्य है, आमतौर पर लोग जिसे मोक्ष से जोड़ते हैं, यह (मोक्ष) अपने शाब्दिक रूप में या दार्शनिक कथ्य में भी भलीभाँति समझने में एक दुरूह पद है। जब मानव एक तीव्र आध्यात्मिक आकांक्षा के स्तर तक ऊपर उठ जाता है, तो वह एक सीमित सामाजिक इकाई जैसा व्यक्ति नहीं रहता। वह एक ऐसे आह्वान का साकार रूप हो जाता है, जो सभी

व्यक्तिगत मूल्यों या सामाजिक संबंधों से ऊपर होता है।

मानव-जीवन के मूल्यों की धर्म, अर्थ, काम और मोक्ष की अवधारणा भारतभूमि की बौद्धिकता की श्रेष्ठ उपलब्धि है। इसमें मानव-स्वभाव के निम्नतम पक्ष को भी स्थान दिया गया है। इसके साथ ही यह अवधारणा मानव-स्वभाव की किसी आकांक्षा विशेष से परिपूर्ण नहीं होती। एक तरह से हमारी सभी कामनाओं को अनुमति दी गई है, पर कोई भी कामना पूर्णत: मान्य नहीं है। जबकि हम जो भी चाहते हैं, हमारा हर विचार, हर अनुभूति, जीवन का हर सपना हमारे अपने दृष्टिकोण से वस्तुओं के विकास के रूप में मान्य है, इनमें से कोई भी अंतिम नहीं। जीवन के प्रति प्रत्येक दृष्टिकोण युक्तियुक्त एवं मान्य है। प्रत्येक धर्म सही है। इसका वस्तुओं के प्रति दृष्टिकोण सही है। प्रत्येक आस्था अपने तरीके से युक्तियुक्त है। प्रत्येक अंतर्दृष्टि अपने आपमें पूर्ण है। प्रत्येक दृष्टिकोण अपने आप में वैध है। आप जो कुछ सोचते हैं, वह चिंतन भी वैध है।

आत्म-नियंत्रण का दर्शन

प्राचीन काल में भारत को जंबूद्वीप कहा जाता था। बुद्ध और महावीर दोनों का जन्म यहीं हुआ। जीवनपर्यंत वे उत्तरी-मध्य भारत में रहे। इसे 'मध्य-प्रदेश' कहते थे, क्योंकि यहाँ के निवासी इसे पृथ्वी का केंद्र समझते थे। यह सारा प्रदेश बहुत उपजाऊ है। इसमें दो बड़ी नदियाँ गंगा और यमुना बहती हैं। इनके अतिरिक्त अनेक छोटी नदियाँ भी प्रवाहित होती हैं। यहाँ तीन प्रकार के मौसम होते हैं। ग्रीष्म, जब तापमान मानव शरीर के तापमान से अधिक हो जाता है, वर्षा, जब नदियों में बाढ़ आती है और यात्रा करना कठिन हो जाता है तथा शीत, जब दिन तो सुखद होते हैं, पर रातें बहुत ठंडी। उस समय जोतने के लिए पर्याप्त कृषि-भूमि थी तथा अधिकांश लोगों के पास खाने के लिए पर्याप्त से अधिक होता था। बहुत गरीब किसान भी अपने अतिरिक्त भोजन या आमदनी के लिए जंगली जानवरों का शिकार कर सकते थे। या फिर जंगलों में प्रचुर मात्रा में उपलब्ध फलों को एकत्र करके यह आवश्यकता पूरी कर सकते थे।

उस समय का भारत एक राजनीतिक इकाई न था। वह स्वतंत्र देशों का एक समुच्चय था। अपनी प्रभुता के लिए प्राय: ये एक-दूसरे से प्रतिस्पर्धा करते थे। भारत का सभ्य क्षेत्र सोलह राज्यों में बंटा हुआ था। इनमें आठ राजतंत्र थे, शेष गणतंत्र। इन राज्यों में सबसे बड़ा और शक्तिशाली था मगध राज्य। भगवान् महावीर

के अधिकांश जीवनकाल में इसके शासक बिंबिसार थे। वे एक शक्तिशाली व प्रभात्री राजा थे। धर्म में भी उनकी गहरी रुचि थी। मगध की राजधानी राजगृह (पटना के 100 कि.मी. दक्षिण में आधुनिक राजगीर) थी। यह नगरी ऊबड़-खाबड़ पहाड़ियों के बीच में बसी थी और सुरक्षा के लिए इसके चारों ओर पत्थरों का एक विशाल परकोटा था, जिसके अवशेष अभी भी देखे जा सकते हैं।

मगध के धुर उत्तर में वृजी राज्य-संघ था। उनके बीच विभाजन रेखा के रूप में गंगा थी। वृजी संघ अनेक राजघरानों से बना था। इनमें से दो को लिच्छवी और और विदेह कहते थे। ये दोनों दक्षिणवर्ती शक्तिशाली पड़ोसी से अपनी रक्षा के लिए संघबद्ध थे। लिच्छवी इस सज्यसंघ की सबसे महत्त्वपूर्ण जनजाति थी। उनकी मुख्य नगरी वैशाली इस राज्यसंघ की तथ्यत: राजधानी थी। 599 ई.पू. में इस लिच्छवी कुल में ही वर्धमान के नाम से भगवान् महावीर का जन्म राजा सिद्धार्थ और रानी त्रिशला के पुत्र के रूप में हुआ।

चार जैन तीर्थंकरों[1]—ऋषभ, अरिष्टनेमि, पार्श्वनाथ और महावीर ने अनार्यों के क्षेत्र में भी यात्राएँ कीं। 25 ई.पू. राजा पांड्या ने आगस्टस सीजर के दरबार में राजदूत भेजा था। पश्चिम एशिया, मिस्त्र, यूनान और इथियोपिया में अगणित भारतीय भिक्षु रहते थे।

परस्पर मंत्रणा के आधार पर शासन करने का बड़ा लंबा इतिहास प्राचीन भारत में है। इसमें किसी साझे हित वाले लोगों का समूह चर्चा, परामर्श और मतदान के आधार पर निर्णय लेता था। हालाँकि राजा के बिना शासन के साक्ष्य वेदों में भी मिलते हैं, फिर भी गणतांत्रिक राजनीति व्यापक रूप में प्रचलित और प्रबल महावीर के समय में थी। उस समय भारत का शहरीकरण हो रहा था। जनसाधारण आलोड़ित और संघर्षरत था।

पाली के धर्मग्रंथों में पाँचवीं शताब्दी ई.पू. में वैशाली नगरी का बड़ा सजीव वर्णन मिलता है। वहाँ 7707 बहुमंजिले भवन स्थित थे, 7707 स्तंभ वाले भवन थे, 7707 वाटिकाएँ और कमल-सरोवर थे। वहाँ बड़ी संख्या में नगरवासी थे। इन्हीं में एक प्रसिद्ध नगरवधू आम्रपाली भी थी, जिसकी सुंदरता और कला ने इस नगरी की समृद्धि व प्रसिद्धि में बड़ा योगदान दिया। कपिलवस्तु व कुशावती नगरियाँ भी इसी प्रकार परिवहन व कोलाहल से परिपूर्ण थीं। इन नगरियों में 500 से 1000 बैलगाड़ियों तक के काफिले चला करते थे। उस समय भारत अनेक राजाओं का देश था। एक ऐसी संस्कृति, जिसमें राजतंत्र की विचारधारा का किसी ग्राम, समुदाय

के सदस्यों के स्वशासन या किसी बड़े, परिवर्धित कुल के स्वशासन, यानी दूसरे शब्दों में कहें, तो समान हित वाले समान लोगों के स्वशासन के दर्शन से निरंतर टकराव होता रहता था। इस तरह के सहयोगी स्वशासन का दर्शन बहुधा गणतंत्रवाद प्रस्तुत करते थे या फिर वह मानक यूनानी प्रजातंत्र के समतुल्य था।

भारतीय विचारधारा

ब्रह्मांड के अनंत विस्तार को देखकर मानव अपने चारों ओर की अनंतता से अभिभूत होता था। ब्रह्मांड से, जो मानव को अजनबी व शाश्वत रूप से सुदूर लगता था, वह मंत्रमुग्ध था, लेकिन इसके साथ ही उसे यह अनुभूति भी होती थी कि इसमें एकसूत्रता भी है और वह स्वयं भी इसका एक अंग है। धर्मों के तुलनात्मक अध्ययन में हम कितने ही पीछे क्यों न जाएँ, हमें सर्वत्र यह मिलेगा कि वहाँ ब्रह्मांड की परस्पर संबद्धता के साथ अखंडता की धारणा समान रूप से है।

समाज-व्यवस्था व्यवसाय के अनुरूप होती है। यहाँ व्यवसाय का अर्थ है—निश्चय, निर्णय और अनुष्ठान। प्राचीन काल में व्यवसाय के तीन रूप मिलते हैं—

1. लौकिक (पंथ-निरपेक्ष)
2. वैदिक (वैदिक परंपरा से संबद्ध)
3. सामयिक (श्रमण परंपरा से संबद्ध)

व्रत व संयम के मूल्य श्रामणिक परंपरा के मुख्य योगदान थे। गणित, राजनीति, दंड-संहिता, वाणिज्य, कलाएँ, विज्ञान, चिकित्सा-विज्ञान (आयुर्वेद), समाजशास्त्र, अर्थशास्त्र, रति-विज्ञान, मनोविज्ञान आदि सांसारिक विषय लौकिक व्यवसाय के अंतर्गत आते थे। इनका किसी धर्म या दर्शन से कोई संबंध न था। स्थानांग सूत्र में धार्मिक आचार (धर्म) के दस प्रकार बतलाए गए हैं—(1) ग्राम-संबंधित (ग्राम-धर्म), (2) नगर-संबंधित (नगर-धर्म) (3) राष्ट्र-संबंधित (राष्ट्र-धर्म) (4) श्रमण संस्कृति की संन्यास-व्यवस्थाएँ (पाषण्ड धर्म), (5) परिवार-संबंधित (कुल-धर्म), (6) धार्मिक समुदाय-संबंधित (गण-धर्म), (7) धार्मिक व्यवस्थाएँ (संघ-धर्म), (8) आध्यात्मिक ज्ञान (श्रुत-धर्म), (9) संन्यास प्रथाएँ (चारित्र-धर्म) और (10) वह ब्रह्मांड-व्यापी तत्त्व, जो अन्य सभी तत्त्वों की गति आदि का साधन है (अस्तिकाय-धर्म)।

समाज व आर्थिक संसाधनों के बीच संबंध की शरीर और प्राण के साथ

तुलना की जा सकती है। जैसे प्राण के बिना शरीर में जीवन नहीं रह सकता, वैसे कोई भी समाज आर्थिक संसाधनों के बिना जीवित नहीं रह सकता। वैदिक युग से पूर्व प्रचलित आर्थिक प्रणाली के विषय में हम कम जानते हैं। उसके अनुसार पशु और कृषि ही उस अर्थतंत्र के मुख्य संचालक थे। इनके अतिरिक्त खनिज संपत्ति भी थी। इसमें ध्यान देने की बात यह है कि उसमें नैतिक मूल्यों की अवहेलना नहीं की गई थी।

वैदिकोत्तर काल में कौटिल्य का अर्थशास्त्र प्रकाश में आया। इसमें अनुचित धन (अर्थशास्त्र) की चर्चा है। बारहवीं शताब्दी के व्याख्याकार हरिभद्रसूरि के अनुसार गलत माप-तौल व मिलावट इत्यादि आचरण धार्मिक दृष्टि से वर्जनीय हैं। प्राकृत में लिखे जैन आगम के सप्तम अंग उवासगदसाओ (उपासक का धर्मानुरूप व्यवसाय) में अनैतिकता की दृष्टि से वर्जनीय कर्मों की एक सूची दी गई है। पवित्र कुरान में भी गलत माप-तौल के प्रयोग का निषेध है। उक्त सूची में चोरी की वस्तुओं को खरीदना-बेचना, चोरी करना, निषिद्ध वस्तुओं का व्यापार, गलत माप-तौल, नकली वस्तुओं का व्यापार, पशुओं के साथ क्रूरता, जिसमें पंगु बनाना, अधिक बोझ लादना, चारा-पानी न देना शामिल थे। ये सभी अनैतिक कृत्य थे।

भारतीय अर्थशास्त्र के दर्शन का मुख्य लक्ष्य था, व्यक्ति और समाज दोनों को शांति व सुख की ओर ले जाना। **सुखार्थी संयतो भवेत्** (सुखार्थी व्यक्ति को संयमी होना चाहिए) का सिद्धांत अति महत्त्वपूर्ण है। सूत्रकृताङ्ग नामक आगम (महावीर के प्रत्यक्ष उपदेश) में मनुष्य का वर्गीकरण इन आधारों पर किया गया है—इच्छा, संग्रह और हिंसा की मानसिकता।

कुछ प्राचीन श्रमण दार्शनिक अज्ञेयवादी थे। भारतीय दर्शन के विस्तृत प्रवाह में ऐसी बहुत सी धाराएँ थीं, जो परंपरा से हटकर ईश्वर-कर्तृत्व में विश्वास नहीं करती थीं। चीनी इतिहासकार ह्वेनसांग ने सातवीं शताब्दी में भारत का व्यापक भ्रमण किया था। उसने लिखा है कि बनारस के व्यापारी अधिकांशतः नास्तिक (अनीश्वरवादी) थे। उसने विभिन्न बौद्ध समुदायों के बीच वाद-विवाद के बारे में भी लिखा है। प्राचीन भारत के बुद्धिजीवियों में अनीश्वरवाद और संशयवाद की धाराएँ बहुत प्रबल रही होंगी, जिन्हें बदलने के लिए निरंतर प्रबल प्रयासों की आवश्यकता रही होगी। चौथी शताब्दी आने तक वैज्ञानिक विधि क्या है, इस पर बहुत दिलचस्प चर्चाएं होती रहीं—हम अपनी ज्ञानेन्द्रियों को सपनों व मिथ्याभास से विलग कैसे कर सकते हैं? किसी वस्तुस्थिति का अवलोकन स्वीकृत तथ्य व

वैज्ञानिक सत्य कब बनता है ? आगमनात्मक व निगमनात्मक तर्क के सिद्धांतों का विकास कैसे होता है और वे कैसे प्रयुक्त होते हैं ? किसी प्राक्कल्पना के वैज्ञानिक महत्त्व का आकलन कैसे किया जाता है ? अनुमान प्रमाण क्या है ? वैज्ञानिक प्रमाण के घटक क्या हैं ?

सत्य की खोज में लगे उपनिषदों के रचयिता ऋषि इस निष्कर्ष पर पहुँचे कि ब्रह्म ही सत्–वास्तविकता है। जो कुछ भी अस्तित्वमय है, वह सब ब्रह्म है। ब्रह्म एक है, उसके अतिरिक्त और कुछ नहीं है। वास्तविकता में द्वैत नहीं होता, जो बहुलता देखता है या द्वैत में विश्वास रखता है, वह बार–बार मृत्यु को प्राप्त होता है। ऐतरेय उपनिषद्[2] बताता है कि सृष्टि–रचना से पहले एक ही आत्मा थी। उसने सोचा, 'मुझे लोकों का सृजन करना चाहिए। इसी विचार से विभिन्न लोक उत्पन्न हुए।' छांदोग्य उपनिषद्[3] के अनुसार अवास्तविक से वास्तविक नहीं उपजाया जा सकता। आरंभ में केवल एक ही वास्तविकता थी। उसने कामना की कि मैं अनेक हो जाऊं और अनेक रूपों में स्वयं को प्रकट किया।

बौद्ध दर्शन अस्तित्व की तीन धारणाओं अनित्य, दुःख और अनात्म पर आधारित है। मानव पाँच स्कंधों से बनता है, जो एक साथ प्रवाहित होते हैं, बदलते रहते हैं और अभेद तथा नित्यता का आभास देते हैं। इस बात को लेकर सभी बौद्धों में सामान्य एकमत था कि आत्मा नामक कोई सत् (द्रव्य) नहीं है, जो मृत्यु के बाद शरीर को छोड़कर चला जाता है, जैसे कि यात्रा समाप्त हो जाने पर चालक बस से उतर कर चला जाता है। इसमें केवल अवयवों का संयोग है, जो पिछले क्षण से बनता है और अगले क्षण का कारण होता है। बौद्ध महायान[4] में शून्यता से उत्पन्न होने वाले सभी स्वरूपों पर उसे लागू किया गया, जो आत्म–शून्य होता है। बौद्ध धर्म की सर्वास्तिवादी धारा (जो मानती है कि सबकुछ वास्तविक सत् है) के अनुसार किसी तत्त्व का अस्तित्व उसके स्वयं पर निर्भर होता है। वह ब्रह्म जैसे बाहरी एकल स्रोत से निसृत नहीं है।

जैन दर्शन के अनुसार, सभी पदार्थों का वस्तुनिष्ठ अस्तित्व होता है। वे अपनें अस्तित्व के लिए किसी बाह्य वास्तविकता पर निर्भर नहीं होते। चेतन तत्त्वों का अस्तित्व जितना स्वतंत्र व वास्तविक है, अचेतन का अस्तित्व भी उतना ही स्वतंत्र और वास्तविक है। चेतन और अचेतन की वास्तविक सत्ता ही यह जगत् है।

काल की दृष्टि से जगत् अनादि–अनंत है। चेतन अचेतन से उत्पन्न नहीं है

और अचेतन चेतन से उत्पन्न नहीं है। जैन दार्शनिक इस सिद्धांत में विश्वास नहीं करते कि असत् से सत् उत्पन्न होता है। इसका अर्थ यह है कि जगत् में नए सिरे से कुछ भी उत्पन्न नहीं होता। जो जितना है, वह उतना ही था और उतना ही रहेगा। रूपांतरण की दृष्टि से असत् से सत् उत्पन्न होता भी है। जो एक दिन पहले असत् था, वह आज सत् हो जाता है और जो आज सत् है, वह कल फिर असत् हो सकता है। जिसे हम जगत् कहते हैं, उसकी सृष्टि का मूल यह रूपांतरण ही है। इसके घटक तत्त्व दो हैं-जीव और अजीव। शेष सब उनका विस्तार है।

दार्शनिक चिंतन का निष्कर्ष इस त्रिपदी में है—(ज्ञेय) सब तत्त्व जानने योग्य हैं, (हेय) कुछ तत्त्व त्यागने योग्य हैं और (उपादेय) कुछ तत्त्व ग्रहण करने योग्य हैं। सांख्य दर्शन के दृष्टिकोण में प्रकृति (पदार्थ) त्यागने योग्य है, पुरुष (आत्मा) ग्रहण करने योग्य। बौद्ध दृष्टिकोण से दुःख और उन दुःखों के हेतु ये दोनों ही त्यागने योग्य हैं। दुःखों से मुक्ति और मुक्ति का मार्ग, ये दोनों ही ग्रहणीय हैं। जैन दर्शन की दृष्टि से आत्मा उपादेय है और पौद्‍गलिक संबंध हेय हैं।

भारतीय विज्ञान

पुरातन परंपरा के वैज्ञानिकों ने पता लगाया कि मानव-मन जाग्रत अवस्था में रहते हुए भी गहन समाधि में सुस्थित हो सकता है। इस स्थिति में मानव-मन पूर्णतः एकाग्र, निर्विकल्प और निर्बंध जागृति की अनुभूति करता है, जिसे विशुद्ध चेतना कहते हैं। यह समाधि-अवस्था चेतना की सामान्य जागृत, सुप्त या स्वप्नावस्था से भिन्न है। उस गहन शांति में उन्होंने पता लगाया कि मन सभी अस्तित्वों के आधार पर सतत अविच्छिन्नता के असीम, सर्वव्यापक, एकीकृत क्षेत्र से तादात्म्य की अनुभूति की क्षमता रखता है। उन्होंने केंद्रित चैतन्यता के इन आत्मनिर्भरता, अपरिमित-गतिशीलता, स्व-अंतर्क्रियात्मकता के गुणों को अभिव्यक्त किया। उन्होंने उस गतिशीलता की स्पष्ट अभिव्यक्ति की, जो इस देश-काल की ज्यामिति के उद्‍भव का कारण है और जो तत्पश्चात् सभी रूपों व दृष्टिगोचर पदार्थों का भी कारण है, जिनसे ब्रह्मांड निर्मित हुआ है।

वैदिक विज्ञान के अनुसार, जब सृष्टिकर्ता ब्रह्मांड की रचना करता है, तो उसकी कृतियों में भी निर्माण-क्षमता आ जाती है। तब अन्य देवता भी भौतिक सृष्टि की रचना में अपने रचनाकार की सहायता करते हैं। मान्यता है कि परम-रचयिता अपना विस्तार करता है। इसके साथ ही वह भौतिक ब्रह्मांड में ऐसी

स्थितियाँ उत्पन्न करता है, जिनमें सह-रचनाकार या उपदेवता भौतिक पदार्थों की रचना का काम सँभाल लेते हैं।

ज्ञान प्राप्त करने की एक अवरोहण पद्धति है, जिसकी सहायता से हम जीवन के रहस्यों को समझते हैं। परम सृष्टिकर्ता ने जो ज्ञान दिया था, वही प्राचीन ऋषियों एवं धर्मग्रंथों के माध्यम से अवरोहित होता हुआ उपलब्ध होता है। वे ही उसके सच्चे प्रतिनिधि हैं। इस प्रकार हम ब्रह्मांड और उसके उद्‌देश्य के बारे में ज्ञान प्राप्त कर सकते हैं, बजाय इसके कि ब्रह्मांड के सूक्ष्म अणुओं का विश्लेषण करें, जैसा कि आधुनिक विज्ञान करता है। बीसवीं शताब्दी के महान् भारतीय गणितज्ञ श्रीनिवास रामानुजन ने कहा था, 'मेरे लिए ईश्वर, जीरो (शून्य) और अनंतता परस्पर संबद्ध और एकात्म हैं। प्रत्येक नया प्रमेय अनंतता का एक अंग है, जिसकी गहराई में हमें जाना होता है।'

वैदिक वैज्ञानिकों ने भौतिक विश्व को चार तत्त्वों में विभाजित किया—पृथ्वी, अग्नि, वायु और जल। इन चार तत्त्वों में एक आकाश और जोड़ दिया गया। कुछ विद्वानों के अनुसार इन पंचमहाभूतों का संबंध मनुष्य की ज्ञानेन्द्रियों से जुड़ा है। पृथ्वी गंध से, वायु स्पर्श से, अग्नि दृष्टि से, जल स्वाद से और आकाश ध्वनि से। बाद में बौद्ध दार्शनिकों ने आकाश को तत्त्व मानने से इनकार कर दिया और उसके स्थान पर जीवन, सुख व दुःख को रखा।

भारतीयों ने पर्यावरण में ऊर्जा के दो स्रोत देखे—सौर ऊर्जा-प्रवाह और भूचुंबकीय ऊर्जा-प्रवाह। वास्तु शास्त्र का उद्‌देश्य वस्तुओं के उपयुक्त क्रम और दिशा के चयन द्वारा इन ऊर्जाओं को नियंत्रित करना है। ऊर्जा के प्रवाह की दिशा को समझ लेने पर हम उत्तर व दक्षिण का संबंध भूचुंबकीय जैव प्रवाह से और पूर्व व पश्चिम का संबंध सौर ऊर्जा-प्रवाह से जोड़ सकते हैं। विश्वास किया जाता है कि यदि ऊर्जा के प्रवाह की दिशाओं में संतुलन न हो, तो परिणामतः ऊर्जा नकारात्मक होगी। इसका प्रभाव पर्यावरण को विक्षुब्ध करने वाला होगा, जिससे उस स्थान विशेष पर रहनेवाले मनुष्यों में असंतुलन हो जाएगा।

शुल्व सूत्र ज्यामितीय धारणाओं का प्राचीनतम स्रोत है। इसमें प्राचीनतम ज्यामितीय प्रमेय मिलते हैं, जिनका विकास वैदिक वेदियों के निर्माण के लिए किया गया था। सबसे पहली दशमलव प्रणाली, दस लाख अरब और पंच महाशंख जैसे महाअंक प्राचीन भारतीय शास्त्रों में मिलते हैं।

हमारे प्राचीन विचारकों ने प्राणी-जीवन, विशेष रूप से मानव की उत्पत्ति

को ठीक समझा था। विष्णु पुराण[5] के अनुसार वानर जीवन से पूर्व जलीय जीवन था। मानव जीवन से पहले वानर जीवन था। इसी सिद्धांत की व्याख्या दशावतारों में बड़े रोचक ढंग से की गई है। छांदोग्य उपनिषद् के अनुसार, विकास परम-आत्मा के आत्म-प्रकाश का फल है। प्राचीन भारत में चिकित्सा विज्ञान ने प्लास्टिक सर्जरी, मोतियाबिंद और दंत-चिकित्सा के क्षेत्र में काफी प्रगति की थी। शल्य-चिकित्सा का प्राचीनतम शास्त्र सुश्रुत संहिता है। आत्रेय और चरक भारत के महान् चिकित्सक थे।

टेक्नोलॉजी के विकास में भारत की महत्त्वपूर्ण भूमिका रही है। विशेष रूप से इत्र के आसवन, रंग बनाने, चीनी बनाने तथा धातुओं को पिघलाने की टेक्नोलॉजी में। भारत में शीशे (काँच) का उत्पादन तीसरी शताब्दी ई.पू. से होने लगा था।

पांचवीं शताब्दी में आर्यभट्ट ने यह सिद्धांत प्रतिपादित किया कि पृथ्वी गोलाकार है। आर्यभट्ट की मुख्य रचना 'आर्यभट्टीय' का लैटिन में अनुवाद तेरहवीं शताब्दी में हुआ। तब यूरोप के गणितज्ञों ने त्रिभुजों के क्षेत्रफल, गोलाकार पिंडों के आयतन, वर्ग और वर्गमूल की गणना करने की पद्धतियाँ सीखीं। आर्यभट्ट ने ग्रहणों के बारे में लिखा और यह भी बताया कि चंद्रमा के प्रकाश का स्रोत सूर्य है। यह कॉपरनिकस और गैलीलियो से एक सहस्राब्दि पहले की बात है।

छठी शताब्दी में वराहमिहिर ने खगोल-शास्त्र के पाँच सिद्धांत-सूर्य, रोमक, पौलिश, वशिष्ठ और पितामह प्रतिपादित किए। इन सिद्धांतों ने यूनानी (सिकंदरी) खगोल-विद्या की आधारशिला रखी।

गणित के क्षेत्र में भारतीयों का योगदान सर्वाधिक रहा। दशमलव प्रणाली, अंक स्थान 1 से 9 तक के अंक और सर्वव्यापी शून्य, ये सभी विश्व-विज्ञान को भारत की देन हैं। सातवीं शताब्दी में रचित ब्रह्मगुप्त के प्रबंध में धनात्मक व ऋणात्मक परिणामों की चर्चा है। यह परंपरा अर्वाचीन काल में श्रीनिवास रामानुजन (1887-1920), जगदीश चंद्र बोस (1858-1937), सी.वी. रमन (1888-1970), एम. विश्वेश्वरैया (1860-1962), सत्येंद्र नाथ बोस (1874-1974) और सुब्रमण्यम चंद्रशेखर (1910-1995) तक जारी रही।

भारतीय दार्शनिक

भारतीय दर्शन के प्रथम चरण में वेद, ब्राह्मण, आरण्यक और उपनिषद् आते हैं। दूसरे चरण में बौद्ध पिटक और जातक आते हैं। तीसरे चरण में जैन आगम

और उनका व्याख्यात्मक साहित्य आता है।

आगम-साहित्य में नौ महान् ग्रंथों का उल्लेख है।

प्रथम महान् प्रबंध नैसर्प है। यह काँटेदार झाड़ियों या कच्ची मिट्टी की दीवारों से आरक्षित एक गाँव (ग्राम), खदानों के क्षेत्र में गाँव (आकार), एक बड़े शहर (नगर), बंदरगाह (पत्तन), धरती व समुद्र दोनों से आवागमन की सुविधा वाले स्थान (द्रोणमुख), एक ऐसा स्थान जहाँ दूर तक दूसरा गाँव न हो (मडंप), राजधानी (स्कंधव) और भवनों (गृह) का प्रारूप तैयार करने से संबंधित है।

दूसरा महान् प्रबंध पांडुक है। इसमें कृषि-उत्पादों के माप-तौल संबंधी ज्ञान है। इसके अतिरिक्त इसमें बीज व अनाज के उत्पादन की जानकरी भी दी गई है।

तीसरा महान् प्रबंध पिंगल है। यह सौंदर्य शास्त्र पर आधारित है, जिसमें नर-नारियों के सजने-संवरने, सौंदर्य एवं घोड़ों-हाथियों के श्रृंगार व साज-सज्जा के बारे में भी ज्ञान है।

चौथा महान् प्रबंध सर्वरत्न है। यह सार्वभौम राजा के चौदह रत्नों की उत्पत्ति के बारे में है। इसमें से सात एकेंद्रिय से संबंधित हैं, सात पंचेंद्रिय से।

पाँचवाँ महान् प्रबंध महापद्म है। यह सब तरह के रंगीन व सफेद वस्त्रों के उत्पादन से संबंधित है।

छठा महान् प्रबंध काल है। यह तीन बीते वर्षों और तीन आनेवाले वर्षों की शुभ व अशुभ घटनाओं के बारे में बताने की विद्या है। इसमें 100 विभिन्न प्रकार के हस्तशिल्प का ज्ञान है और रक्षा, कृषि व वाणिज्य जैसे सार्वजनिक लाभ के विषयों का वर्णन है।

सातवाँ महान् प्रबंध महाकाल है। यह लोहे, चांदी, सोने आदि धातुओं के खनन एवं मणि, मुक्ता, स्फटिक, प्रवाल के उत्पादन की तकनीक से संबंधित है।

आठवाँ महान् प्रबंध माणवक है। यह युद्ध-विज्ञान संबंधी महान् रचना है। इसमें योद्धाओं को तैयार करने, कवच बनाने, शस्त्रास्त्र बनाने, युद्ध से संबद्ध समस्त रणनीतियों व दंडनीतियों का ज्ञान है।

नौवाँ महान् प्रबंध शंख है। यह नृत्यविधि, नाटकविधि, काव्यशास्त्र व वाद्य-संगीत से संबंधित है और इसमें नृत्य, नाटक व काव्य-रचना एवं सभी प्रकार के वाद्यों की विधि का ज्ञान है।

महर्षि पंतजलि का योगसूत्र 200 वर्ष ई.पू. के आसपास लिखा गया था। योग के मौलिक ग्रंथों में प्रमुख हैं। 195 सूत्रों में पतंजलि ने योग और उसके

महत्त्वपूर्ण अंगों को परिभाषित किया है। योग की शास्त्रीय संस्कृत परिभाषा 'योगश्चित्तवृत्तिनिरोध:' इसी योगसूत्र का सूत्र है, जिसका तात्पर्य है—चित्त की वृत्तियों का निरोध योग है।

चेतन मन की क्रिया-विधि, इसका विकास और समस्याएँ, ये चित्त के विषय हैं। योग-साधना का आरंभ मन की क्रियाओं पर नियंत्रण से होता है। यह चेतना की सामान्य अवस्था से आरंभ होती है और इसकी चरम परिणति है परमात्म-पद की प्राप्ति। इसकी कई अन्य शाखाएँ हैं—राज योग, हठ योग, लय योग आदि। इनमें हमें संवेगों व वृत्तियों (भावों) से उद्भूत प्रतिक्रियाओं के विषय में विशद विवरण उपलब्ध होता है।

भारत का आचारशास्त्रीय साहित्य भी बहुत समृद्ध है। तिरुवल्लुवर का 'कुरल' अत्यंत प्रसिद्ध है। 'मानवजाति के लिए आचार-संहिता और सदाचार' की निर्देशिका कहकर इसकी प्रशंसा की गई है। तमिल भाषा में इसकी रचना आज से 2000 से अधिक वर्ष पूर्व हुई थी। कुरल में 1330 पद हैं। 133 अध्यायों के इस ग्रंथ में प्रत्येक अध्याय में 10 पद हैं। इन अध्यायों को मुख्यत: तीन भागों में विभक्त किया जा सकता है—सद्गुण, धन-संपत्ति और प्रेम। पहले भाग 'अरथुप्पल' (सद्गुणों पर) में किसी व्यक्ति की महानता को परिभाषित किया गया है। दूसरा भाग 'पोरतुतप्पल' (धन-संपत्ति पर) सबसे बड़ा है। इसमें 70 अध्याय (700 पद) हैं। इसमें सामाजिक जीवन की आवश्यकताओं पर चर्चा है। तीसरा व अंतिम भाग 'कामाथुप्पल' या 'इनबाथुप्पल' (प्रेम पर) में आत्मा पर विजय पाने का विवेचन है। इसे 'पोयामोजी' (कभी असत्य न कहने वाला ग्रंथ) ठीक ही कहा गया है।

कुंदकुंद, उमास्वाति और सिद्धसेन दिवाकर उन विचारकों में से थे, जिनके मूल चिंतन ने आगे के विचारों के लिए प्रवृत्ति की नींव रखी। कुंदकुंद दूसरी या तीसरी शताब्दी में हुए। वे एक दिगंबर आचार्य थे, जो दक्षिण भारत के पुरोधा विचारकों में से एक हैं। विभिन्न वर्ण्य विषयों पर आधारित इनके चौरासी ग्रंथ बताए जाते हैं, जिनमें से पंद्रह उपलब्ध हैं। इनमें से प्राकृत में लिखित तीन ग्रंथ दर्शनशास्त्र के महान् ग्रंथ कहे जा सकते हैं। ये हैं पंचास्तिकायासार (पंच अस्तित्वों का सार), प्रवचनसार (शास्त्रों का सार) और समयसार (सिद्धांत-सार)।

पंचास्तिकायसार एक मौलिक तत्त्व-विषयक ग्रंथ है, जिसमें जैन दर्शन में स्वीकृत मूलभूत पाँच अस्तिकायों (विस्तृत मौलिक द्रव्यों) के संबंध में विस्तार से

बताया गया है। काल-द्रव्य का समावेश अस्तिकाय में नहीं किया गया, क्योंकि वह प्रदेशों के प्रचय के रूप में नहीं है। इसके साथ ही जो मूल पदार्थ हैं, उनमें दो और जोड़े गए हैं—पुण्य और पाप यानी शुभ कर्म और अशुभ कर्म।

प्रवचनसार एक अंतर्दृष्टि वाली रचना है। इसके तीन खंड इसकी विषय-वस्तु को स्पष्टत: इंगित करते हैं—ज्ञान, ज्ञेय और पथ-प्रदर्शन।

समयसार ग्रंथ में निम्नांकित विषयों पर विशद प्रकाश डाला गया है—आत्मा का स्वरूप और पुद्गल (भौतिक पदार्थ) द्वारा उसका मलिनीकरण, जहाँ तक आत्मा क्रिया का कर्ता है क्या आत्मा का मूल आंतरिक स्वरूप कर्म-बंध से प्रभावित या परिवर्तित होता है ? ग्रंथकार द्वारा इन समस्याओं के समन्वय का प्रयत्न किया गया है, जिनका समाधान व्यक्ति के नय (दृष्टिकोण) पर आधारित है, जिसके माध्यम से वह इन विषयों को देखता है।

नैतिकता और धर्म, दोनों समाज के लिए उपयोगी हैं। भौतिक जगत् और चेतन जगत् के बीच एक स्वाभाविक संबंध है। यह संबंध मूढ़ता या मोह उत्पन्न करता है। अनेक जटिल सांसारिक समस्याएँ आसक्ति और मूर्च्छा के कारण होती हैं। आसक्ति के दुर्ग को भंग करने के लिए कुंदकुंद ने हमें भेदविज्ञान का सिद्धांत दिया—आत्मा और पुद्गल (शरीर आदि) की पृथक्ता का बोध।

उमास्वाति संस्कृत में पहला जैन ग्रंथ लिखने के लिए प्रसिद्ध हैं। यह है—'तत्त्वार्थ सूत्र' या 'तत्त्वार्थाधिगम सूत्र' (मूलभूत तत्त्वों के अवबोध के सूत्र)। उनका काल चौथी शताब्दी का है। उमास्वाति के पाँच ग्रंथों में प्रशमरतिप्रकरण (प्रशांति के प्रति अनुरोग), जो मुनियों व गृहस्थों, दोनों के आचार का प्रतिपादन करता है, आचारशास्त्रीय दृष्टि से और तत्त्वार्थ सूत्र दार्शनिकता की दृष्टि से महत्त्वपूर्ण हैं।

तत्त्वार्थ सूत्र में सूत्रों का क्रम दस अध्यायों में विभक्त है। इन्हें टीका के माध्यम से ही समझा जा सकता है। इस ग्रंथ के महत्त्व को इसी बात से जाना जा सकता है कि जैन दर्शन के इतिहास में प्रत्येक मुख्य विचारक ने इस पर टीका लिखी है। इनमें दसवीं शताब्दी आने तक अकलंक (आठवीं शताब्दी) और विद्यानंदिन् (नौवीं शताब्दी) जैसे दिगंबर विचारकों का स्थान प्रमुख रहा। उनकी लेखन-शैली क्लिष्ट थी, किंतु अब तक इनके ही ग्रंथों को लेकर विशेष शोध कार्य नहीं हुआ है।

सिद्धसेन दिवाकर पाँचवीं शताब्दी में हुए थे। उन्होंने संस्कृत व प्राकृत दोनों भाषाओं में रचना की। प्राकृत में उन्होंने सम्मइसुत्त (संस्कृत सन्मति सूत्र, जिसका तात्पर्य है-सम्यक् अवबोध के सूत्र) की रचना की। इसमें सात जैन नयों (दृष्टिकोणों),

ज्ञान व ज्ञेय की चर्चा की गई है। सिद्धसेन ने 32 संक्षिप्त रचनाएँ भी कीं। इनमें से प्रत्येक में 32 श्लोक हैं। (इन्हें बत्तीसी कहा जाता है) ये विभिन्न विषयों पर हैं, जिनमें महावीर की स्तुति, बौद्ध व वैदिक दर्शनों की आलोचना और जैन धारणाओं की व्याख्या शामिल है।

आदि शंकराचार्य (788–820) सबसे अधिक प्रसिद्ध अद्वैतवादी दार्शनिक थे। वे आध्यात्मिकता की व्याख्या तर्क के आधार पर करते थे, किसी मतवाद य कर्मकांडवाद के आधार पर नहीं। अद्वैत विचारधारा के अनुसार मानव (आत्मा) के शुद्ध स्वरूप का ज्ञान ही मुक्ति है। बंधनों का कारण अविद्या है। अविद्या के निवारण से इन बंधनों से मुक्ति मिल सकती है। मुक्ति मानव आत्मा के शुद्ध स्वरूप को जानने के अतिरिक्त और कुछ नहीं। यह शुद्ध स्वरूप उसकी अंतरात्मा है। यह अंतरात्मा ही ब्रह्म है, जो इसे केवल ग्रंथ-ज्ञान से नहीं, वरन् स्वयं के अनुभव से जान लेता है, वह सशरीर मुक्ति पा जाता है।

शंकराचार्य की अध्यात्म विद्या के अनुसार सत्य और मिथ्या, ज्ञान व अविद्या के भेद को समझने के लिए विवेक का विकास करना आवश्यक है। शंकर के अनुसार जिस चराचर जगत् की अनुभूति हमारी चेतना और शरीर करते हैं, वह सच्ची वास्तविकता नहीं, माया है। उनके मतानुसार ब्रह्म ही परम सत्य है। वही एकमात्र दैवी आधार है। वह देश-कालातीत परम कारण है। ब्रह्म ब्रह्मांड का प्रभावी व तात्त्विक कारण है, किंतु वह आत्म-विस्तार से सीमित नहीं होता। वह अपने सभी द्विप्रतिकूलों, विशेषतः रूपाकार व अस्तित्व वाली वैयक्तिकता से होता है।

अपनी वास्तविक प्रकृति व अस्तित्व को समझने के लिए हमें एक धुंधले शीशे में से देखना होगा। परिवर्तन या मरणशीलता के लिए नहीं, अमरता के चरम आनंद के लिए। यदि हम अपने विचारों व क्रियाओं के वास्तविक उद्देश्य को समझ सकें तो अस्तित्व की मूलभूत अद्वैतता को समझ सकते हैं। शंकराचार्य प्रश्न करते हैं कि सीमित मन असीम आत्मा को कैसे समझ सकता है? आत्म-चेतना के साथ एकाकार होने के लिए हमें मन से परे जाना होगा।

शंकराचार्य ने जाति व व्यर्थ के कर्मकांडों को मूर्खतापूर्ण बताकर उनका खंडन किया। उन्होंने कहा कि सच्चे साधक को परब्रह्म के प्रेम का ध्यान करते हुए सत्य को समझने की चेष्टा करना चाहिए। उनके उपनिषदों, भगवद्गीता व वेदांत सूत्रों पर निबंध एक तीक्ष्ण व अंतर्ज्ञान संपन्न मानस के परिचायक हैं, जो

धर्ममत को मान्यता न देकर तर्क का समर्थक था। उनका मुख्य उपदेश था कि तर्क और अमूर्त की दार्शनिकता मात्र से ही मोक्ष नहीं मिल सकता। कोई साधक विवेक के साथ अहं के परित्याग व प्रेम से ही अपनी आत्मा के शुद्ध स्वरूप को प्राप्त कर सकता है।

आचार्य हेमचंद्र (1089-1172) ने जैन धर्म की श्वेतांबर परंपरा को व्यवस्थित किया। अपने प्रबंध अन्ययोगव्यवच्छेदिका (अन्य विचारधाराओं की समालोचना) में उन्होंने दूसरे दार्शनिक विचारों का अंतर्दृष्टीय विश्लेषण किया। योग पर उनका प्रबंध (योगशास्त्र) जैन आचार से संबंधित है। यह एक उत्कृष्ट रचना है।

ग्यारहवीं शताब्दी में अभयदेवसूरि ने जैन आगम के मूल नव अंगों पर विद्वत्तापूर्ण टीकाएँ लिखीं। इनमें सबसे बड़ा है—भगवती सूत्र, जो अपने आपमें एक पूरा विश्वकोष है; इसकी टीका सर्वाधिक महत्त्वपूर्ण है। स्थानांग सूत्र एक आगम है, जिसमें जैन तत्त्व, आचार व खगोल विद्या के सिद्धांतों का संग्रह है। इस पर अपनी टीका में अभयदेव ने ज्ञान के स्वरूप, विशेषत: उसके आधार, व्याप्ति और मान्यता जैसे मीमांसात्मक विषयों पर चर्चा की है।

बारहवीं शताब्दी में वादिदेवसूरि ने स्याद्वादरत्नाकर (अनेकात्मकता का समुद्र) जैसे उत्कृष्ट ग्रंथ की रचना की। प्रमाण व नयों (दृष्टिकोणों) पर उनकी अपनी रचना पर ही यह उनकी टीका है। नौवीं शताब्दी के दिगंबर चिंतक माणिक्यनंदिन् के ग्रंथ से प्रेरित है।

उपाध्याय यशोविजय (1624-1688) प्रकांड बुद्धिजीवी थे। उनकी प्रशंसा केवल उनकी तार्किक क्षमता के लिए ही नहीं, बल्कि जैन दर्शन व अन्य परंपराओं के उनके विशद ज्ञान के कारण भी होती रही। उनके एक सौ के लगभग ग्रंथ बताए जाते हैं। इनमें रघुनाथ शिरोमणि (आरंभिक सोलहवीं शती) की महान् तार्किक रचना, नव्य-न्याय की आलोचना व विद्यानंदिन के एक ग्रंथ पर टीका भी शामिल हैं।

सन् 1760 में आचार्य भीखणजी ने तेरापंथ की स्थापना की (जहाँ 'तेरा' का अर्थ है—तुम्हारा, तेरापंथ अर्थात् हे प्रभु आपका पंथ)। इसमें तेरह धार्मिक सिद्धांतों पर बल दिया गया है—(1) पाँच महाव्रत, (2) पाँच समितियाँ (उपनियम) और (3) तीन गुप्तियाँ (निग्रह)। तेरापंथ मूर्तिपूजा की अनुमति नहीं देता। संपूर्ण पंथ का संचालन एक आचार्य के अधीन रखना तेरापंथ की विशेषता है। यह अन्य पंथों के लिए अनुकरणीय उदाहरण है। इस पंथ के सभी साधु, साध्वियाँ अपने आचार्य

के आदेश का पूरी निष्ठा से पालन करते हैं। वे उनके दिशा-निर्देश के अनुरूप उपदेश देते हैं और सभी धार्मिक गतिविधियाँ उनके निर्देशानुसार ही चलाते हैं।

250 साल के अपने इतिहास में तेरापंथ के अब तक केवल दस आचार्य हुए हैं। इसके प्रवर्तक आचार्य भीखणजी के अतिरिक्त, आचार्य जीतमलजी (चौथे आचार्य) और गणाधिपति आचार्य तुलसी (नौवें आचार्य) प्रख्यात धर्म-प्रचारक थे, जो भारतीय आध्यात्मिक परम्परा के अत्यंत प्रिय पथ-प्रदर्शक रहे।

सन् 1949 में आचार्य तुलसी[6] ने अणुव्रत आंदोलन आरंभ किया। यह जाति, संप्रदाय, रंग आदि के भेद के बिना मानव मात्र के जीवन के उत्थान का आंदोलन है, जिसमें जनसाधारण में तेजी से गिरते नैतिक मूल्यों के पुनरुत्थान का प्रयास किया गया है। जैसा कि टी.एस. इलियट[7] ने कहा है—लोग एक वृहत् वीराने में जीवित परछाइयों की तरह रह रहे हैं। तदनुरूप यह आंदोलन ऐसे लोगों में नवजीवन का संचार करने के उद्देश्य से चलाया गया।

आचार्य तुलसी ने अपने मिशन की शुरुआत समाज के सभी व्यक्तियों के लिए ध्यानपूर्वक बनाई गई एक आचार-संहिता से की। यह संहिता पाँच लघु व्रतों (अणुव्रत) के रूप में थी। यह आचार-संहिता लोगों को स्वेच्छा से इन पाँच व्रतों को धारण करने के लिए प्रेरित करती है। अणुव्रत आंदोलन मध्यम मार्ग का निरूपण करता है। यह दो अति-महाव्रत (संन्यासी का जीवन) और निरंकुश भौतिकतावादी जीवन, जो नैतिकता के ह्रास का कारण बन रहा है, से हटकर नैतिक जीवन पर बल देता है। इस आंदोलन के आह्वान का जनसाधारण पर काफी प्रभाव पड़ा है और जनता का ध्यान संयम की ओर आकर्षित हुआ है।

आगे का मार्ग

जब हम भविष्य की ओर देखते हैं, तो हम समझते हैं कि कुछ सिद्धांत सार्वकालिक होते हैं, जबकि कुछ की प्रासंगिकता काल-विशेष तक सीमित होती है। नवीन का अर्थ सबकुछ बदलना नहीं है और प्राचीन का अर्थ सबकुछ बनाए रखना भी नहीं है। कुछ नियम स्थायी होते हैं और कुछ सामयिक। स्थायी नियम दीर्घकाल तक उपयोगी बने रहते हैं। सामयिक नियम रूढ़ि बनने से पहले ही परिवर्तनीय हो जाते हैं।

इक्कीसवीं शताब्दी को बीसवीं शताब्दी का उत्तराधिकार मिला है। उत्तराधिकार में कुछ अच्छाइयाँ मिली हैं और कुछ दुर्बलताएँ। अच्छाइयाँ और दुर्बलताओं दोनों

का अस्तित्व हर युग में मिलता है, पर बीसवीं शताब्दी के मनुष्य की दुर्बलता यह है कि वह अपनी पीढ़ी की चिंता ज्यादा कर रहा है और भावी पीढ़ी के हितों की उपेक्षा कर रहा है। उसका सुविधावादी दृष्टिकोण और विकास के नाम पर विनाश का बीज बोने की मनोवृत्ति बहुत खतरनाक हैं।

वर्तमान विश्व को बौद्धिक व आध्यात्मिक विकास के समन्वित संतुलन की आवश्यकता है। आध्यात्मिक विकास द्वारा ही विकास की धारणा को संतुलित किया जा सकता है। संतुलित विकास की अवधारणा के पाँच आयाम बनते हैं—

1. विकास का व्यक्ति पर क्या प्रभाव हो रहा है?
2. विकास का समाज पर क्या प्रभाव हो रहा है?
3. विकास का प्राणीजगत् पर क्या प्रभाव हो रहा है?
4. विकास का पर्यावरण पर क्या प्रभाव हो रहा है?
5. विकास का विश्व पर क्या प्रभाव हो रहा है?

विकास की संतुलित अवधारणा को पुष्ट करने के लिए संतुलित विकास के पाँच आयाम ये हैं—

1. भौतिक विकास।
2. आर्थिक विकास।
3. बौद्धिक विकास।
4. नैतिक विकास।
5. आध्यात्मिक विकास।

असंतुलित धारणा का मुख्य कारण अधूरी शिक्षा-पद्धति है। वर्तमान शिक्षा-प्रणाली का ध्यान ज्ञान-वृद्धि और आजीविका, इन दो पर पर्याप्त मात्रा में केंद्रित है, किंतु शांतिपूर्ण सह-अस्तित्व और आंतरिक संपदा का विकास, शिक्षा के ये पहलू लगभग उपेक्षित हैं। फलस्वरूप ज्ञान बढ़ रहा है, आर्थिक विकास हो रहा है, किंतु शांतिपूर्ण सह-अस्तित्व और अपनी आंतरिक संपदा की पहचान तिरोहित होती जा रही है। इस स्थिति ने ही इस पुस्तक के सृजन का मार्ग प्रस्तुत किया है।

असहिष्णुता ही हिंसा को बढ़ानेवाली प्रवृत्ति है। औद्योगिकीकरण के कारण जैसे विश्व में तापमान बढ़ रहा है, वैसे ही मनुष्य के मस्तिष्क में भी तापमान बढ़ रहा है। वैयक्तिक, सामाजिक, जातीय, सांप्रदायिक और अंतरराष्ट्रीय समस्याएँ मस्तिष्कीय तापमान के कारण बढ़ रही हैं। हमें खोजने होंगे मस्तिष्क को ठंडा रखने वाले सूत्र। वे सूत्र अध्यात्म के शिलालेख में प्राप्त हो सकते हैं।

पहला सूत्र है संतोष। इसका तात्पर्य है सीमांकन। आज प्रत्येक राष्ट्र अपनी प्रभुसत्ता और अपने आर्थिक प्रभुत्व को असीम बनाना चाहता है। यह महत्त्वाकांक्षा उसके बढ़ते अतिक्रमण और हिंसा का कारण बनती है।

इसी प्रकार यदि कोई धार्मिक मत या संप्रदाय अपने कट्टरपंथी रवैये के कारण अपने आदर्श और जीवन-शैली को असीम विस्तार देना चाहता है, तो वह दूसरों में आक्रामकता भड़काता है और हिंसा को बढ़ाता है। इसलिए आक्रोश को निम्न स्तर पर रखने और असहिष्णुता, द्वंद्व व आंदोलन की आग को ज्वलन-बिंदु के स्तर से नीचे रखने के लिए आवश्यक है कि प्रत्येक राष्ट्र की अपनी प्रभुसत्ता को वैध सीमाओं के अंदर रखा जाए और शिक्षा के माध्यम से धर्म की सार्वभौम अवधारणा की समझ पैदा की जाए।

प्रारंभ से व्यक्ति के मस्तिष्क में अर्थ की मिथ्या अवधारणाएँ प्रत्यारोपित हो जाती हैं। 'धन ही सबकुछ है, जीवन का चरम लक्ष्य है', इस अवधारणा में विश्वास पारिवारिक संबंध, मानवीय संबंध और सामाजिक संबंधों को गौण कर देता है। अर्थार्जन ही प्रमुख बन जाता है। समस्या का मूल यह है कि धन की उपयोगिता को समझते समय हम जीवन की अन्य आवश्यकताओं पर विचार नहीं कर पाते हैं।

मनुष्य में कामना या जुनून नैसर्गिक है। इस अपेक्षा से कामना प्रधान है। कामनाओं की पूर्ति अर्थ से होती है। इस दृष्टि से अर्थवृत्ति मुख्य है। सीमांकन अथवा संयम के बिना काम और अर्थ दोनों मनुष्य के लिए खतरनाक बन जाते हैं।

मनुष्य पदार्थ की दुनिया में जी रहा है। इसलिए वह समस्या के मूल और समाधान दोनों को ही पदार्थ की दुनिया में खोज रहा है। समस्या का मूल पदार्थ नहीं है, समस्या का मूल बाहर नहीं है। समस्या का मूल है—कषाय (कामनाएँ एवं चित्त को मलिन करने वाले भाव), दृष्टि और चरित्र को मिथ्या बनाने वाली चेतना, वह भीतर है। समस्या की खोज बाहर करें, साथ-साथ भीतर भी करें। समाधान की खोज भी बाहर और भीतर दोनों स्थानों पर करें। समस्या के समाधान की इस नीति का बाहरी भाग परिस्थिति है और भीतरी भाग कषाय है।

कामना और अर्थवृत्ति का परिष्कार करने के लिए धर्म का जीवन में प्रमुख स्थान है। यहाँ हम धर्म को किसी संप्रदाय के साथ नहीं जोड़ना चाहते। नैतिकता और अध्यात्म किसी संप्रदाय से जुड़े हुए तत्त्व नहीं हैं, वे सार्वभौम सत्य हैं।

प्रत्येक मनुष्य के पास अंत:प्रज्ञा (Intuition Power) है, जो कि अंतश्चेतना है, किंतु आज मनुष्य अर्थ और पदार्थ को अतिरिक्त मूल्य दे रहा है। इसलिए उसकी बाहरी चेतना अधिक सक्रिय है और वह उसके माध्यम से ही वास्तविकता को देखने का प्रयत्न कर रहा है। सही स्थिति का आकलन करने और सही निर्णय करने के लिए आवश्यक है अंतश्चेतना का विकास।

एक न्यायसंगत (साम्यपूर्ण) और चिरस्थायी समाज-व्यवस्था बनाए रखने में समाजवादी और पूँजीवादी, दोनों पद्धतियाँ सफल नहीं हो सकीं। हमारी राय में समाजवादी व पूँजीवादी, दोनों पद्धतियाँ अतिवाद के उदाहरण हैं। असल में आवश्यक है, एक मध्यम मार्ग की खोज, जिसमें व्यक्तिगत संपत्ति पर सर्वथा प्रतिबंध भी न हो और अर्थ-संग्रह की उन्मुक्त छूट भी न हो। संग्रह अथवा व्यक्तिगत स्वामित्व की सीमा वर्तमान युग की जीवित अपेक्षा है। भारतीय संस्कृति का मूल सूत्र होना चाहिए—'धन का अनावश्यक संग्रह न करें, किसी को दु:खी बनाकर स्वयं सुखी बनने का प्रयत्न न करें।'

हमारी राय में संस्कृति के चौदह मुख्य घटक तत्त्व हैं—(1) समाज-व्यवस्था और परिवेश, (2) आर्थिक दर्शन, (3) शासन-व्यवस्था (राजनीतिक अवयव-तंत्र), (4) राजनीति, (5) विदेश नीति, (6) व्यापार नीति, (7) धर्म-निरपेक्षता के आदर्श, (8) धर्म-दर्शन, (9) विज्ञान, (10) दार्शनिक विचारधाराएँ, (11) शिक्षा, (12) भाषा और साहित्य, (13) कला और (14) मानवीय संवेगों और आवेगों की अभिव्यक्ति। इसके बावजूद संस्कृति एक संपूर्णता है। विकास और मानव-समाज पर उसके प्रभाव की दृष्टि से विचार करें, तो मानव-संस्कृति को विभक्त नहीं किया जा सकता।

संगीत, योग, शारीरिक-मानसिक चिकित्सा एवं अध्यात्म के माध्यम से मानव-चेतना और मन से संबद्ध भारतीय विचारधारा की सौरभ ने शेष विश्व को आप्लावित किया है। हाल ही में भारतीयों ने सूचना प्रौद्योगिकी में भपनी श्रेष्ठता सिद्ध की है। तदुपरांत भारत ने यह प्रमाणित कर दिया है कि लोकतंत्रीय पद्धति से परिचित संस्कृतियों और समाजों के लिए भी लोकतंत्र एक व्यवहार्य आदर्श है और एक ऐसा बृहद् समाज, जो नाना धर्म-संप्रदाय और नाना सांस्कृतिक धाराओं का समुदाय है, भी एक अखंड राजनीतिक इकाई के रूप में मिल-जुलकर रह सकता है।

हम इस अध्याय का उपसंहार इस आधार-वाक्य से करते हैं कि हमारी

संस्कृति का वृहदांश संचित आस्थाओं और प्रतिबद्ध अथवा अर्जित व्यवहारों की एक बास्केट है। प्रत्येक पीढ़ी अपनी पूर्वकालीन अवधारणाओं से प्रतिबद्ध होती है और इसलिए उसका व्यवहार (आचरण) चिंतनपूर्वक नहीं होता। करणीय-अकरणीय की समग्र आचार-संहिता उस पर थोप दी जाती है। अनजाने में ही वह दूसरों की अपेक्षा के अनुरूप अचेतन से अभिप्रेरित आचरण कर रही है और जब उसकी आवश्यकताएँ व अपेक्षाएँ पूर्ण नहीं होतीं, तो प्रतिक्रिया भी कर रही है।

हमें पता ही नहीं है कि क्या हो रहा है और हम किसी अज्ञात तत्त्व से किस प्रकार स्वत: संचालित होते आ रहे हैं और हो रहे हैं। चेतना के नाटक में जो कि अन्य लोगों, समाज या पद्धति द्वारा लिखा गया है और निर्देशित किया जा रहा है, हम केवल अतिरिक्त अभिनेताओं का समर्थन कर रहे हैं। हम उस नाटक के निर्देशक कैसे बन सकते हैं? आज के युवाजन जीवन की जो गठरी उठाए हुए फिरते हैं, वह काफी हद तक खाली है, किंतु उनकी आनुवंशिक स्मृति में अब भी हमारे पूर्वजों के स्मृति-अवशेष तथा 'अभी हम जो कुछ हैं', उसका समग्र इतिहास संस्कारों के प्रतिमानों के रूप में गड़ा हुआ पड़ा है, जो उजागर होने के लिए एक सही निमित्त (परिस्थितियाँ), सही क्षण की प्रतीक्षा में हैं।

यदि इस जीवन को एक आध्यात्मिक तीर्थयात्रा के रूप में देखा जाए, तो वह बुद्धि द्वारा अज्ञेय है, क्योंकि यात्रा का तात्पर्य है 'करना' और जानने का अर्थ है, 'जो हो चुके हैं, उससे स्वयं को अलग करना।' आप ही स्वप्न हैं, आप ही स्वप्नद्रष्टा हैं और आप ही स्वप्न की क्रिया हैं। आपकी पीड़ा का उद्भव इस तथ्य से होता है कि आपने उपर्युक्त तथ्य को समझा नहीं है। अगले अध्याय में इस 'पीड़ा' के विषय में चर्चा करेंगे। इसके लिए एक समझ का विकास करेंगे कि हम क्या चाहते हैं, हम अभी क्या हो चुके हैं और हम में वह क्या है, जो अभिव्यक्त होने के लिए लालायित है। एक बार जब हम उस मार्ग को प्रशस्त कर लेंगे, तो आभासित अव्यवस्था में से हजारों आलोक-मार्गों का सृजन कर लेंगे।

□

2

विकास की प्रक्रिया और पीड़ा

> सात पाप : कार्य के बिना धन, अंतश्चेतना के बिना आनंद, नैतिकता के बिना वाणिज्य, त्याग के बिना पूजा, सिद्धांत के बिना राजनीति, चरित्र के बिना ज्ञान और मानवता के बिना विज्ञान। इन पापों से मुक्त समाज हिंसा से मुक्त होगा।
>
> *—महात्मा गांधी*

ब्रह्मांडीय सिद्धांत

पहले अध्याय में हमने भारतीय संस्कृति के विकास पर चर्चा की। उसे परिभाषित करने एवं उसकी संकल्पना बनाने का प्रयास किया। इस अध्याय में हम अगले प्रश्न की ओर बढ़ते हैं—इसका रूपांकन किस लक्ष्य की प्राप्ति के लिए किया गया है? सारी चीजों की योजना में इसका स्थान क्या है, इस तक पहुँच कैसे बनती है? इसे कैसे समन्वित किया जाता है? और सबसे महत्त्वपूर्ण प्रश्न यह है कि यदि अंतिम विश्लेषण में विकास को मानव की आवश्यकताओं व उसकी पूर्ति पर केंद्रित होना है, तो इसका भविष्य क्या होगा?

विकास की प्रतीति और उसे परिभाषित करने की अनेक विधियाँ हैं। लोगों की विभिन्न आवश्यकताएँ होती हैं—साँस लेना, आहार, प्रेम, सृजन,

प्रजनन, पुनर्सृजन, कार्य करना आदि। अगर उन्हें समाज में सक्षमता से काम करना और जीवित रहना है, तो इनकी पूर्ति आवश्यक है। इससे अनेक सामाजिक, आर्थिक, वैज्ञानिक, कलात्मक, शैक्षणिक, मनोरंजन संबंधी, आध्यात्मिक, टेक्नोलॉजी संबंधी, राजनीतिक और पर्यावरण संबंधी आवश्यकताएँ उपजती हैं। किन्हीं विशेष परिस्थितियों में संसार के विभिन्न भागों में इन आवश्यकताओं की पूर्ति किस प्रकार की जाती है, यही सामान्यतः विकास और विशेषतः संस्कृति का विकास है।

ऐसी कठिन व माँगवाली आवश्यकताओं की पूर्ति के लिए सरकारें, उपक्रम, प्रतिष्ठान, स्थानीय, क्षेत्रीय, राष्ट्रीय व अंतरराष्ट्रीय संगठन विकास के मॉडलों का उपयोग करते हैं या फिर विभिन्न सार्वजनिक व वैयक्तिक मामलों पर निर्णय लेते समय उन्हें ध्यान में रखते हैं। ये मॉडल मानवीय आवश्यकताओं की सामान्य धारणाओं से लेकर अति परिष्कृत साधनों तक होते हैं, ताकि व्यवस्थित, संपोषित व युक्तिसंगत तरीके से इनकी पूर्ति की जा सके। इस तरह के मॉडल का केंद्रीय विषय क्या हो सकता है, क्या इसका कोई सिद्धांत है?

प्रत्येक सभ्यता ने अपने-अपने तरीके से मानव व ब्रह्मांड के संबंध को देखा-समझा। कुछ ने इसे शारीरिक, कुछ ने मानसिक और कुछ ने दोनों तरह का माना। ब्रह्मांड के कुछ अवयवों को मानव शरीर व मन के अवयव माना गया। ब्रह्मांड को एक विशाल अणु-जगत् माना गया।

विपरीततः मानव के अवयवों को बृहत् सृष्टि के अवयवों के सदृश माना गया। मानव को लघु अणु-पिंड समझा गया। चूँकि मानव व ब्रह्मांड दोनों का अस्तित्व है, इसलिए विशाल-अणु जगत् व लघु-अणु पिंड के संबंध को भी स्वभावतः स्थायी अस्तित्व माना गया।

जिस प्रक्रिया से जीवित वस्तुएँ अस्तित्व में आईं, वह सर्जनात्मक प्रक्रिया है। इसने नए पहलुओं की रचना की है, जिनमें बहुत संभावनाएँ हैं। इसने विकास, गति, क्षुधा, संघर्ष व प्रयास, आनंद व पीड़ा, चेतना व सचेत आत्म-निरीक्षण को जन्म दिया है।

रचनात्मक कारण ही वह धारणा है, जिसके प्रभाव से भौतिक कारण अपना प्रभाव उसी तरह दिखाते हैं, जैसे कोई शिल्पकार कोई रचना करता है। आज के विश्व में जैसा कि हम सोचते हैं, प्राकृतिक कारणों का एक रचनात्मक पहलू होता है। कम-से-कम अत्यंत सरल अर्थों में, हम कह सकते हैं कि एक ही

यथार्थ के ये दो पहलू हैं।

प्राकृतिक उद्देश्यवाद के अनुसार प्रकृति में प्रत्येक परिवर्तन का कुछ उद्देश्य होता है, लेकिन हम एक ही उद्देश्य को जानते हैं—मानवीय उद्देश्य। इस कारण से हम शुद्ध प्राकृतिक घटनाओं में एक मानवीय पहलू देखते हैं। उदाहरण के लिए हम यह मानते हैं कि पौधे कार्बन डाईआक्साइड इसलिए सोखते हैं, ताकि ऑक्सीजन में साँस ले सकें। जब हम कहते हैं कि प्राकृतिक इतिहास अधिकतम कल्याण के पथ पर चलता रहा है, तो हम यह कह रहे होते हैं कि नैतिक प्रगति प्रकृति का नियम है। ब्रह्मांड का कदाचित् अपना कोई लक्ष्य न हो, किंतु लोगों का निश्चित ही होता है, जो विभिन्न धारणाओं में परिलक्षित होता है।

इस विचार के विस्तार में जाने पर हम पाते हैं कि अधिक-से-अधिक मानव पात्रों के साथ पूरी प्रकृति की खोज कर रहे हैं। उदाहरण के लिए प्राचीन यूनानी व रोमनों ने पक्षियों की उड़ान, बलि के पशुओं के रूपाकार, सूर्य-चंद्र ग्रहण, पुच्छल तारे के दिखाई पड़ने आदि में भविष्य के शुभ-अशुभ लक्षण देखे। इस सबके पीछे यह धारणा थी कि अन्य जीवों की अपेक्षा प्रकृति में मानव का स्थान भिन्न है। सृष्टि का अस्तित्व उसके लिए है और कोई भी असाधारण वस्तु या घटना विशेष संदेश देती है। इनमें से कुछ धारणाएँ अभी भी अंधविश्वास के रूप में टिकी हुई हैं, जैसे शुभ या अशुभ अंकों अथवा दिनों की धारणा या यह कि काली बिल्ली रास्ता काट जाए, तो अशुभ होता है। आधुनिक विज्ञान ने ऐसे सभी विचारों को त्याग दिया है। वह ब्रह्मांड को मानव से पूरी तरह स्वतंत्र एक क्रियाविधि के रूप में देखता है, सिवा इसके कि मानव उसमें परिवर्तन करता रहता है।

जीव और अजीव

नागापट्टिनम और अंडमान-निकोबार द्वीप समूहों में सुनामी के कारण हुआ विनाश हृदय-विदारक था। धरती माता हमें क्या संदेश दे रही थी? इतना विकराल विध्वंस, पीड़ा, कष्ट और मृत्यु का तांडव क्यों हुआ? इसके पीछे क्या उद्देश्य था? क्या यह मनुष्य के अक्षमाशील सृष्टि की दया पर निर्भर होने का एक और उदाहरण था? या फिर मानव द्वारा पर्यावरण को क्षति पहुँचाने का धरती माता ने प्रतिशोध लिया था? अथवा क्या यह दुर्भाग्य या प्रभु का दिया दंड था?

ब्रह्मांड की रचना अनेकानेक पदार्थों से हुई है। इन पदार्थों व इसकी संरचना में परस्पर अगणित क्रियाओं-प्रतिक्रियाओं के कारण इसके रूपाकार में गतिशीलता बनी रहती है। सृष्टि में अपना स्थान व उद्देश्य बनाने के निमित्त मनुष्य के लिए सबसे महत्त्वपूर्ण पदार्थ जैव था और सबसे महत्त्वपूर्ण क्रिया विकास। मनुष्य स्वयं को समझना कैसे सीख सकता है, यह समझना, जो उसके अस्तित्व के लिए महत्त्वपूर्ण है।

मूल सत् (वास्तविकता) के दो रूप हैं—जीव और अजीव। ये दो मूल द्रव्य हैं। ये दोनों शाश्वत हैं। काल की दृष्टि से अनादि और अनंत हैं। प्रत्येक जीव स्वतंत्र द्रव्य है, जिसकी रचना में असंख्य प्रदेश (अविभाज्य अंश) विद्यमान हैं। अजीव पदार्थ (जो जीव नहीं है) समस्त भौतिक पदार्थ (मुद्गल) और अन्य मूल अस्तिकाय—धर्मास्तिकाय (गति-माध्यम), अधर्मास्तिकाय (स्थिति-माध्यम), आकाश और काल इन पाँच द्रव्यों के रूप में है। पृथ्वीकाय (चट्टानें आदि), वनस्पतिकाय (सभी पेड़-पौधे), सभी त्रसकाय (कीट, पतंग, पशु, मनुष्य आदि), अन्य रूपों में सभी आत्माएँ आदि, ये सब जीव के रूप में हैं।

विज्ञान ने हमें बताया है कि मानव शरीर करोड़ों अणुओं से निर्मित है। एक मनुष्य और दूसरे में भिन्नता तथा एक जीव व अजीव में भिन्नता कुछ अणुओं के तारतम्य पर निर्भर है। जीव और अजीव का कोई भी संपर्क होने पर जीव को कष्ट होता है, इसलिए संसार में रहने का अर्थ दुःख भोगना है। कोई भी सामाजिक सुधार इस दुःख को समाप्त नहीं कर सकता। जीव के लिए दुःखों से मुक्त होने का एकमात्र उपाय मानव स्थिति से अथवा मानव अस्तित्व से मुक्त होने में ही है।

भगवान् महावीर के लोकवाद के अनुसार हमारी पृथ्वी को हम एक सजीव अवयवी (प्राणी) के रूप में देख सकते हैं। इसके अनेक अंगों के संयुक्त रूप से उसका पूर्ण रूप बनता है। इसका जल हमारे रक्त की तरह है, धरती (मिट्टी) द्रव्यमान और पट्टिकाएँ मांसपेशियों की तरह हैं। हम सब पशु, कीट-पतंगे आदि कोशिकाओं की तरह हैं, जो गतिशील रहते हैं। हममें से कोई भी महत्त्वपूर्ण तत्त्व ऑक्सीजन के बिना जीवित नहीं रह सकता। हमारे शरीर में जो प्रणाली हमें जीवित रखने में सहायक है, उसी तरह उसकी प्रणालियाँ सृष्टि को बनाए रखती हैं। पृथ्वी की पोषक तत्त्वों को विभाजित करने, ह्रास को पुनःपूरित करने, क्षतिग्रस्त हुए या गिरे हुए अवयवों को फिर से उत्पन्न

करने, शीतल हो जाने पर अपने को गरम करने और अधिक गरम हो जाने पर स्वयं को शीतल करने की अपनी प्रक्रिया है। जिस प्रकार हम स्वयं को चेतन कर लेते हैं, वैसे ही यह भी कर लेती है। जैसे हममें से प्रत्येक में एक आंतरिक शक्ति है, वैसे ही इसमें भी है।

संसार की विभिन्न संस्कृतियों में अपनी-अपनी तरह के मिथ और किंवदंतियाँ हैं, उस समय की, जब मानवता एकत्रित थी और उसका स्रोत एक था। बहुत पहले कभी वह एकता भंग हुई और विलगाव शुरू हो गया। चाहे यह अदन के बाग से निकाला जाना था या कोई और पौराणिक घटना मानव ने स्वयं को सर्वशक्तिमान ईश्वर से अलग कर लिया। उसके बाद मानवता ने यह जानने के लिए कि ईश्वर कौन है, शताब्दियों की यात्रा की। क्या वह सूर्य है, चंद्रमा है अथवा पृथ्वी का कोई तत्त्व है? जरा सोचिए, कितनी शताब्दियाँ यही जानने-समझने में बीत गईं कि ईश्वर कौन है और हम उसे किस प्रकार प्रसन्न कर सकते हैं? कैसे उसे हम अपने से प्रेम करने के लिए रिझा सकते हैं, ताकि वह हम पर कृपा की वर्षा करे। क्या हम इसके लिए बहुमूल्य जीवन की बलि दें? कितनी ही पीढ़ियाँ यह समझने में निकल गईं कि कौन सी तरकीब काम आ सकती है?

विडंबना यह है कि ईश्वर को प्रसन्न करने की हमारी कामना ने हमें एक-दूसरे से अलग करना शुरू कर दिया, क्योंकि लोग अपने-अपने पक्ष के समर्थन में लग गए कि कौन सही था, कौन गलत। यूनानी दार्शनिक एंपीडोकल्स (490-430 ई.पू.) ने कहा कि ब्रह्मांड की सभी आधारभूत शक्तियाँ प्रेम और संघर्ष के देवता एफ्रोडाइट और एरीज के साथ हैं। एंपीडोकल्स के अनुसार, सभी पदार्थ नियत समयानुसार संकुचित और संवर्धित होते हैं। प्रेम की शक्ति से सबकुछ परस्पर जुड़ जाता है, तब तक जब तक एक दैवी सामंजस्यपूर्ण पिंड नहीं बन जाता। उसके बाद वह पिंड संघर्ष की शक्ति के प्रभाव से विघटित होता है, जिससे विभिन्न चरणों में सृष्टि का निर्माण होता है, जब तक कि यह पूर्ण विघटन की स्थिति में नहीं पहुँच जाता। इतिहास फिर स्वयं को दोहराता है, जब तक कि सृष्टि धीरे-धीरे फिर से अपनी मूल अवस्था को प्राप्त हो जाती है, जो पुनः किसी अन्य रूप में विघटित नहीं हो सकती है। ब्रह्मांड का यह चक्र अनादि-अनंत रूप में निरंतर चलता रहता है।

ईश्वर की खोज का त्याग कर दिया गया। मानवता एक नए मार्ग पर चल

पड़ी, आवश्यकता के मार्ग पर। इस मार्ग की मंजिल शक्ति और धन-संपदा थी। जो लोग इन वस्तुओं के इच्छुक न थे और इनसे भी कुछ महान् की खोज में थे, उन्हें धर्मांध बना दिया गया। उन्हें मानव-निर्मित ईश्वर पर विश्वास करने को विवश कर दिया गया, ऐसा ईश्वर जो मानव के अच्छे-बुरे लक्षणों व मनोभावों का साकार रूप था। यह ऐसा ईश्वर था, जो प्रेम कर सकता था, पर घृणा भी कर सकता था। वह निर्णय, दंड, आवश्यकता और कामना के गुण भी रखता था। जैसे-जैसे ये सभ्यताएँ बढ़कर एक-दूसरे पर विजयी होती रहीं, ये अपने आपको धरती से भी दूर करती गईं। अब भरपूर पैदावार के लिए धन्यवाद न था। न धरती के प्रति सम्मान की भावना थी, न प्रकृति के लिए।

इतिहास ऐसे उदाहरणों से भरा पड़ा है, जब धरती से जुड़े लोगों को तलवार के घाट उतार दिया गया। शक्ति, धन और गौरव की इस दौड़ में हजारों जनजातीय संस्कृतियाँ विनष्ट हो गईं। धरती के साथ सामंजस्य बनाकर, उसके प्रति सम्मान की भावना रखते हुए जीवन-यापन करने वाली संस्कृतियों को उनकी जीवन-पद्धति की परवाह न करते हुए निर्ममतापूर्वक नष्ट कर दिया गया। ये ऐसे लोग थे, जो समझते थे कि वे अपनी धरती से जुड़े हुए हैं और अगर उनमें से किसी एक को पीड़ा, कष्ट या मृत्यु का दुःख झेलना पड़ता है, तो इसका प्रभाव दूसरे पर भी पड़ता है। वे अपने युगों पुराने सहजीवी संबंधों को समझते थे और उनका सम्मान करते थे, किंतु शताब्दियाँ बीतने पर यह पवित्र ज्ञान विलुप्त हो गया। मानव, पशु, पादप और खनिज के पारस्परिक संबंधों के भौतिकवादी विकास के दंभ ने उपेक्षा कर दी। मानव-विकास को सांस्कृतिक प्रत्यावर्तन ने बिगाड़कर रख दिया।

शाश्वत सत्य

चिरंतन सत्य, ज्ञान या सिद्धांत सृष्टि की रचना से पहले विद्यमान थे और ये रचना-प्रक्रिया को निर्देशित करने के लिए सक्रिय रहे। 'उसने सत्य से आकाश और पृथ्वी की रचना की।'[1] सत्य से क्या अभिप्राय है? यह एक चिरंतन, शाश्वत वास्तविकता है। वास्तविकता का पुरातन मार्ग यहाँ सदा था। उसी तरह जैसे खनिज, चट्टानें, हीरे खदानों में सुरक्षित रहते हैं। चिरंतन सत्य चिरस्थायी होता है। वास्तविकता चिरस्थायी होती है और अपना व्यवस्थित क्रम बनाए रखती है, जैसे किसी प्राचीन नगर का मार्ग। उदाहरण के लिए,

मान लीजिए कि कोई व्यक्ति किसी जंगल में घूम रहा है। वहाँ वह एक प्राचीन नगरी को खोज निकालता है, जिसकी व्यवस्थित सड़कें हैं। वह उसमें प्रवेश करता है। इसके बाद वह वहाँ विश्राम करता है। वहाँ उपलब्ध प्रत्येक वस्तु का आनंद लेता है। इस व्यक्ति ने न तो वह सड़क बनाई थी, जिससे होकर नगर में आया, न ही उसने उस नगर की अन्य वस्तुओं का निर्माण किया था, पर वह उसकी विशेषताओं का आनंद लेता है।[2]

हमारी पृथ्वी पर जीवन की विशेषताओं के विरुद्ध संघर्ष चल रहा है। अतीत में हमने जो गलतियाँ की हैं, वे नितांत स्पष्ट हैं। संगठित धर्म धर्मस्थलों में सिमट गए हैं। ईश्वर कौन है, हम कौन हैं, एतद्विषयक हमारे विचार प्राचीन धर्माधिकारियों के तैयार किए मत व सिद्धांतों से विषम हैं, जो हमें सिखाए जाते हैं। लोग जिस शक्ति, गौरव या धन के लिए लालायित रहते थे, अब उससे संतुष्ट नहीं। वे अब एक अति महत्त्वपूर्ण प्रश्न पूछ रहे हैं, 'मैं कौन हूँ और इस धरती पर क्यों हूँ?' इस पुरातन ऊर्जा के निस्सरण का क्या कोई मार्ग है, जिसे हमने अपने अंदर पनपने दिया और जिसने हमें क्षति पहुँचाई? इस प्राचीन ऊर्जा ने हमें व्याधियाँ व रोग दिए, जो आज भी हमारे साथ चिपटे हुए हैं। क्या पीड़ा विकास की प्रक्रिया का अनिवार्य अंग है?

विकास ऐसी प्रक्रिया नहीं, जिसका उद्देश्य हमें उत्पीड़ित करना, कष्ट पहुँचाना या और अधिक पीड़ा देना है। हमारे अंदर पनपने वाला आध्यात्मिक विकास प्रतिक्रिया की एक श्रृंखला आरंभ करेगा। हम एक-दूसरे से एकत्व स्थापित करना आरंभ करेंगे, फिर धरती माँ से और सबसे महत्त्वपूर्ण बात यह कि उसके बाद ईश्वर से। सत्य सभी वस्तुओं का जीवन, द्रव्य और निरंतरता है। हम शक्तियों को क्षति पहुँचाते हैं, उन्हें पीछे खींचते हैं। इससे सृजन विफल हो जाएगा। मानवीय ज्ञान उन्हें पदार्थ की शक्तियाँ कहता है, लेकिन दैवी विज्ञान के अनुसार यह दिव्य मन की संपदा है। ये उस दिव्य शक्ति के मन में अंतर्निहित हैं और वह इन्हें इनके उपयुक्त स्थान और वर्ग में स्थापित करता है।

अब दूसरे प्रश्न पर आते हैं। बृहत् परिवर्तन लघु परिवर्तनों के कारण होते हैं? क्या धरती माँ अपनी पुरानी ऊर्जा का निष्कासन कर रही है, जिसने उसके महत्त्वपूर्ण भागों में रोग और व्याधियाँ उत्पन्न की हैं? क्या वह पहले वाले संतुलन की पुनःस्थापना का प्रयास कर रही है? यह हो सकता है, पर यह प्रक्रिया पीड़ादायक होगी। जब वह अपने जल का पुनरुद्धार करेगी और

अपनी धरती को पुनर्जीवित करेगी, तो हमें मृत्यु और विनाश भुगतना पड़ेगा। क्या धरती को इन ऊर्जाओं का उत्सर्जन करके अपना संतुलन फिर से नहीं बनाना चाहिए? वह हमें दंड देने के लिए ऐसा नहीं करेगी, बल्कि इसलिए करेगी कि हमारे लिए एक ऐसा संसार बनाए, जिसमें हम नए आनंद का अनुभव कर पाएँ, ताकि धरती माता उस आनंद के अनुभव की अभिव्यक्ति करे, जो हम अपने अंतर्मन में अनुभव करते हैं।

अपनी पुस्तक 'आई बिलीव' में आध्यात्मिक दार्शनिक डॉ. कर्ण सिंह पर्यावरण-संरक्षण को विश्व-समाज का केंद्रीय सिद्धांत मानते हैं। वे लिखते हैं—"हमारा प्राचीन साहित्य पर्यावरणीय मूल्यों को प्रदर्शित करता है। पवित्र कुंजों, नदियों, वनों, झरनों की समस्त धारणा इस तथ्य पर बल देने के लिए बनाई गई थी कि मानव को अपनी स्वेच्छाचारिता से प्रकृति का लाभ उठाने और उसे नष्ट करने की स्वच्छंदता नहीं है। वह प्राकृतिक पर्यावरण का एक अंग है (था), जिसका संरक्षण करना उसका कर्तव्य है। धरती की स्तुति वाले 'अथर्ववेद' के भूमि सूक्त (12.1) के 63 श्लोकों में पर्यावरणीय मूल्यों का विशद वर्णन है। इनमें से एक का आशय इस प्रकार है—

हे धरित्री! जो कुछ मैं तुमसे निकालता हूँ,
वह फिर शीघ्र ही उत्पन्न हो।
ओ पावनी, हम तुम्हारे मर्मस्थल या हृदय को आहत न करें।

इससे क्या लाभ होगा, यदि मानवता ऐसे संसार में एक आंतरिक आनंद का अनुभव तो कर सके, जो बाह्य आनंद की अभिव्यक्ति में असमर्थ हो? हमारे जीवन में उस आनंद की अनुभूति कैसे होगी, जब इस पृथ्वी पर हमारे जीवन की मूलभूत आवश्यकताएँ धारणीय न रहें। हमें स्मरण रखना चाहिए और इस पर ध्यान केंद्रित करना चाहिए कि हमारे अंदर जैसे-जैसे परिवर्तन होंगे, उनका परिणाम आनंद होगा। एक बार फिर से संतुलन कायम हो जाए, तो हम धरती माता के परिश्रम के सभी फलों का पूरा आनंद ले सकेंगे और जो प्रचुर संपदा वह हमें देती है, उसकी कद्र कर सकेंगे। तब अंततः हमारे अंदर और धरती माता के अंदर आनंद का वास होगा। जीवन के बृहत् और सूक्ष्म पहलुओं के विकसित होने की आवश्यकता है। संलग्नता, सामंजस्य और आकर्षण विकास के गुण हैं। एक विचार-शक्ति ने पृथ्वी को उसके परिक्रमा-पथ पर स्थापित

किया और गर्वीली लहर से कहा, 'इतनी ही दूर और दूर नहीं।' (जेओबी 38.11, पवित्र बाइबल)

नैतिक नियम

नियम और उपदेश बहुधा अस्पष्ट धारणाएँ हैं, क्योंकि ऐसे नियम भी हैं, जो बंधन में जकड़ लेते हैं। ऐसी शिक्षा या उपदेश भी हैं, जो बंधन-मुक्त करते हैं। 'ईश्वर की उक्तियाँ सुंदरतम हैं। ऐसा शास्त्र, जिसमें उसकी कृपा का वायदा है, साथ ही दंड का भय भी है। जो ईश-भीरु हैं, उनका शरीर उससे काँपता है, ताकि उनका शरीर और हृदय उसके स्मरण के प्रति कोमल बना रहे। ईश्वर का दिशा-निर्देश ऐसा ही है। वह जिन्हें चाहता है, उनको निर्देशित करता है। जिन्हें वह भटकाना चाहता है, उन्हें निर्देशित नहीं करता।'[3]

आज से चालीस लाख साल पहले मनुष्य ने सीधे खड़े होकर चलना सीखा। वह तभी से एक कबीलाई जीव है। दोपाया होने के कारण मनुष्य दूसरे परभक्षी प्राणियों (सिंह आदि, जो मनुष्य को अपना शिकार बनाना चाहते थे) से ज्यादा तेज नहीं दौड़ सकता था। वह कबीले के सहयोग से ही उन्हें दूर रख सकता था।

बीस लाख साल पहले आदिमानव एक झुंड/कबीले में रहनेवाला जीव था। वह मुख्यत: शाकाहारी था। उसके बीस लाख साल बाद से वह कबीलाई आखेटक-योद्धा रहा। आज भी ऐसा ही है। मानव की सभी सामाजिक प्रवृत्तियाँ उसके बौद्धिक विकास से पहले विकसित हो चुकी थीं। अत: वे नैसर्गिक हैं। मातृ-प्रेम, करुणा, सहयोग, जिज्ञासा, अन्वेषण और प्रतिस्पर्धा जैसी मूल प्रवृत्तियाँ अति प्राचीन हैं तथा वे मानव की चेतना गहराई में अंतर्निहित हैं। ये मानव व आदि मानव के अस्तित्व के लिए आवश्यक थीं। चूँकि मानव की सामाजिक मूल प्रवृत्तियाँ बौद्धिक न होकर नैसर्गिक हैं, इसलिए शिक्षा से उनमें संशोधन या परिवर्तन नहीं किया जा सकता, जबकि इससे बड़े जीवों के व्यवहार में प्रशिक्षण से परिवर्तन किया जा सकता है।

बुद्धि ही मनुष्य को अन्य जीवों से अलग करती है। विवेक की क्षमता उसमें मानव के विकास के 40 लाख वर्षों से अधिक समय में धीरे-धीरे विकसित हुई है। बुद्धि का विकास मनुष्य की सहज-वृत्तियों को नियंत्रित करने के लिए हुआ, ताकि व्यवहार को अनुकूल बनाया जा सके। अगणित पीढ़ियों से मानव

को प्रकृति ने अपने ही उस व्यवहार में संशोधन या विकास करने में सहायता दी है, जो सामान्यतः प्रवृत्यात्मक हो, पर बदलकर अधिक लाभकारी हो सके। इस प्रक्रिया को आत्म-नियंत्रण या आत्मानुशासन कहा जा सकता है। मानव और निचले स्तर के पशुओं में यही अंतर है। वे बेचारे अपने व्यवहारगत निर्णयों के लिए केवल सहज प्रवृत्ति को ही काम में ले सकते हैं (आत्मानुशासन से नहीं)। अतः आत्मानुशासन मनुष्य होने का मापदंड है।

जिस व्यक्ति में बुद्धि द्वारा निर्धारित अनुशासित व्यवहार जितना अधिक होता है, वह उतना ही मानवीय होता है। किसी व्यक्ति में अपनी सहज वृत्ति की प्रतिक्रिया में व्यवहार जितना कम अनुशासित होगा, उतना ही वह अपने से निचले स्तर के पशुओं के निकट होगा।

पूजा जीवन की एक आधारभूत क्रिया है। जब लोग किसी पूजा-स्थल पर जाते हैं, उनका मन अपनी सहज प्रवृत्तियों से ऊपर उठ जाता है। वे प्रभु को कृतज्ञता-ज्ञापन करते समय या प्रभु से प्रार्थना करते समय ईश्वरत्व के साथ तादात्म्य स्थापित करते हैं। परिणामतः उनके मन किसी भी संभावित रूप में प्रभु की सेवा करने के लिए अभ्यानुकूलित हो जाते हैं। सच्ची आराधना का कोई संबंध हम अपने शरीर से क्या कर रहे होते हैं (गाना, झुकना, प्रार्थना करना), उसके साथ नहीं होता। वह तो हम क्या हैं, हमारा हृदय क्या अनुभव कर रहा है और हम जरूरतमंदों को क्या दे सकते हैं, इससे संबंधित होता है। यहाँ हम पंजाब की एक सच्ची कहानी बताते हैं, जिसमें आध्यात्मिकता एक सामाजिक अभियान बन गई—

एक छोटी नदी है काली बेन। कहते हैं, यहाँ गुरु नानक देवजी को आत्मज्ञान प्राप्त हुआ था। शताब्दियों में यह सिवार से ढका, सीवेज से भरा नाला बन गई। बाबा बलबीर सिंह सीचेवाल ने पंजाब सरकार के साथ साझीदारी में इस नदी की सफाई का अभियान छेड़ा। उन्होंने जन-सहयोग से नदी में सीवर की गंदगी को डाले जाने से रोका और चार साल की मेहनत से 160 किलोमीटर लंबी लघु-सरिता को स्वच्छ किया। इस अभियान में नित्य औसतन 3000 स्वयंसेवक श्रमदान करते थे। आज आप तरकीना बराज से छोड़े गए स्वच्छ जल का आनंद इस नदी में ले सकते हैं। नदी के पुनरुद्धार से भूजल-स्तर में भी सुधार हुआ है। जो हैंडपंप पिछले चार दशकों में सूखे पड़े थे, वे अब पानी देने लगे हैं। बाबा ने अपने स्वयंसेवकों की सहायता से न केवल नदी को सिवार

और हाइसिंथ से मुक्ति दिलाकर स्वच्छ किया, बल्कि पाँच स्नान-घाट भी बनवाए। उन्होंने लघु-सरिता के किनारे-किनारे 100 किलोमीटर लंबी कच्ची सड़क भी बनवाई। भारत के मुख्य पूजास्थलों पर लगभग 5 लाख लोग प्रतिदिन प्रार्थना करते हैं। अकसर किसी तीर्थ पर हम लोग अपनी सुख-समृद्धि के लिए प्रार्थना करने जाते हैं। क्या हम ऐसे स्थानों पर कोई शपथ नहीं लिख सकते, जैसे—

- मैं तीन साल तक कम-से-कम पाँच बच्चों को पढ़ाऊँगा।
- मैं अपने पास-पड़ोस में या निकटवर्ती ग्राम में एक जलाशय बनाऊँगा।
- मैं अपने परिवार में शत्रुता समाप्त कर दूँगा और कोई मुकदमा हो, तो वापस ले लूँगा।
- मैं पाँच फलदार पेड़ लगाऊँगा।
- मैं जुआ नहीं खेलूँगा, न कोई लत लगने दूँगा।
- मैं अपने परिवार में लड़के-लड़कियों को शिक्षा के एक समान अवसर दूँगा।
- मैं अब से एक भ्रष्टाचार रहित, सदाचारपूर्ण जीवन व्यतीत करूँगा।

अगर दस प्रतिशत भक्त भी इनमें से एक शपथ लेकर उस पर अमल करें, तो समाज में बहुत शांति और व्यवस्था स्थापित हो जाएगी। 'उस व्यक्ति को आशीर्वाद प्राप्त है, जो बुरी संगत में नहीं रहता, पापियों के मार्ग में नहीं ठहरता, उपहास करनेवालों के आसन पर आसीन नहीं होता, वह ईश्वरीय नियमों का पालन करने में आनंद पाता है। वह रात-दिन उसके नियमों का ध्यान करता है। वह झरनों के पानी से सींचे वृक्ष की तरह है, जो मौसम आने पर फल देता है, जिसकी पत्तियाँ मुरझाती नहीं। वह जो कुछ करता है, उससे फलता-फूलता है।'[4]

आचरण के सिद्धांत

अपने विकास-क्रम में हमारा समाज कृषि से औद्योगिक बना, फिर हाल ही में वह सूचना-प्रधान व ज्ञानवान् समाज बना। कृषि-प्रधान और औद्योगिक समाज में मानव और यंत्र की प्रधानता थी। सूचना-प्रधान व ज्ञानवान् समाज में बौद्धिकता की प्रधानता रहेगी। बौद्धिक प्रधानता का प्रतिनिधित्व आदर्श, सिद्धांतों

और आस्थाओं से होता है। इतिहास हमें बार-बार बताता है कि जब कभी व्यक्तियों, समाजों और राष्ट्रों के मार्ग एक-दूसरे को काटते हैं, तब-तब मानव-अधिकारों का हनन होता है। क्या मनुष्य ने अपने सामाजिक जीवन में, इतिहास में कभी विकास व उन्नयन पाया है? क्या मानव-समाज सचमुच विकास के पथ पर अग्रसर है? क्या यह भविष्य में एक पूर्ण विकसित स्थिति को प्राप्त कर लेगा? अगर वह विकास के रास्ते पर है, तो फिर आदर्श समाज क्या है? या फिर प्लेटो के शब्दों में, मानव का कल्पनालोक क्या है और उसकी विशिष्टताएँ क्या हैं?

क्या हम भविष्य से आँखें मूँदकर कह सकते हैं कि इतिहास अनिवार्यतः विकास के मार्ग पर चलता है? क्या प्रकृति में विकास समयबद्ध है? क्या समय का जलयान मानव के थोड़े से भी हस्तक्षेप या उत्तरदायित्व के बिना विकास के मार्ग पर बढ़ता जा रहा है? क्या अतीत में मनुष्य की स्वेच्छा, चयन की स्वतंत्रता व उत्तरदायित्व के तहत कोई भूमिका न थी? वर्तमान पीढ़ी अर्थ व शिक्षा के अभाव, जातिभेद की व्याधि, उचित लागत पर शीघ्र न्याय से वंचना से ग्रसित है। यही वह कड़ाहा है, जिसमें उबाल आएगा और एक क्रांति के द्वारा एक आदर्श मानव का जन्म होगा, जो दूसरों के लिए मानक बनेगा।[5]

मानक मानव कौन है? उसका विकास कैसे हुआ? जीवनोपयोगी औजारों और उपकरणों की दृष्टि से मनुष्य ने बहुत प्रगति की है। यहाँ तक कि अब इस बात की संभावना है कि मनुष्य की तकनीकी व औद्योगिक प्रगति ऐसे स्तर पर पहुँच जाए, जब वह स्वयं को टेक्नोलॉजी व विज्ञान की अपनी सभी उपलब्धियों को, पुस्तकों को, ज्ञान को और संस्कृति को भी नष्ट कर डाले। अगर ऐसी महाविपत्ति नहीं आती, तो इसमें संदेह नहीं कि यंत्रों के निर्माण में इतनी प्रगति होगी, जिसकी आज कल्पना भी नहीं की जा सकती, क्योंकि मनुष्य ने अपने प्रायोगिक ज्ञान व प्रकृति संबंधी ज्ञान में इतनी वृद्धि कर ली है कि उसने उस पर विजय पाकर उसे अपनी आज्ञाकारिणी दासी बना लिया है। यह मानव की प्रगति का एक पक्ष है।

मनुष्य के विकास का दूसरा पक्ष, यदि उसे विकास कहा जा सकता है, तो वह सामाजिक जीवन व समाज-व्यवस्था के क्षेत्र में है। मानव-समाज सरल ढाँचे से धीरे-धीरे जटिल में परिवर्तित हो गया है। दूसरे शब्दों में—जिस प्रकार उसने कल की साधारण कारों से आज के विमानों व आधुनिक अंतरिक्ष यानों

तक तकनीकी व औद्योगिक प्रगति की है, वैसे ही मानव समाज भी सरल ढाँचे से अत्यंत जटिल में परिवर्तित हो गया है।

आदिम व जनजातीय समाज का ढाँचा बहुत सरल था। हर जनजाति का एक मुखिया होता था। वह लोगों को काम बाँटता था। ये काम संख्या में थोड़े ही होते थे, लेकिन विज्ञान व टेक्नोलॉजी के विकास के साथ काम का यह विभाजन जटिल हो गया है, क्योंकि अब काम भी बहुत अधिक हो गए हैं और उनको करने वाले भी। आज की नौकरियों, पेशों और शिल्प की विभिन्नता की तुलना आज से सौ साल पूर्व के कामों से करें या फिर प्रशासन अथवा विज्ञान में विशेषज्ञता के स्तर पर एक नजर डालें। अतीत में एक व्यक्ति अपने समय के सब तरह के विज्ञान में महारथ हासिल कर लेता था, भले ही वह किसी गैर-वैज्ञानिक क्षेत्र में हो। आइंस्टाइन और सी.वी. रमन इसके प्रत्यक्ष उदाहरण हैं।

लेकिन अब शिक्षा पद्धति में इतने उप-विभाग बन गए हैं कि हमारे यहाँ ऐसे सैकड़ों विशेषज्ञ हैं, जिनको विज्ञान की दूसरी शाखा का थोड़ा सा भी ज्ञान नहीं है। उनको यह भी पता न होगा कि ऐसी कोई शाखा है।

यह हमारे युग का एक विचित्र गुण मनुष्यों में एकरूपता और समजातीयता को हटाता है। वह उसके स्थान पर विभिन्नता व विशेषज्ञता प्रतिस्थापित करता है। मनुष्य कार्य का कर्ता है, तो कार्य भी मनुष्य का निर्माता है। हालाँकि हम सब मनुष्य हैं और एक ही समाज में रह रहे हैं, फिर भी लगता है कि हमारे स्वभाव भिन्न-भिन्न हैं। इसका कारण यह है कि हममें से हरेक ऐसा काम करता है, जो दूसरे के लिए अनजाना है, जो किसी दूसरे काम में लगा है। लगता है कि हममें से हरेक अपनी ही बनाई एक दुनिया में जी रहा है।

सुनहरा नियम

जैन आगम-साहित्य में बारह मुख्य आगम हैं, जो 'अंग' कहलाते हैं। ये युगों से पीढ़ी-दर-पीढ़ी हस्तांतरित होते रहे हैं। कहा जाता है कि सर्वज्ञता रूपी वृक्ष पर चढ़ने के बाद सर्वज्ञ भगवान् तीर्थंकर ने अपने प्रमुख शिष्यों को आत्मज्ञान देने के लिए उन पर ज्ञान के पुष्पों की वर्षा की, ये शिष्य गणधर कहलाए। उन्होंने अपने विवेक की झोली में इन सब पुष्पों को एकत्र कर लिया और उनसे आगमों की बारह मालाएँ बनाईं। सूत्रकृतांग सूत्र दूसरा आगम है। इसमें अहिंसा एवं जैन

तत्त्वमिमांसा की व्याख्या है तथा अन्य धार्मिक सिद्धांतों का खंडन है। इसके अनुसार, 'एक व्यक्ति को विचरण करते हुए अन्य प्राणियों से वैसा ही व्यवहार करना चाहिए, जैसा वह स्वयं के प्रति चाहता है।'

चार हजार साल से भी अधिक समय से गुरुजन इस सुनहरे सिद्धांत का उपदेश मनुष्यों में समुचित आचरण के रूप में करते आ रहे हैं। नियम ऐसे उपकरण हैं, जिनका प्रारूप हमें वह सब सोचने और व्यवहार करने के लिए तैयार किया जाता है, जो हम स्वाभाविक रूप से करने को शायद प्रवृत्त न हों। सभी नियमों को उनके पीछे के चिंतन के आलोक में देखना चाहिए और इस नियम का सिद्धांत दूसरों की निस्स्वार्थ सेवा है। नियम हमें दूसरों के प्रति उत्तरदायित्व, जागरूकता, सदाचार और उनका खयाल रखना सिखाते हैं। ये सभी गुण हमारे आचरण में अभिव्यक्त होने चाहिएँ, तभी सार्थक व मूल्यवान् होंगे।

आदान-प्रदान के आचरण का सुनहरा सिद्धांत एक आधारभूत नैतिक सिद्धांत है, जिसका सीधा-सा अर्थ यह है कि जैसा व्यवहार तुम दूसरों से चाहते हो, वैसा ही उनके साथ करो। संसार के सभी महान् धर्म इसका समर्थन करते हैं और मानव अधिकारों की अवधारणा का आधार भी यही है। सुनहरे सिद्धांत को एकरूपता का सबसे अच्छा सिद्धांत माना जाता है। यह सामान्य नैतिक मानकों का स्थान नहीं लेता, यह विधि-निषेध का निर्देशक भी नहीं, यह सभी तरह के उत्तर नहीं देता। यह तो केवल समरूपता निर्धारित करता है। यही कि दूसरों के प्रति हमारा व्यवहार, जैसे व्यवहार की हम अपने प्रति अपेक्षा रखते हैं, उसके अनुरूप हो। यदि हम इस अनुपम नियम का उल्लंघन करते हैं, तो हम नैतिकता के केंद्र, यानी निष्पक्षता और दूसरों का ध्यान रखने की भावना का उल्लंघन करते हैं।

'द एनालेक्ट्स' चीनी दार्शनिक व विचारक कंफ्यूशियस (551-479 ई.पू.) व उनके शिष्यों के वचनों व कृत्यों का संकलन है। ऐसी ही एक चर्चा के दौरान त्से-कुंग पूछता है, 'क्या कोई शब्द ऐसा है, जो जीवन में आचरण के सिद्धांत को व्यक्त कर सके?' कंफ्यूशियस उत्तर देते हैं, 'यह शब्द 'शु' (आदान-प्रदान) है। दूसरों के साथ वह मत करो, जो तुम चाहते हो कि वे तुम्हारे साथ न करें।' मेंग त्जू, जिन्हें लैटिन भाषा में मेंशियस (372-289 ई.पू.) कहते हैं, चीन के द्वितीय मनीषी कहलाते हैं। कंफ्यूशियस की विचारधारावाले इस विचारक ने अपने सारे चिंतन को जेन पर आधारित किया—क्षमाशीलता, मानवता और उदारता।

इस आधारभूत सिद्धांत में उन्होंने सदाचार की धारणा को जोड़ा। मेंशियस ने लिखा—'दूसरों के साथ वैसा व्यवहार करने का भरसक प्रयास करो, जैसा तुम उनसे चाहते हो। तुम देखोगे कि यह सदाचार का सबसे छोटा मार्ग है।'

अनुशासन पर्व, जिसमें पितामह भीष्म के अंतिम निर्देशों का वर्णन है, महाभारत की कथा के बीच में एक लंबा अंतर-प्रसंग है। वहाँ बताया गया है—'कभी हमें दूसरों के साथ वह नहीं करना चाहिए, जो हम अपने लिए अहितकर समझते हैं।' संक्षेप में यही नीति-परायणता का नियम है। इससे भिन्न आचरण करके, कामनाओं के वशीभूत होकर हम नीति-परायणता के दोषी बनते हैं। आदान-प्रदान में, सुख और दुःख में, सहमति और असहमति में उनके प्रभाव का अनुमान हमें स्वयं के संदर्भ में करना चाहिए।

मूसा की तीसरी पुस्तक में, जिसे 'लेवीटिकस' कहते हैं, ईश्वर ने मूसा से कहा, 'अपने पड़ोसियों से उसी तरह प्यार करो, जैसे स्वयं से करते हो।' नज़ारेथ के ईसा ने पर्वत के पास अपने शिष्यों और एक बड़ी भीड़ को उपदेश दिया। मैथ्यू के सुसमाचार के अनुसार इसे 'पर्वत पर उपदेश' कहते हैं। इस उपदेश का उपसंहार परस्पर आदान-प्रदान के सूत्रीकरण से होता है—'दूसरों के साथ वही व्यवहार करो, जो तुम अपने लिए उनसे चाहते हो।'

इसलाम धर्म के विद्वान् याहिया बिन शरफुलदीन अल नवावी ने 'अल्लाह की उन पर रहमत हो' में पैगंबर मुहम्मद साहब के बयालीस वचनों को संकलित किया। इनमें से प्रत्येक वचन धर्म का महान् नीति-वचन है। धार्मिक विद्वानों ने इन्हें इसलाम की धुरी माना है। अल्लाह के पैगंबर के सेवक अनस इब्न मलिक के अनुसार पैगंबर साहब ने कहा, 'तुममें से कोई भी सच्चा आस्तिक नहीं, जब तक कि वह अपने भाई के लिए वह सब नहीं चाहता, जो स्वयं के लिए चाहता है।'

यूसेबियस ऑफ कैसरिया[6] (263-339) को गिरजाघरों के इतिहास का पितामह कहा जाता है। उन्होंने सुनहरे सिद्धांत पर आचरण करने के लिए एक प्रार्थना लिखी, जिसके कुछ अंश हैं—

> 'मैं किसी का दुश्मन न बनूँ। उनका दोस्त बनूँ, जो पारलौकिकता में वास करते हैं। मैं सदा जो अच्छा है, उसी से प्रेम करूँ, चाहूँ और पाऊँ। मैं सबके लिए खुशी चाहूँ और किसी से ईर्ष्या न करूँ। जिसने मेरा बुरा किया, मैं कभी उसके दुर्भाग्य से खुश न होऊँ।'

'मैं कभी दूसरों की डाँट-डपट का इंतजार न करूँ, बल्कि सदा स्वयं को डाँटूँ और कमियों को सुधारूँ। मैं आपस में झगड़ते दोस्तों में सुलह कराऊँ। मैं जहाँ तक हो सके, अपने दोस्तों और सभी जरूरतमंदों की मदद करूँ।'

'मैं परेशानी में पड़े दोस्त की मदद करने से कभी न चूकूँ। मैं सदा दुखियों का दर्द कम करने व उन्हें सांत्वना देने का प्रयास करूँ। मैं सदा अपना सम्मान करूँ।'[7]

दूसरों के प्रति इतना दयाभाव रखने का असली कारण क्या है? शाश्वत नियम है कि जैसा बोओगे, वैसा काटोगे। इसलिए जब हम दूसरों के साथ वैसा व्यवहार करते हैं, जैसा स्वयं के लिए चाहते हैं, तो हम जानते हैं कि हमने शुरुआत कर दी है और अब हमें प्रतिफल में क्या मिलेगा।

परिणाम का नियम

सृष्टि के लोकोत्तर नियम का एक परिणाम यह है कि सृष्टि व्यवस्था, नियमितता और अन्योन्याश्रितता की साक्षी है। छोटी-बड़ी सभी विद्यमानताएँ अन्योन्याश्रित संबंधों के जाल में निबद्ध हैं। प्रत्येक संबंध का एक निश्चित ध्रुव और व्यवस्था है। स्त्री और पुरुष, धरती और स्वर्ग, चेतन और पदार्थ, ज्ञाता और ज्ञेय, प्रकाश और अंधकार, अस्तित्व और अनस्तित्व, यह और वह, स्व और पर इन सबमें एक सक्रिय आदान-प्रदान होता रहता है। विद्यमानताओं के अंदर और परस्पर संबंधों के कारण उनके बीच की क्रिया विकास का स्रोत है। इस क्रिया को हम प्रकृति के नियमित चक्र में ऋतु-परिवर्तन के रूप में देख सकते हैं। इसके अलावा परस्पर निर्भरता उस शिक्षा का आधार है, जो अहं व लोभ का त्याग सिखाती है तथा संवेदना व अन्योन्यता को बढ़ावा देती है। प्रत्येक व्यक्ति उसका पड़ोसी है। एक ज्ञाता के रूप में मुझमें और ज्ञेय के रूप में दूसरे में कोई भी भेद भ्रामक है।

परिणाम का नियम स्थिर नहीं है। नई क्रियाओं को आरंभ करने के लिए हम इसका निरंतर प्रयोग करते रहते हैं, ताकि हमारी स्थिति में सुधार हो। परिणाम के नियम का पुनर्जन्म के नियम के साथ गहन संबंध है, जिसे कई बार पुनः अवतार का नियम भी कहा जाता है। हमारी चेतनता ने अतीत में इस

धरती पर कई जन्मों का अनुभव किया है। वह भविष्य में कई और जन्मों में भी यह अनुभव करेगी। इन सभी पिछले जन्मों में हमने अनेक उद्देश्यों को क्रियान्वित किया है। इनमें से कुछ अब हमारे वर्तमान जीवन में उसका प्रभाव व अभिव्यक्ति प्रकट कर रहे हैं। हिंदू और बौद्ध धर्म में इन प्रभावों को कर्म कहते हैं। हिंदू कर्म को भाग्य का ऋण मानते हैं। बौद्ध कर्म को सप्रतिबंध अस्तित्व मानते हैं। हिंदू धर्म कहता है कि हम पिछले जन्म के कर्मों के फल भुगत रहे हैं, हम पिछले अच्छे कर्मों का सुफल भी पा रहे हैं। बौद्ध धर्म कहता है कि हम बंधनों को दूर कर रहे हैं और अस्तित्व के प्रतिबंधों से स्वयं को मुक्त कर रहे हैं।

पहली बात जो समझने की है, वह है, भाग्य की अवधारणा। पैगंबर मुहम्मद साहब (उन पर अल्लाह की शांति और आशीर्वाद हो) ने कहा, 'जब कभी अल्लाह अपनी रचना का भला चाहते हैं, वह उसे धर्म की गहरी समझ और सदाचारिता का दिशा-निर्देश देते हैं।' साधारण शब्दों में भाग्य चरित्र का प्रतिबिंब है। चरित्र के वे लक्षण, जो अकसर दुर्भाग्य लाते हैं, वे हैं—क्रोध, भय, अहंकार, घृणा, प्रतिशोध, विषयासक्ति, स्वार्थ, ईर्ष्या और असहनशीलता। सबसे पहला काम तो हमें यह करना चाहिए कि अपने आचरण व विचारधारा की समीक्षा करें और देखें कि क्या हमारे व्यक्तित्व में इनमें से कुछ लक्षण थोड़ी मात्रा में भी विद्यमान हैं। यदि पता चले कि वे हैं, तो हम तुरंत प्रयत्न करना आरंभ कर दें और धीरे-धीरे उन्हें समाप्त करें। ऐसा करने के दो मुख्य साधन विशेषतः दूसरों के प्रति अपनी सोच और व्यवहार में परिवर्तन लाना है। इसमें सोच अधिक आधारभूत है। यदि हम अपनी स्वभावगत सोच में संशोधन कर लें, तो हम देखेंगे कि हमारा व्यवहार स्वतः उसके अनुरूप ढल गया है।

इससे हम स्थिति के सबसे महत्त्वपूर्ण कारक पर पहुँचते हैं। यह है, सोचने की रचनात्मक शक्ति। यह शक्ति मानव-जीवन में सबसे आधारभूत और प्रभावी कारक है। यह कहना कि विचार वस्तु है, विस्मयकारी सच है। हर बार जब हम कुछ सोचते हैं, हम सोच का एक आकार बनाते हैं, जो जीवंत शक्ति बन सकता है। यह रचनात्मक शक्ति हमारी अनुभूति में तैरती है और हमारे मानसिक वातावरण का एक अंग बन जाती है, बल्कि हमारे जीवन का ही एक अंग बन जाती है।

रचनात्मक विचार का अगला चरण यह होता है कि वह कामना और मनोवेग का रूप धारण कर लेता है। इस चरण के दो प्रभाव होते हैं—एक यह कि इससे इसके समरूप क्रिया हो सकती है। दूसरा यह कि जो विचार तात्कालिक क्रिया नहीं चाहते, वे हमारी स्मृति में भावी क्रिया के लिए संकलित हो जाते हैं। हमारी पहुँच कभी भी उन तक हो सकती है। अतः वे कभी भी हमारे वातावरण में भौतिक वास्तविकता के रूप में प्रकट हो सकते हैं, जो हमारी सोच के अनुरूप अच्छे या बुरे हो सकते हैं। इसलिए यदि हम अपने वातावरण और अपने भाग्य को बदलना चाहते हैं, तो हमें अपने विचारों में परिवर्तन लाना होगा। ऐसा करके हम एक नए और अच्छे भाग्य का निर्माण करेंगे।

विनाशकारी कामनाएँ और मनावेग, जैसे क्रोध, घृणा, प्रतिशोध और अप्रसन्नता, विशेषतः क्रोध, विचार के अच्छे प्रारूपों व रचनाओं को छिन्न-भिन्न कर देता है। इससे उनके मूर्तिमान होने में विलंब होता है। उदाहरण के लिए, जब हम क्रोध या प्रतिशोध के वशीभूत होकर किसी अच्छी मानसिक रचना को अविच्छिन्न कर देते हैं, तो तदनुरूप विचारणा को, उस रचना को मूर्त रूप देने के लिए स्वयं को फिर से व्यवस्थित करना पड़ता है। इसमें समय लगता है और इस प्रकार हमारे वातावरण व भाग्य में अनुकूल परिवर्तन में विलंब होता है।

हम हानिकारक विचारों व कामनाओं से कैसे बच सकते हैं और कैसे उनको अपने मन से दूर रख सकते हैं? कई बार इनकी घुसपैठ को रोकना लगभग असंभव लगता है। इसका उत्तर है, विचारों की प्रतिस्थापना। यह इस सिद्धांत पर आधारित है कि दो विचार एक ही समय में मन में नहीं रह सकते। यह भौतिकी के इस सिद्धांत के अनुरूप ही है कि दो पिंड एक ही समय में, एक ही स्थान पर नहीं रह सकते। जब कोई हानिकारक विचार हमें परेशान करता है, तो अच्छा यह होगा कि हम उस समय उसे किसी अन्य विचार से प्रतिस्थापित कर दें, उस पर इतनी सकारात्मकता से ध्यान केंद्रित करें कि हानिकारक विचार मन में प्रवेश ही न कर सके। यह सरल है। इसके लिए केवल अभ्यास की आवश्यकता है।

जब माता-पिता अपने बच्चे को अधिकार प्रदान करते हैं, तो वह एक जिम्मेदार नागरिक बन जाता/जाती है। जब एक अध्यापक ज्ञान व अनुभव से परिपूर्ण हो जाता है, तो मूल्यों को समझने वाले युवाओं का निर्माण होता है।

जब एक व्यक्ति या टीम टेक्नोलॉजी से संपन्न होती है, तो उपलब्धि का उच्च स्तर सुनिश्चित हो जाता है। जब किसी संस्थान का प्रमुख अपने लोगों को अधिकार प्रदान करता है, तो ऐसे नेता बनते हैं, जो राष्ट्र के विभिन्न क्षेत्रों में परिवर्तन लाते हैं। जब महिलाओं का सशक्तीकरण होता है, तो सुस्थिर समाज-व्यवस्था सुनिश्चित हो जाती है। जब राजनेता जनता को अपनी नीतियों से अधिकार-संपन्न बनाते हैं, तो राष्ट्र की समृद्धि सुनिश्चित हो जाती है। जब धर्म आध्यात्मिक शक्ति में परिवर्तित हो जाता है, तो लोग मूल्यों को समझने वाले प्रबुद्ध नागरिक बन जाते हैं।

आंतरिक शक्ति

एक आंतरिक शक्ति होती है, जो मनुष्य से उसके निजी संबंध को परिभाषित करती है। यह मानव-जीवन का एक विस्मयकारी घटक है, जिस पर हमारी सामान्य सफलता सर्वाधिक निर्भर करती है। यह ब्रह्मांड से हमारा निजी संपर्क है। अत: हम समझ सकते हैं कि यह आंतरिक उदात्त आत्मा क्या है? ब्रह्मांड का भाग होने के कारण यह सर्वशक्तिमान है। विकास का काम इसे एक सार्थक, गतिशील सर्वसक्षमता के रूप में उजागर करना है। हम, जो कि शाश्वत चेतना के अवतार है, अपने दैनिक जीवन में और अपने जन्म-जन्मांतर में यही करना सीख रहे हैं।

यह आंतरिक शक्ति हमारे व्यक्तित्व और दैनिक जीवन को इस प्रकार प्रभावित करती है—आंतरिक शाश्वत चैतन्य, जो सर्वशक्तिमान और सर्वज्ञ है, चेतन मन को निरंतर संदेश भेजती रहती है। ये संदेश हमें अंतर्ज्ञान, प्रेरणा और मौलिक विचारों के रूप में मिलते हैं। ये बताते हैं कि अपने विवेक में उदात्त-आत्मा हमसे क्या कराना चाहती है। यदि हम इन संकेतों को समझें और उनके अनुरूप कार्य करें, तो हमारा जीवन रचनात्मक हो जाएगा। असफलता सफलता में परिवर्तित हो जाएगी। बाधाएँ धीरे-धीरे दूर हो जाएँगी। हम देखेंगे कि जीवन की हर दिशा में सबकुछ अच्छा व सफलतादायक हो रहा है। हम अपने चेतन मन को शांत-स्थिर करके इन संदेशों को प्रभावी तरीके से ग्रहण कर सकते हैं। ऐसा विशेष रूप से ध्यान लगाकर किया जा सकता है। उस शांत समय में चेतन मन स्थिर होता है। तब वह शक्ति हम से बात कर सकती है और हम उसे सुन सकते हैं। यह शक्ति हमसे सदा बात करती रहती है और संदेश भेजती

रहती है। हम चाहे कितने सक्रिय क्यों न हों, हमारी अंतश्चेतना भी इस शक्ति का एक संदेश ही है, जिसका कि हमें सदा पालन करना चाहिए। यदि हम इस शक्ति के निर्देशों का अनुसरण करें, तो यह हमसे और भी स्पष्ट रूप से बात करेगी। इससे हमारे जीवन का धीरे-धीरे नवरूपांतरण होगा और असफलताएँ सफलताओं में परिवर्तित हो जाएँगी।

हमें आंतरिक शक्ति और हमारे जीवन के रूपांतरण में विश्वास करना चाहिए। यह विश्वास ही वह तार या विद्युत्-चक्र है, जो हमें उससे जोड़ता है। जब हम अपने चेतन मन और उस शक्ति के साथ स्पष्ट संपर्क बना लेते हैं, तो परिणाम और भी अच्छे होते हैं, क्योंकि तब हमारी आत्मा हमें ये संदेश अधिक स्पष्ट व प्रभावी तरीके से भेज सकता है। इसके प्रति अविश्वास संपर्क को बिगाड़ता है और कुछ मामलों में तो इसे नष्ट ही कर देता है। तब हम प्राय: अंतश्चेतना के निर्देश के बिना आसानी से भटक जाते हैं, तब परिणाम असफलता के रूप में मिलता है।

यदि हम आंतरिक शक्ति की बात सुनें और उसके संदेश का पालन करें, तो भय या चिंता दूर हो जाएगी। हम स्थिर-संतुलित हो जाएँगे, जो भौतिक सफलता के बड़े कारक हैं। हम जीवन और मृत्यु दोनों के भय से मुक्त हो जाते हैं। हम जानते हैं कि सबकुछ विवेक से प्रेरित है और परिणाम आध्यात्मिक दृष्टि से बहुत अच्छा होगा।

हम अपनी आंतरिक शक्ति से प्रार्थना करके, उससे बातचीत करके, चर्चा करके अच्छे-अच्छे परिणामों में वृद्धि कर सकते हैं, क्योंकि यह तो हमारे साँस लेने से भी अधिक निकट है। यह हमें सुनेगी और विवेकपूर्ण प्रत्युत्तर देगी। कुछ लोग इसे ईश्वर से प्रार्थना करना कहते हैं। एक ही बात है, क्योंकि यह चिरंतन अंतश्चेतना है। प्रार्थना करके हम अपने लिए एक नवीन सार्थक भाग्य का निर्माण करते हैं, जो हमारे पिछले जन्मों के ऋण से हमें उबार सके।

लेखन के इस चरण में एक पहलू बहुत स्पष्ट रूप से उभरा है। सभ्यताओं के विकास ने जहाँ एक विशेष प्रकार की भौतिक समृद्धि दी है। इसके साथ ही इसने व्यक्ति, परिवार और समाज को पीड़ा भी दी है। हम इसकी व्याख्या एक संवाद से करेंगे, जो हमारे अनुभवों पर आधारित है—

कलाम : आचार्यजी, आप ज्ञान के स्रोत हैं। जो भी आपके संपर्क में आता है, आप उस आत्मा को पवित्र कर देते हैं।

आचार्य : 'कलाम, आपने अपनी टीम के साथ जो पुरुषार्थ किया है, नियति उसका यथार्थ फल देगी, परंतु नियति ने आपके लिए इससे बड़ा उद्देश्य नियत किया हुआ है। इसीलिए आज आप यहाँ मेरे साथ हैं। मुझे ज्ञात है कि अब हमारा देश परमाणु-शक्ति-संपन्न राष्ट्र बन गया है, किंतु आपने और आपकी टीम ने जो उपलब्धि पाई है, आपका जीवन-लक्ष्य उससे कहीं उदात्त है। वह तो वास्तव में किसी भी मानव ने जो उपलब्ध किया है, उससे भी महान् है।

कलाम : आपके सुझाव निश्चय ही शांति का मार्ग प्रशस्त करने में सहायक होंगे। इस समय 20,000 परमाणु प्रक्षेपास्त्र प्रक्षेपण प्रणाली के साथ मानवता के लिए खतरा बने हुए हैं।

आचार्य : विश्व में हजारों की संख्या में परमाणु-अस्त्र बढ़ रहे हैं। जो भी आध्यात्मिक आशीर्वाद मेरे पास हैं, उनके साथ मैं आपको आदेश देता हूँ कि ऐसी शांति की मिसाइल विकसित करो, जिससे ये परमाणु-अस्त्र निष्प्रभावी हो जाएँ। ये सब महत्त्वहीन और राजनीतिक दृष्टि से तुच्छ हो जाएँ।'

कलाम : आपका यह निर्देश मेरा पथ-प्रदर्शक प्रकाश होगा। अब समय आ गया है कि हम अपने परिवार व राष्ट्र के विकास के माध्यम से एक शांतिपूर्ण, सुखी व समृद्ध समाज का विकास करने के विचारों को एक पुस्तक के रूप में प्रस्तुत करें।

आचार्य : एक अच्छे परिवार में पला-बढ़ा अच्छा व्यक्ति ही राष्ट्र के प्रति अपने उत्तरदायित्व को समझ सकता है।

कलाम : ऐसा नागरिक ही इस सिद्धांत को अंगीकार करेगा, 'निष्ठा से काम करो, निष्ठा से सफलता पाओ।'

आचार्य : हम अपनी पुस्तक का शीर्षक 'सुखी परिवार और समृद्ध राष्ट्र' रखेंगे। आप क्या कहते हैं?

कलाम : सचमुच, यह एक सुंदर संदेश है। आचार्यजी, अपने परिवार द्वारा प्रदत्त मूल्य-पद्धति को मैं कंप्यूटर-संचालन के समतुल्य देखता हूँ। मैं जो कुछ करता हूँ, वह सब आरंभिक जीवन में मेरे माता-पिता द्वारा सिखाए प्रारूप के अनुरूप होता है।

आचार्य : अपने आरंभिक जीवन के बारे में और भी कुछ बताइए।

कलाम : 1941 में दूसरे विश्वयुद्ध के दौरान रामेश्वरम में हमारे परिवार के लिए बड़ा कठिन समय था। तब मैं दस साल का बालक था। लड़ाई लगभग श्रीलंका तक पहुँच गई थी और हम गोलों के धमाके सुन सकते थे। सब चीजों की तंगी थी, खाद्यान्न से लेकर जरूरत की दूसरी चीजों तक।

आचार्य : आप संयुक्त परिवार में रहते थे?

कलाम : वास्तव में एक बड़े संयुक्त परिवार में। मेरे पिता और उनके छोटे भाई के परिवार इकट्ठा रहते थे। हमारे परिवार में पाँच बेटे और पाँच बेटियाँ थीं, जिनमें से तीन के परिवार थे। किसी समय हमारे घर में साड़ियों के बनाए तीन पालने होते थे, जो शहतीरों से लटके होते थे।

आचार्य : आपके बचपन का आधारभूत स्वरूप क्या था?

कलाम : एक सीधे-सादे जीवन की खुशियाँ। एक दिन मेरी माँ शाम की नमाज पढ़ रही थीं। मेरी बहन और भाभी पालनों के पास चली गईं, ताकि उनके बच्चे रोकर उनकी नमाज में विघ्न न डालें। जैसे ही उन बच्चों ने अपनी माताओं को देखा, उनका कोमल स्पर्श पाया, तो खिलखिला उठे। मेरी माता का शांत चेहरा, पालने में लेटे बच्चों और उनकी माताओं की खुशी, इस सुंदर दृश्य से मेरा मन आनंद-विभोर हो गया।

आचार्य : आप भाग्यशाली हैं, कलाम, प्रार्थना करनेवाले व नवजात शिशुओं की निर्दोष मुसकराहटों से भरपूर आध्यात्मिक परिवार के आनंद की अनुभूति से बढ़कर संसार में और कुछ नहीं है। बचपन में आपकी दिनचर्या क्या थी?

कलाम : मैं प्रातः चार बजे उठ जाता था। नहाने के बाद मैं गणित पढ़ने जाता था। मेरे गणित के अध्यापक बिना नहाए छात्रों को नहीं आने देते थे। 5.30 बजे तक मैं घर लौटता था, फिर पिता के साथ नमाज पढ़ने जाता और अरबी स्कूल में पवित्र कुरान की शिक्षा लेता।

आचार्य : आपने 'अग्नि की उड़ान' में अपने बचपन के उद्यमों के बारे

में लिखा है। मुझे उस बारे में बताएँ।

कलाम : रामेश्वरम रोड रेलवे स्टेशन हमारे घर से लगभग तीन किलोमीटर दूर था। युद्ध का संकटकालीन समय होने के कारण मद्रास-धनुषकोटि मेलगाड़ी बिना रुके स्टेशन से गुजरा करती थी। हमारे इलाके में वितरित किए जाने वाले समाचार-पत्रों के बंडल चलती गाड़ी से प्लेटफॉर्म पर फेंक दिए जाते थे। मैं उन बंडलों को उठाता और रामेश्वरम में अखबार बाँटनेवालों में सबसे आगे रहता था। अब उस पर विचार करने पर मेरी समझ में आता है कि मेरे माता-पिता और शिक्षकों ने श्रम की महत्ता के बारे में मुझे कितने परोक्ष रूप से बताया था।

आचार्य : मैंने दस वर्ष की आयु में संन्यास ले लिया था। आज आपने मुझे अपने बचपन में पहुँचा दिया। आप संन्यासी नहीं, फिर भी आपने संयम और आडंबरहीनता का जीवन बिताया। इसकी शुरुआत कैसे हुई?

कलाम : युद्ध के समय (1940) एक दिन, जब मेरे सभी भाई-बहन बैठकर खाना खा रहे थे, मेरी माता मुझे राशन के गेहूँ की चपातियाँ खिलाती रहीं। जब मैं खा चुका, तो मेरे बड़े भाई ने मुझे एक ओर बुलाकर डाँटा कि मैं माँ के हिस्से का भी खा गया हूँ। मैं दौड़कर अपनी माँ से लिपट गया। तब से मैं हर चीज के बारे में सावधान रहता हूँ। मेरी माँ की दुआएँ हमेशा मेरे साथ रही हैं।

आचार्य : माता का हृदय बच्चे की पाठशाला होता है। फ्रांसीसी लेखक बालजाक के शब्दों में—'माता का हृदय अत्यंत गहरा होता है, जिसके तल में आपको सदा क्षमाशीलता मिलेगी।' कलाम, अपने आध्यात्मिक मूल्यों में आप बहुत दृढ़ आधारवाले हैं। मैंने आपकी पुस्तक 'गाइडिंग सोल्स' पढ़ी है। धर्म में आपकी गहरी आस्था है, फिर भी आपका दृष्टिकोण धर्मनिरपेक्ष है। यह उदार परिप्रेक्ष्य भी क्या आपको बचपन से मिला था?

कलाम : जब मैं दस वर्ष का था, तीन विशिष्ट व्यक्तित्व हमारे घर पर एकत्र होते थे। रामेश्वरम मंदिर के प्रमुख पुजारी और वेदों के

ज्ञाता विद्वान् पक्षी लक्ष्मण शास्त्रीगल, रामेश्वरम द्वीप पर पहला गिरजाघर बनाने वाले रेवरेंड फादर बोदाल और मेरे पिता, जो मसजिद में इमाम थे। ये लोग द्वीप की समस्याओं पर चर्चा करते और उनके समाधान खोजते।

आचार्य : हजारों वर्षों से भारत को विचारधाराओं के सम्मिश्रण का लाभ मिलता रहा है। अब सारे संसार में संस्कृतियों, धर्मों और सभ्यताओं पर खुली चर्चा की आवश्यकता को पहले से अधिक अनुभव किया जा रहा है। कलाम, संवाद की यह क्रिया परिवारों व समाजों तक भी फैलनी चाहिए।

आमतौर पर स्त्री और पुरुष में भी परिवार को लेकर भ्रम होते हैं। मैं संन्यासी हूँ, आप कुँआरे। परिवार के बारे में आपकी समझ कैसे विकसित हुई?

कलाम : हाल ही में मेरा उत्तर प्रदेश के मेरठ शहर में जाना हुआ। वहाँ मैं एक परिवार में गया। सिन्हा परिवार में तीन पीढ़ियाँ मौजूद थीं। मैं कीर्तन में उनके साथ बैठा। मैंने देखा कि गाए जाने वाले हर भजन का वे भरपूर आनंद ले रहे थे और उत्साह से परिपूर्ण थे।

आचार्य : आपने वहाँ क्या सीखा?

कलाम : परिवार के सदस्यों से चर्चा होने पर उन्होंने मुझे बताया कि वे जो कुछ करते हैं, ईश्वर के लिए करते हैं। उनका कार्य धार्मिकता से बहुत अधिक संबद्ध था। उदाहरण के लिए, माली सोचता था कि वह ईश्वर की आराधना के लिए फूल पाने को बागबानी करता है। सजावट करनेवाला पूजाघर सजाता है। कीर्तन-मंडली वाद्ययंत्रों को ईश्वर की स्तुति में गाए जानेवाले भजनों के अनुरूप धुन निकालने के लिए बजाती थी। दैवी सुर-ताल इसलिए आता था, क्योंकि वे पूरे उत्साह से ईश्वर की महानता के गुण गाते थे। परिवार के मुखिया के लिए परिवार के सभी सदस्य और वहाँ एकत्रित अन्य लोग ईश्वर के रूप थे। जहाँ तक उनके काम का सवाल था, परिवार का हर सदस्य, जो चाहे विद्यार्थी हो या किसी कैरियर में, यह अनुभव करता था कि परिवार के धार्मिक

वातावरण ने उनके हर कार्य के परिणाम में वृद्धि की है और उन्हें संतोष व प्रसन्नता दी है।

आचार्य : हमारे देश के विभिन्न भागों में, विभिन्न धार्मिक परिवेशों में इस प्रकार की संयुक्त परिवार पद्धति है। हजारों भक्त मेरे पास अपने परिवारों के साथ आते हैं। जब मैं उनको देखता हूँ, तो पता चलता है कि उनकी सबसे बड़ी प्रसन्नता पारिवारिक है।

कलाम : गांधीजी ने हमें मन, वचन और कर्म में पूर्ण एकरूपता रखने का उपदेश दिया, जो अपने विचारों को पवित्र रखने का लक्ष्य बनाते हैं। वे अपने आस-पास एकरूपता बनाए रखते हैं।

आचार्य : निश्चय ही घर में एकरूपता, राष्ट्र में व्यवस्था फलतः विश्व में शांति लाएगी।

कलाम : क्या यह प्रक्रिया मानव-सभ्यता के इतिहास के दौरान निरंतर वर्तमान नहीं रही?

आचार्य : मानव-सभ्यता का इतिहास और कुछ नहीं, अरबों मानव-जन्मों में मानव अंतश्चेतना का विकास ही है।

कलाम : विकास जीव-विज्ञान तक सीमित नहीं। जैसे राष्ट्रों, टेक्नोलॉजी या किसी भी और वस्तु से परिवर्तन आता है, उसी तरह विचार भी विकसित होते रहते हैं। सुविचारित रूप में प्रयोग में लाने पर विकास का विचार परिवर्तन के अतिरिक्त कुछ और भी लक्षित करता है। जीव-विज्ञान की तरह ही यह भी एक सतत क्रिया है, जो एक संपूर्ण प्रवृत्ति के अनुरूप चलती प्रतीत होती है।

आचार्य : मानव के रूप में हमारा विकास प्रकृति से हुआ है और हम अपने अस्तित्व के लिए प्रकृति पर ही निर्भर हैं। जब तक हम यह नहीं समझ लेते कि मानव के रूप में हम क्या हैं, हम सृष्टि से किस प्रकार जुड़े हैं, मानवता के लिए विवेकशील होना और प्रकृति के साथ सामंजस्य बनाकर रहने का ज्ञान प्राप्त करना असंभव है।

कलाम : लाखों वर्षों तक आखेट और संग्रहण करनेवाले छोटे कबीलों में रहने के लिए हमारे शरीर का प्रारूप तैयार किया गया था।

प्रकृति को हमारे शरीर या मन को वसावाले भोजन, वाहनों, रसायनों और शहरी जीवन-शैली के अनुरूप बदलने का समय नहीं मिला। हमारे प्रारूप और हमारे पर्यावरण के इतने बेमेल होने के कारण ही ये आधुनिक व्याधियाँ उपजी हैं, जिनकी रोकथाम करना नितांत संभव था। आजकल व्यापक रूप में फैले हृदय रोग और कैंसर इसके दुःखद उदाहरण हैं। पर्यावरण को हो रही हानि वास्तव में व्यक्ति व परिवार की पृथ्वी के प्रति अपनी जिम्मेदारी को न समझने का परिणाम है।

आचार्य : हम यह नहीं समझ पा रहे हैं कि यदि हम अपने पर्यावरण को नष्ट करते हैं, तो हम वास्तव में अपने बृहत् स्वरूप को नष्ट करते हैं। कलाम, आप वैज्ञानिक हैं और सैकड़ों बच्चों से मिलते रहते हैं। आपके विचार में कंप्यूटर, इंटरनेट आदि आधुनिक उपकरणों का उनके मन पर क्या प्रभाव पड़ रहा है?

कलाम : कंप्यूटर ने वास्तव में सूचना-संग्रह करने की बाल मन की प्रक्रिया को बदल दिया है। इसने न केवल वे, जो जानते हैं, उसे प्रभावित किया है, बल्कि वे जो जानने की क्षमता रखते हैं, उस पर भी प्रभाव डाला है। वे अधिक-से-अधिक डाटा आधारित ज्ञान में लिप्त हो रहे हैं, जो डाटा के रूप में संचारणीय सूचनाओं तक सीमित है। आधुनिक संस्कृति सूक्ष्म प्रासंगिक स्मृति-आधारित ज्ञान का त्याग कर रही है, जो प्रकृति-आधारित संस्कृति में जीने, मनुष्यों की परस्पर सार्थक चर्चा व पारिस्थितिकी-आधारित मूल्य-पद्धति से थोड़ा-थोड़ा करके, बीनकर ग्रहण किया जाता है।

आचार्य : यह तो स्पष्ट है कि सभी प्राणियों में सौंदर्य व स्वास्थ्य का पर्याप्त स्रोत है, यह उन सबके लिए एक उपलब्धि है, जिसे वे निर्यात द्वारा प्राप्त जीवन-पद्धति को जी कर भुनाते हैं।

कलाम : आचार्यजी, मानवता विकास के दौरान जिस पीड़ा का अनुभव करती है, वह क्या है?

आचार्य : यद्यपि अधिकांश मानव-नस्ल ने विकास की आखेट-संग्रहण वाली स्थिति को त्याग दिया है, फिर भी उनके शरीर व मनोभाव

अभी भी उसी जीवन-शैली के अनुरूप हैं। औद्योगिक समाज की जीवन-शैली की उससे भिन्नता ने मानव-नस्ल के लिए समस्याएँ उत्पन्न कर दी हैं।

कलाम : ये समस्याएँ क्या हैं और क्या इनका कोई समाधान है?

आचार्य : हमारे शरीर की बहुत सी ऐसी शारीरिक क्षमताएँ हैं, जिनका उपयोग हममें से बहुत कम लोग करते हैं। हम अब दौड़ते नहीं, पेड़ों पर नहीं चढ़ते, चलकर छिछली नदियाँ पार नहीं करते, भोजन की तलाश में धरती को नहीं खोदते। हमारे शरीर विलासिता में जीने का मोल चुकाते हैं। हम स्थूल हो जाते हैं, हमारी धमनियाँ अवरुद्ध हो जाती हैं और हमारे पैर दुखते हैं।

कलाम : लोगों में इतनी अप्रसन्नता और उदासी क्यों है? परिवारों में झगड़े क्यों होते हैं? समाज में इतना संघर्ष क्यों है?

आचार्य : हमारे प्रस्तर-युग के मन में अभी भी सात विनाशकारी पाप अवस्थित हैं—लोभ, धनलोलुपता, आलस्य आदि। समाज हमें हमारी आत्मरक्षा और सर्वाधिक सक्षम बने रहने की प्राकृतिक प्रवृत्ति के अनुरूप आचरण करने से रोकने के लिए नियम व कानून बनाता है। हममें से अधिकांश उसके अनुसार आचरण करना सीख जाते हैं, लेकिन हम अप्रसन्नता, मनोविक्षेप संबंधी रोग, रोगभीति, मानसिक उन्माद, आत्मविश्वासहीनता आदि से ग्रसित होकर मनश्चिकित्सकों की आय बढ़ाते हैं।

कलाम : हम प्रसन्न कैसे हो सकते हैं?

आचार्य : जो अच्छा करने का सामर्थ्य है, वह बुरा करने का सामर्थ्य भी है। आवश्यकता इस बात की है कि पर्यावरण के प्रति आत्मबोध और जागरूकता बढ़े तथा उसके अनुरूप प्रतिक्रिया करने का सामर्थ्य बढ़े।

कलाम : लाखों वर्षों के विकास के फलस्वरूप हमारी जीन और मस्तिष्क के लिंबिक सिस्टम में आवेग और प्रवृत्तियाँ संकेत रूप में बसे हुए हैं। हम कल्पनात्मक चुनाव के माध्यम से इन आवेग और प्रवृत्तियों पर अगणित तरीकों से क्रिया करने के लिए स्वतंत्र हैं। इसलिए हमें अपने व्यवहार को निर्देशित करने के लिए एक

आचार-संहिता की आवश्यकता है।

आचार्य : हम वास्तव में संभावनाओं के वे बच्चे हैं, जो दूसरे बच्चों की जगह रखे गए हों।

कलाम : मान लें कि सांस्कृतिक अनुकूलन के लिए एक संस्था बनानी है, तो यह किस प्रकार की होगी?

आचार्य : यह तर्कसंगत लगता है कि इस प्रकार की संस्था के लिए ये कार्य होंगे—

1. औद्योगीकृत समाज में नृतत्त्वविज्ञान संबंधी इतिहास का प्रबंधन करने में सक्षम बनना।
2. लोगों की मनोभावनात्मक व शारीरिक समस्याओं की पहचान।
3. ऐसे साधनों को खोज निकालना, जिनके द्वारा सही शिक्षा प्रदान की जा सके।
4. ऐसे मूल्यों की ओर इंगित करना, जिनके द्वारा समस्याओं का समाधान हो सके।
5. जनता के बीच इस ज्ञान को फैलाना।

कलाम : यह आवश्यक है कि आनंद के रसास्वादन के साथ संयम और शालीनता होनी चाहिए।

आचार्य : ज्यों-ज्यों मनुष्य जीवन में (भौतिक) विकास की दिशा में आगे बढ़ेगा, त्यों-त्यों उसी अनुपात में पर्यावरणीय विघटन, प्राकृतिक आपदाओं का उद्भव और नई व्याधियों के रूप में पीड़ा भी बढ़ती जाएगी। इसके साथ ही वैज्ञानिक क्रांति भी होगी। इन चुनौतियों का सामना करने के लिए हमें नैतिक संहिता या आचार निर्देशिका की आवश्यकता है। इस संदर्भ में बच्चों को 'जीवन विज्ञान' की शिक्षा देकर हम एक सशक्त युवा पीढ़ी के रूप में उन्हें तैयार कर सकेंगे, जो निस्संदेह विकास की चुनौतियों का सामना कर सकेगी।

कलाम : ऐसा प्रतीत होता है कि मानव की सबसे बड़ी भूल प्रकृति के विरुद्ध संघर्ष करना है।

प्रगति का शाश्वत क्रम

ज्ञान की शाश्वतता हमारे सामने है। अपनी प्रगति के इस चरण में हम उसमें से बहुत कम ग्रहण कर पाते हैं। हमारे सामने सूचना का जो बृहत् भंडार है, धरती के सबसे अधिक विद्वान् भी उसका छोटा अंश ही ग्रहण कर पाते हैं। कोई व्यक्ति इसका उससे अधिक प्रदर्शन नहीं कर सकता, जितनी कि लोगों में समझने की क्षमता है। फलतः ज्ञान हमें हमारी ग्रहण-क्षमता के अनुरूप ही दिया जाना चाहिए।

मनुष्य जिन तत्त्वों से बना है, वे निरंतर बने रहने वाले हैं। वे अनादि, अनंत हैं। ऐसा कोई समय नहीं था कि जिस पदार्थ से हमारा निर्माण हुआ है, वह नहीं था। ऐसा समय भी नहीं होगा, जब उसका अस्तित्व नहीं रहेगा। इसका विनाश नहीं हो सकता। इसे एकत्र किया जाता है, संगठित किया जाता है और ज्ञान व विवेक के लिए ग्रहणशील बनाया जाता है।

हेरॉल्ड वाल्डविन पर्सिवल (1868-1953) का विश्वास था कि मानव का निर्माण प्रकृति के एककों से हुआ है। इसके शरीर, इसकी साँस लेने वाली स्थिति या जीवित आत्मा, इसका चेतन कर्ता और चेतन प्रकाश, जो कर्ता को प्रदत्त है, इसी से निर्मित हैं। चैतन्या की स्थिति में होने का भान हमें किसी विषय के बारे में सोचने मात्र से ही उसके बारे में जानकारी दे देता है। विचारणा की परिभाषा पर्सिवल ने यह की है—'जिस विषय पर हम विचार कर रहे हैं, चेतन प्रकाश को उस पर स्थिरता से केंद्रित रखना।'

संक्षेप में विचारणा की चार स्थितियाँ होती हैं। विषय का चुनाव, चेतन प्रकाश को विषय पर डालना, उस प्रकाश को केंद्रित करना और वहाँ स्थिर करना। जब प्रकाश केंद्रित करके स्थिर किया जाता है, तो विषय का पता चल जाता है।[8]

पर्सिवल के अनुसार, मानव शरीर परिवर्तनशील सृष्टि की योजना है। शरीर की ज्ञानेंद्रियाँ मनुष्य के दरबार में प्रकृति की राजदूत हैं। ये चार महान् तत्त्वों अग्नि, वायु, जल और पृथ्वी का प्रतिनिधित्व करती हैं। इन्हीं का वैयक्तीकरण मानव शरीर की दृष्टि, श्रवण, स्वाद और गंध के रूप में हुआ है। ज्ञानेंद्रियाँ स्वतंत्र रूप से देखती, सुनती, स्वाद लेती या सूँघती नहीं। वे प्रकृति से प्रभाव ग्रहण करती हैं और उन्हें श्वास के स्वरूप तक पहुँचाती हैं। श्वास उनको केंद्रित करके पारस्परिक संबंध जोड़ता है, ताकि वे ज्ञानेंद्रियों के माध्यम से अपना कार्य कर सकें।

कर्ता का एक छोटा अंश ही हमारे शरीर में निवास करता है। संपूर्ण कर्ता को प्रविष्ट होने से रोका जाता है, क्योंकि शरीर उसके लिए निर्बल, अक्षम और अनुपयुक्त है। कर्ता का शारीरिक भाग अपनी शक्तियों का प्रयोग भी सीमित रूप में ही कर पाता है, क्योंकि यह अपने ही अज्ञान, उपेक्षा, आलस्य, स्वार्थ और विषयासक्ति से ग्रस्त रहता है। वह नहीं समझ पाता कि वह कौन है, क्या है, यहाँ कैसे आया, उसे क्या करना है, उसकी जिम्मेदारियाँ व जीवन का उद्देश्य क्या है ? स्वयं की उपेक्षा के कारण वह खुद ही अज्ञान में रहता है और प्रकृति का दास बन जाता है। आलस्य के कारण उसकी शक्तियाँ मंद होकर मृत हो जाती हैं। अपने स्वार्थ और दूसरों के अधिकार से आँखें मूँदने के कारण और अपनी आवश्यकताओं की तृप्ति की जरूरत के चलते वह अपनी ही शक्तियों का अनुभव नहीं कर पाता। अपनी विषयासक्ति, अपने रुझान, क्षुधा और वासनाओं का अनुसरण करने के कारण इसकी शक्तियाँ क्षीण और व्यर्थ हो जाती हैं। चूँकि पदार्थ के दृष्टिगत होने की अपेक्षा विचारणा अधिक वास्तविक है, इसलिए यह उसकी सापेक्षिक अवास्तविकता को प्रदर्शित कर सकती है। यह चोट से दर्द को, व्याधि से क्षति को, आयु से विघटन को पृथक् कर सकती है। विचारणा धन और संपत्ति जैसे पदार्थों को अस्तित्व में ला सकती है। यह नियुक्ति और सफलता की स्थितियाँ पैदा कर सकती है। ऐसी है विचारणा की शक्ति। बहुत लोग इस शक्ति का प्रयोग करते हैं। वे स्वयं को सोचने पर विवश कर देते हैं कि उनकी पीड़ा, आयु, असुविधा, निर्धनता है ही नहीं। ये वास्तविकताएँ नहीं, भ्रम हैं, पर वे उनसे छुटकारा पाना चाहते हैं। इसलिए नहीं कि ये भ्रम हैं, बल्कि इसलिए कि ये कष्टप्रद हैं और वे इनका स्थान अन्य सुखद भ्रमों को देना चाहते हैं।

इस तरह के कृत्यों का परिणाम आत्म-प्रवंचना होता है। इनसे वास्तविकता और सत्य व मिथ्या में भेद करने की क्षमता का और ह्रास होता है। ऐसे लोग अपने प्रयास में ईमानदार हो सकते हैं, पर वे अपने पूर्वग्रहों व वरीयताओं से स्वयं को अंधा बना लेते हैं।

मनुष्य भ्रमों से घिरा और उनमें डूबा हुआ है। सभी बाह्य वस्तुएँ भ्रम हैं। उसकी क्षुधा, पीड़ा, आनंद, अरुचि, घृणा ये सब भी भ्रम हैं। ये सब मूलभूत तत्त्वों की उपज हैं। वह स्वयं अपनी अनुभूतियों व कामनाओं को भ्रम से पृथक् करके नहीं देख पाता। उन व्यक्तियों को नहीं देखता, जिनको वह समझता है

कि देख रहा हूँ। वह तो केवल उनके प्रति निर्मित अपने विचारों को देखता है। इसलिए अगर एक हजार व्यक्ति किसी आदमी को देखें, तो उनमें से कोई दो भी उसे एक सा नहीं देखेंगे, क्योंकि उन हजार में से किन्हीं दो के विचार भी एक से नहीं हो सकते।

प्रकृति के अधीन होने के कारण मानव के अंदर का कर्ता अपनी शक्तियों का सीमित प्रयोग ही कर पाता है। कर्ता ने स्वयं को विचारणा, अनुभूति, कामना और कर्म इन चार इंद्रियों के आश्रित कर रखा है। ज्ञानेंद्रियों से इतर या ज्ञानेंद्रियों द्वारा दिए संदेश से इतर किसी भी वस्तु के बारे में सोचने में वह असमर्थ है। इसकी अनुभूतियाँ संवेदनाओं द्वारा निर्देशित व शासित हैं, जो स्नायु को प्रभावित करने वाले प्रकृति के मूल तत्त्व हैं। इस प्रकार मानव के लिए ज्ञानेंद्रियों से परे के लोकों के द्वार बंद हो जाते हैं। वह भौतिक स्तर पर पदार्थ की निम्नतम स्थिति से आबद्ध रहता है।

हमारी संस्कृति वास्तव में शाश्वत (तत्त्व) के साथ संपर्क समाप्त होने के विनाशक परिणामों का अध्ययन है। जब मानवजाति का विकास होता है, तो कुछ लोग पिछड़ भी जाते हैं। ऐसे लोग निजी लाभ के लोभ में अंधे होकर अपनी महत्त्वाकांक्षा व अधिकारलोलुपता से ग्रस्त हो जाते हैं। तब वे उस अवसर को नकार देते हैं, जिनके लिए उनकी आत्माएँ प्रतीक्षा कर रही होती हैं। हममें से जो भौतिक सफलता पा जाते हैं और जो नहीं पाते, वे पूर्वजन्म में भी मिले थे, इस जीवन में भी मिले हैं और भविष्य में भी मिलेंगे। आज के हमारे कर्मों से हम ऐसे संपर्क बना रहे हैं, जो हमारी, दूसरों की व सारी मानवता की प्रगति को लाभ पहुँचाएँगे या उसका अहित करेंगे। विकास की प्रक्रिया में यही सहज पीड़ा है।

□

3

एकता का विचार

> अपने माता–पिता, परिजन, अनाथों, पड़ोसी, जो कि कुटुंबी से भी निकट है, पड़ोसी जो अजनबी है, जो आपके निकट का साथी है, बटोही और जो आपके दाएँ हाथ हैं, उन सब की भलाई का प्रयत्न करें।
>
> *—अल कुरान*

जीवन का अर्थ क्या होना चाहिए?

पिछले अध्यायों में हमने मानव–विकास की धारणा को हमारी जीवन–शैली व परस्पर व्यवहार के परिष्कार व अंतश्चेतना के विस्तार के रूप में देखा है। भारत में वैदिक, बौद्ध और इसलामी ग्रंथों में जीवन के ब्रह्मांडीय स्वरूप को माना गया है। इसे अनंत, समयातीत और चिरंतन सृष्टि की एक सहज संपत्ति माना गया है। पश्चिमी दर्शन में यह विचार कि जीवन–बीज या शुक्राणु ब्रह्मांड में सदा रहे हैं, सुकरात से पहले के दार्शनिक एनेक्सेगोरस[1] ने 500 वर्ष ई.पू. दिया था। जीवोत्पत्ति का नियम है कि जीवन से ही जीवन उत्पन्न होता है। प्रत्येक जीव अपनी नस्ल के एक या दो जनकों से उत्पत्ति पाता है। इस प्रकार यह अपने विशिष्ट गुणों को पृथ्वी पर अपनी नस्ल के शुरू होने से ही अपने पूर्वजों से

अविच्छिन्न रूप से जुड़ी कड़ी के माध्यम से पाता है। यदि विकास के सिद्धांत को माना जाए, तो वह पृथ्वी पर जीवन के आरंभ से उनको पाता है।

यह अध्याय विशेषत: एकता के विषय पर है। इसकी शुरुआत हम मन व शरीर की एकता से करते हैं और उन विभिन्न कार्यों, सामाजिक भूमिकाओं से, जो एक संयुक्त समुदाय के निर्माण के लिए परस्पर एक-दूसरे से सहयोग करती हैं। उसके बाद हम केवल सामुदायिक एकता के ही नहीं, समस्त मानवता की एकता के बारे में विचारों की चर्चा करेंगे। इसका उपसंहार हम एक आध्यात्मिक घोषणा से करेंगे, जिसमें सबकी एकता, ईश्वरीय अनुकंपा की भेंट, चरम सत्य की एकात्मता की अभिव्यक्ति, जो उनको भी, जो अन्यथा शत्रु होते, सद्भावपूर्वक साथ मिला लेते हैं, इन सबका उत्सव मनाया जाएगा।

इक्कीसवीं शताब्दी के आरंभ से ही मानव ने बड़े पैमाने पर ज्ञान का उत्पादन सीख लिया था। इसी नई कुशलता का निजी व्यापार और आर्थिक मंडल में सफलतापूर्वक परीक्षण कर लिया गया है। मनुष्य की आर्थिक, सामाजिक, सांस्कृतिक व अन्य सभी गतिविधियाँ ज्ञान पर आधारित रही हैं और किसी भी समाज की सफलता उसके उपार्जन में है, परंतु ज्ञान का अस्तित्व किस अर्थ में है? ज्ञान का सत्य से क्या संबंध है?

मानव-ज्ञान सांसारिकता से निबटने का एक व्यक्तिनिष्ठ माध्यम है। यह कभी वास्तविकता के सार को ग्रहण नहीं कर पाता। यह केवल अपने उद्‌देश्य के अनुरूप उसका चित्रण करता है। विडंबना यह है कि हमारा यह ज्ञान-सिद्धांत ही हमारी ज्ञानेंद्रियों को वास्तविकता के प्रति अंधा कर देता है, जिन्हें हम समग्र, स्वतंत्र विश्व का प्रदर्शक मानते हैं। इससे पहले कि हम किसी प्रस्ताव के सत्य या मिथ्या होने का पता लगाएँ, हमें उसका आशय समझना चाहिए।

अंग्रेजी के कवि विलियम ब्लेक (1757-1827) के अनुसार, कविता अज्ञेय, वास्तविकता को समझने का साधन है। प्राचीन कवि इंद्रियग्राह्य सभी पदार्थों को देवताओं या दानवों के रूप में जीवंत कर लेते थे। वे उन्हें नामों से पुकारते और उनमें वनों, नदियों, पर्वतों, झीलों, शहरों, राष्ट्रों या जो कुछ भी उनकी ज्ञानेंद्रियाँ देखतीं, उनके गुणों से निरूपित कर देते। विशेष रूप से वे एक नगरी या देश की विशिष्टता का अध्ययन करते और उसे एक मानसिक देवता का स्वरूप दे डालते। एक पद्धति के रूप में धर्म ने इसे और आगे बढ़ाया। उसने संसारियों को, मानसिक देवताओं को उनके पात्र से पहचानने का दास बना लिया। इस प्रकार

पुरोहितवाद की शुरुआत हुई, जिसने काव्य-कथाओं से पूजा के स्वरूप ढूँढ़ निकाले। बाद में धर्माधिकारियों ने घोषणा कर दी कि ईश्वर ने इन बातों के आदेश दिए थे।

सृष्टि के अद्वैतवादी सिद्धांत के अनुसार एक बहु है और बहु एक। वैदिक सिद्धांत के अनुसार एक तत्त्व भौतिक संसार के अनेक प्रतीत होने वाले तत्त्वों में प्रकट होता है। यह विचार और परिस्थितियों के बीच अनौपचारिक संबंधों में भी विश्वास रखता है।

कर्म का सिद्धांत कार्य-कारण पर आधारित है। हममें से प्रत्येक भिन्न है, अतः भिन्न रूप में रहता है, लेकिन हम सब अपने कर्मों के फल भोगते हैं। अच्छे कर्मों का अच्छा फल होता है। धर्म की धारणा का अर्थ है, उद्देश्यपूर्ण जीवन। यह आत्मा की खोज के लिए प्रेरित करता है, ताकि हमारे मन की आंतरिक परतें सुलझ सकें। बौद्ध धर्म के सबसे महत्त्वपूर्ण ग्रंथ धम्मपद के अनुसार, हमारे जीवन का स्वरूप हमारे विचारों के अनुरूप होता है। हम जैसा सोचते हैं, वही बनते हैं। मन सभी मानसिक स्थितियों से पहले है। मन उनका स्वामी है। वे सभी मन द्वारा निर्मित हैं। जब हम हानिकारक मन से बोलते या कर्म करते हैं, विपत्ति उसी तरह आती है, जैसे गाड़ी हाँकने वाले बैल के चलने पर पहिया पीछे-पीछे आता है। जब हम समरसता वाले मन से बोलते या कर्म करते हैं तो प्रसन्नता परछाईं की तरह पीछे आती है और सदा साथ रहती है।[2]

शरीर और मन

वृद्धि और विकास की साझेदारी जीवन के आरंभिक दिनों से अंत तक चलती है। मन और शरीर एक पूर्ण के अविभाज्य भागों की तरह परस्पर सहयोग करते हैं। मन मोटर की तरह है, शरीर से उसे जितनी सामर्थ्य मिलती है, वह उसी के अनुरूप उसे एकजुट करता है, ताकि हम सब कठिनाइयों से पार पा सकें। मन हमारे कर्मों का प्रेरक है। हमारे शरीर का विकास मन से निर्देशित और उसकी सहायता से होता है। मन परिवेश का सदा ऐसा प्रबंधन करने में संलग्न रहता है, जिससे हमारी व्याधि, रोगों व मृत्यु से रक्षा हो सके।

हमारा शरीर यह सब इसलिए करता है, ताकि हम पीड़ा व आनंद का अनुभव करके अच्छी व बुरी स्थितियों से अपना तादात्म्य बना सकें। किसी व्यक्ति की अनुभूतियाँ, वह जीवन का क्या अर्थ समझता है और किस लक्ष्य के लिए

प्रयत्नशील है, इसके अनुरूप होती हैं। अनुभूतियाँ उसके शरीर पर शासन करती हैं, किंतु वे उस पर आश्रित नहीं होतीं। वे मूलतः उसके लक्ष्य और परिणामतः उसकी जीवन-शैली पर आधारित होती हैं।

बारुश द स्पिनोजा (1632-1677) के अनुसार, जो कुछ प्रकृति/ब्रह्मांड में है, वह एक ही वास्तविकता है। इस सारी वास्तविकता का नियमन करने वाली एक ही नियमावली है। यह हमारे चारों ओर है और हम इसके अंग हैं। स्पिनोजा के अनुसार ईश्वर और प्रकृति एक ही हस्ती के दो नाम हैं। जो सृष्टि का आधार है, सब छोटी सत्ताएँ उसी के प्रतिरूप या संशोधित रूप हैं। सभी वस्तुओं के कार्य-कारण के साथ प्रकृति अस्तित्व बनाए रखती है और कार्य-कारण की इस जटिल शृंखला को अंशों में ही समझा जाता है। उसका तर्क है कि मानव स्वयं को स्वतंत्र कर्ता मानते हैं, क्योंकि वे अपनी इच्छा को जानते हैं, पर यह नहीं समझते कि वे किसी चीज को क्यों चाहते हैं और किसी विशेष प्रकार का व्यवहार क्यों करते हैं? स्पिनोजा का तर्क इस प्रकार है—पदार्थ का अस्तित्व है और वह अपने अस्तित्व के लिए किसी और वस्तु पर निर्भर नहीं है। किन्हीं दो पदार्थों की एक-सी प्रकृति या लक्षण नहीं हो सकते। पदार्थ केवल उस जैसे किसी पदार्थ से ही उत्पन्न हो सकता है। पदार्थ अंतहीन है, अतः एक ही पदार्थ हो सकता है।

सन् 1929 में रबी हर्बर्ट एस. गोल्डस्टीन (1890-1970) ने एक तार देकर अल्बर्ट आइंस्टीन (1879-1955) से पूछा कि क्या आप ईश्वर में विश्वास रखते हैं? आइंस्टीन ने उत्तर दिया, 'मैं स्पिनोजा के ईश्वर में विश्वास रखता हूँ, जो कुछ अस्तित्व में है, उसकी समुचित व्यवस्था में स्वयं को अभिव्यक्त करता है। उस ईश्वर में नहीं, जो मानव के कार्यों व भाग्य से वास्ता रखता है।' स्पिनोजा के कुछ दार्शनिक सैद्धांतिक-वाक्य इस प्रकार हैं—प्राकृतिक विश्व असीम है। अच्छे और बुरे का संबंध मनुष्य के आनंद और पीड़ा से है। मानव व अन्य जीवों द्वारा किया गया हर कार्यकलाप अद्वितीय व दैवी है। उनके अनुसार, एक मनोभाव का स्थानांतरण या उस पर नियंत्रण उससे सशक्त मनोभाव से ही किया जा सकता है। उनके लिए महत्त्वपूर्ण भेद सक्रिय व निष्क्रिय मनोभावों में था। सक्रिय मनोभावों को तर्क से समझा जा सकता है, निष्क्रिय को नहीं। उनके अनुसार, निष्क्रिय मनोभाव का वास्तविक कारण पता चल जाने पर उसे सक्रिय मनोभाव में बदला जा सकता है।[3]

गोटफ्रीड विल्हेम लीब्निज (1646-1716) इन सात आधारभूत आध्यात्मिक

सिद्धांतों की बहुधा चर्चा किया करते थे—(1) पहचान/खंडन का सिद्धांत (यदि एक प्रस्ताव सत्य है, तो उसका खंडन झूठ है और इसका विलोम), (2) अगोचर की पहचान का सिद्धांत (दो वस्तुएँ एक समान हैं, यदि उनमें समान गुण हैं), (3) पर्याप्त कारण का सिद्धांत (किसी भी वस्तु के अस्तित्व, किसी घटना के होने, किसी सत्य की प्राप्ति का कोई पर्याप्त कारण होता है), (4) पूर्व-स्थापित समरसता का सिद्धांत (एक गिलास गिरने पर टूटकर बिखर जाता है, इसलिए कि वह जानता है कि वह धरती पर गिरा है, इसलिए नहीं कि धरती पर गिरने के आघात ने उसे टूटने पर विवश किया है), (5) निरंतरता का सिद्धांत (प्रकृति छलाँग नहीं लगाती, प्रत्येक वस्तु का विकास होता है), (6) आशावादिता का सिद्धांत (सर्वोत्तम का निश्चय ही सदा चयन से होता है), (7) प्रचुरता का सिद्धांत (सभी संभावित संसारों का सर्वोत्तम प्रत्येक विशुद्ध अवसर को कार्यान्वित करता है। प्रकृति की संपूर्णता पर विवाद करने का कोई कारण नहीं है।)[4]

आर्थर शॉपेनहावर (1788–1860) ने खोज की कि मनुष्य उचित से कम क्यों हो जाते हैं? वह इस आवेग को जीने की चाह करता था। यह आवेग मनुष्य को जीवित रहने, कामना करने व प्रजनन की प्रेरणा देता है। यह चाह विश्व की सर्वाधिक आंतरिक अंतर्वस्तु व प्रेरक बल है। इसकी बुद्धि पर तत्त्वमीमांसक प्रधानता है। समानांतर आशय में कामना विचार से पहले होती है। चाह मूल-स्वभाव से पहले। यह हिंदू धर्म में वेदांत के पुरुषार्थ या जीवन के लक्ष्य के सिद्धांत के समान ही है।

'द वर्ल्ड एज विल एंड रिप्रजेंटेशन'[5] में शॉपेनहावर ने प्रस्तावित किया कि वस्तु-जगत् में रहने वाले मनुष्य कामना के जगत् में रहते हैं, इसलिए वे सदा कामना से पीड़ित रहते हैं। चाह एक उद्देश्यहीन कामना है, जो स्वयं को स्थायी बना देती है। चाह से उत्पन्न कामना ही विश्व में सभी दुःखों का मूल है। हर पूर्ण हुई कामना या तो हमें ऊबा देती है या अपने स्थान पर एक नई कामना को जन्म देती है। पुनरुत्पादन का उन्मादी और सशक्त आवेग संसार में दुःख और पीड़ा का कारण है। क्योंकि चाह ही जीवन का स्रोत है और हमारे शरीरों पर उसकी छाप अंकित है तथा उसकी संरचना उसके उद्देश्य की पूर्ति के लिए हुई है, मानव-विवेक, शॉपेनहावर की उपमा के अनुसार उस लँगड़े आदमी की तरह है, जो देख तो सकता है, लेकिन अंधे दानव के कंधों पर सवार है।

मनुष्य अकसर इस पर विवाद करते हैं कि शरीर मन पर नियंत्रण करता है या मन शरीर पर? व्यक्ति समाज का स्वरूप बनाता है या समाज व्यक्ति का नियमन करता है? दार्शनिक भी इस विवाद में सम्मिलित होकर कभी इस पक्ष में होते हैं, कभी उस पक्ष में। वे स्वयं को आदर्शवादी, भौतिकवादी, पूँजीवादी या समाजवादी कहते हैं। उन्होंने हजारों तरह के तर्क प्रस्तुत कर डाले हैं, लेकिन यह प्रश्न आज भी पहले की तरह जटिल बना हुआ है।

हम मन और शरीर, व्यक्ति और परिवार, परिवार और समाज को जीवन की अभिव्यक्तियों के रूप में देखते हैं। व्यक्ति और परिवार एक समुदाय के संदर्भ में अपने कार्य करते हैं। समुदाय एक बड़े समाज, राष्ट्र और विश्व के अंतर्गत कार्य करता है। यह अन्योन्याश्रित संबंध है। एक मनुष्य का जीवन एक निष्पादक का जीवन है। उसके लिए संभव नहीं कि केवल शरीर का विकास करे और फिर केवल परिवार का विकास करे। व्यक्ति और परिवार का कल्याण समुदाय के कल्याण से जुड़ा है। इसी प्रकार समुदाय का कल्याण—समाज, राष्ट्र व अंतत: विश्व की शांति व समृद्धि से अभिन्न है। धार्मिक धारणाएँ सहयोग, मैत्री, न्याय और जनहित जैसे सद्‌गुणों की शिक्षा देकर समुदाय को एकजुट रखती हैं। ये एकता की ऐसी भावनाएँ उपजाती हैं, जिनसे कोई समुदाय फलफूल सकता है।

एपिक्यूरस (341-270 वर्ष ई.पू.) ने यह निष्कर्ष निकाला कि शैतान का अस्तित्व देवताओं के अस्तित्व से नितांत भिन्न है। देवता मनुष्य का कल्याण करते हैं, उसे उदारता, ज्ञान व शक्ति का वरदान देते हैं। उनका मानना था कि आनंद व पीड़ा, जो कुछ अच्छा या बुरा है, उसके पैमाने हैं। मृत्यु से शरीर व आत्मा, दोनों का अंत हो जाता है। अत: उससे डरना नहीं चाहिए। देवता मनुष्यों को न तो पुरस्कृत करते हैं, न दंड देते हैं। ब्रह्मांड असीम व अनंत है। विश्व की घटनाएँ अंतत: रिक्त अंतरिक्ष में घूमने वाले अणुओं की पारस्परिक क्रिया का परिणाम हैं।[6]

मनुष्य के अधिकांश प्रयास उस स्थिति की ओर होते हैं, जहाँ वह स्वयं को सुरक्षित समझता है। जहाँ लगता है कि जीवन की सभी कठिनाइयों से पार पा लिया है। सुरक्षा के अंतिम लक्ष्य के लिए प्रयास करते हुए मन का प्रयास सदा लक्ष्य को मूर्त रूप देने का होता है। इस गणना में यह तय होता है कि लक्ष्य किस दिशा में है। वहाँ पहुँचने के लिए किस दिशा में जाना है।

शैशव का स्फटिकीकरण

जीवन के आरंभिक चार या पाँच वर्षों में व्यक्ति अपने मन की एकता को स्थिर करके मन व शरीर के संबंध को स्थापित करता है। वह अपनी वंशानुगत सामग्री व परिवेश के प्रभावों को लेकर श्रेष्ठता पाने के लिए उनका अनुकूलन करता है। पाँचवें वर्ष के अंत तक उसका व्यक्तित्व अपना स्वरूप ले लेता है। वह जीवन को क्या अर्थ देता है, किस लक्ष्य की प्राप्ति चाहता है, उसकी शैली व कार्य करने का ढंग व उसकी भावनात्मक प्रवृत्ति, इन सबका निर्धारण हो जाता है।

इन प्रवृत्तियों को आगे चलकर बदला जा सकता है, लेकिन तभी, अगर वह शैशव के अपने स्फटिकीकरण काल की गलतियों से स्वयं को मुक्त कर सके। जिस प्रकार उसकी पिछली अभिव्यक्तियाँ उसकी जीवन की व्याख्या के अनुरूप युक्तिसंगत थीं, उसी प्रकार यदि वह अपनी गलतियाँ सुधारने में सफल हो जाता है, तो उसकी नई अभिव्यक्तियाँ उसकी नई व्याख्या के अनुरूप युक्तिसंगत होंगी।

यदि मन ने अपना लक्ष्य गलत दिशा में निर्धारित कर लिया, तो वह मस्तिष्क के विकास के लिए सहायक प्रभाव डालने में सफल न होगा। देखा गया है कि बहुत से बच्चे, जिनमें सहयोग की क्षमता का अभाव होता है, उनके बाद के जीवन में प्रकट होता है कि उनके विवेक व समझ-बूझ की क्षमता का विकास नहीं हुआ।

एल्फ्रेड एडलर (1870-1937) के अनुसार पहले चार या पाँच वर्षों में एक निश्चित जीवन-शैली बन जाती है, फिर उसी के अनुरूप भावनात्मक व शारीरिक स्वभाव के प्रतिमान बन जाते हैं। इनके विकास में मन व शारीरिक सहयोग की छोटी-बड़ी क्रियाएँ शामिल रहती हैं। सहयोग की इसी कोटि से हम किसी व्यक्ति को समझना व परखना सीखते हैं। सभी असफलताओं में सर्वाधिक सामान्य परिमाण में सहयोग की अल्प क्षमता रहती है। चूँकि मन एक एकत्व है और उसकी सभी अभिव्यक्तियों में एक ही जीवन-शैली परिलक्षित होती है। अतः व्यक्ति के सभी मनोभावों व विचारों का उसकी जीवन-शैली के अनुरूप होना निश्चित है। यदि हम ऐसे मनोभाव देखें, जो व्यक्ति में स्वयं के हित के विपरीत हों, तो उन मनोभावों को बदलने का प्रयास करना नितांत व्यर्थ है। ये मनोभाव उस व्यक्ति की जीवन-शैली की

सही अभिव्यक्तियाँ हैं। इनसे तभी निस्तार पाया जा सकता है, जब वह अपनी जीवन-शैली में परिवर्तन करे।[7]

शिक्षा के प्रति हमारे दृष्टिकोण का आधार इसी में है। हमें शिक्षा को ज्ञान के समान अर्पण के रूप में नहीं लेना चाहिए। इसे ज्ञान पाने वाले छात्र के विशिष्ट मन के अनुरूप होना चाहिए। उसका मन अपने अनुभवों की व्याख्या किस प्रकार करता है, उसने अपने जीवन का क्या अर्थ समझा है, उसने अपने शरीर व परिवेश से मिले प्रभावों का उत्तर किन क्रियाओं से दिया है ? शिक्षा का वास्तविक कार्य यही है।

दो अभियान

भारत में 22 करोड़ लोग गरीबी-रेखा से नीचे जीवनयापन करते हैं। 30 करोड़ ऐसे युवा नागरिक हैं, जो 20 वर्ष से कम आयु के हैं। यह भारत का सर्वाधिक आभ्यंतरिक अंश है, जिसे शांति व समरसता के परिवेश में सामाजिक-आर्थिक विकास की आवश्यकता है। भारत के पास इंडिया विजन-2020 डॉक्यूमेंट[8] के रूप में एक मार्गदर्शक-मानचित्र है। इसमें पाँच प्रमुख क्षेत्र सम्मिलित हैं। ये इस निर्बल वर्ग में समृद्धि ला सकते हैं और उसकी सहायता कर सकते हैं, कृषि व खाद्य प्रसंस्करण, शिक्षा व स्वास्थ्य सेवा, सूचना व संचार टेक्नोलॉजी, आधारभूत ढाँचे का विकास (नदियों को परस्पर जोड़ने सहित) तथा ग्रामीण क्षेत्रों में शहरी सुविधाएँ उपलब्ध कराना (Providing Urban Amenities in Rural Areas—P.U.R.A.)। इन सब क्षेत्रों में एक साथ काम करने की आवश्यकता है। गाँवों की उन्नति से राज्यों की उन्नति होती है। राज्यों की उन्नति से राष्ट्र की उन्नति होती है।

भारत बहुलता वाला देश है। हमारे यहाँ अनेक धर्म और सांस्कृतिक परंपराएँ हैं। पूजा की संकल्पना भारतीय मानस के अति निकट है। यह अत्यंत पार्थिव है, लगभग शारीरिक। भारतीय भाषाओं के साहित्य में इसकी एक दीर्घ परंपरा है। चंडीदास के भक्तिमय गीतों से लेकर श्री चैतन्य व अन्य के भक्ति आंदोलन तक। यह पार्थिवता वही है, जो मीराबाई के भजनों में है। यहीं से यह विकसित होकर भक्ति योग तक जाती है, जिससे भारतीय आराधना-पद्धति ओतप्रोत है।

दिव्य प्रेम की मूल संकल्पना को पुनः केंद्रित करते हुए हमने 'मनों

की एकात्मता' को अपना प्रमुख अभियान बनाया।' "आप लोगों में से एक ऐसे समुदाय का उदय हो जो कि जो कुछ अच्छा है, उसे आत्मनियंत्रित करें, जो उचित और न्यायसंगत है उसे स्वीकार करें और जो गलत है उसका निषेध करें—ऐसे लोग समृद्ध होंगे। उन जैसे न बनें, जो आपस में भी विभाजित हैं, स्पष्ट संकेत पाकर भी विवादों में लिप्त रहते हैं, उन्हें भयानक दंड मिलेगा।"[9]

आस्था की प्रकृति

आस्था (श्रद्धा) वह मान्यता है, जिसमें हमारा विश्वास है। यह आस्था विकास के एक महत्त्वपूर्ण उद्देश्य को पूरा करती ही है। अनंत काल से मानव-स्वभाव का एक आवश्यक अंग ही है। एक समुदाय के सदस्यों द्वारा इसमें साझी आस्था होने पर यह उस समुदाय की आंतरिक एकजुटता को बहुत बल देती है। यह उस समुदाय की किसी विरोधी बाह्य परिवेश की चुनौतियों का सामना करने की क्षमता को सशक्त करती है और विभिन्न आस्थावालों के साथ सफल प्रतिस्पर्धा करने की क्षमता में वृद्धि करती है। यदि आप किसी भी चीज में आस्था नहीं रखते, यदि हर चीज पर प्रश्न उठाते हैं, तो आप क्या हैं? आप एक भटके जलपोत की तरह हैं, जिसकी कोई मंजिल नहीं। आपका कर्मीदल है, पर कप्तान नहीं, पायलट नहीं, कंपास नहीं और न ही आपके पास नक्शे हैं। आप जहाँ से चले थे, उससे भिन्न समुद्र में पहुँच सकते हैं, पर किस उद्देश्य से? यह यात्रा थी किसलिए? आस्था इसमें बहुत परिवर्तन कर देती है। आप जानते हैं कि किस दिशा में जा रहे हैं। यदि आप वहाँ अपने जीवन में पहुँच जाते हैं, तो आप कम-से-कम सही दिशा में जा रहे थे। आपकी आस्था आपको आश्वस्त कर सकती है कि यात्रा का यह अंत नहीं। आप किसी और रूप में इसे जारी रखेंगे। आस्था अन्यथा निरर्थक अस्तित्व को सार्थक बनाती है। यह जीवन को महत्त्वपूर्ण बनाती है।

सभी धर्म आस्था पर आधारित हैं, लेकिन यह आवश्यक नहीं कि हर आस्था धार्मिक हो। कम-से-कम मान्य धार्मिक विश्वास का पालन करने के अर्थों में। धर्म हमें परोपकारी बनने की शिक्षा देता है, लेकिन परंपरा से परोपकार की यह भावना मूलतः किसी के अपने समुदाय के सदस्यों पर ही लागू होती है। अकसर आस्तिक दूसरी अस्थावालों से लड़ने में अपने समुदाय के प्रति उत्साह

का प्रदर्शन करते हैं। इस प्रकार के धार्मिक उत्साह के प्रति हमारी सहनशीलता कम हो रही है।

सारे विश्व में निर्धनता, अशिक्षा, बेरोजगारी और अभाव क्रोध व हिंसा की शक्तियों को बढ़ावा दे रहे हैं। ये शक्तियाँ स्वयं को पहले की कुछ वास्तविक या काल्पनिक ऐतिहासिक शत्रुताओं, क्रूरताओं, अत्याचारों, अन्यायों, असमानताओं, जातीय युद्धों तथा विभिन्न प्रकार के धार्मिक कट्टरपन से जोड़ लेती हैं। ये व्यक्तिशः या पृथक्-पृथक् सारे विश्व में आतंकवाद की घटनाओं को प्रेरित कर रही हैं, यहाँ तक कि विश्वयुद्ध को भी। घृणा स्वयं ही बढ़ती है और स्थिति बिगड़कर नारकीय हो जाती है। समाज के कुछ गुमराह वर्गों के घृणित कृत्यों का विश्व साक्षी था और आज भी है। हमें ऐसी घटनाओं के मूल कारणों का पता लगाकर उनके स्थायी हल खोजने चाहिए और मानसिक एकात्मता के माध्यम से शांति स्थापित करनी चाहिए।

मानसिक एकात्मता मूलतः एक मानवतावादी उपदेश है। मानवीय दृष्टिकोण रखने वालों के हृदय में यह धारणा वास करती है। ईश्वर पर पुराने किस्म का विश्वास रखने वालों के लिए यह अनजान हो सकती है, जिनका ईश्वर किसी एक समुदाय का पक्षधर है। सच्चे आस्तिक को इससे दुविधा होती है, क्योंकि बाहरवालों के प्रति उसके समुदाय का अविश्वास और उसकी यह सोच कि वह बाहरवाला भी उस जैसा ही इनसान है, इसका द्वंद्व उसे सालता रहता है। ऐसा संदेह मोती वाले एक सीप में रेत की तरह आस्तिकों को परेशान करता रहता है। शायद कई पीढ़ियों तक अखिल-मानवतावादी दिशा में धीरे-धीरे बढ़ने के बाद समस्त मानवता इसमें सम्मिलित कर ली जाएगी।

हम उन पुरातन किस्म की आस्थाओं के प्रति संशय रखते हैं, जो मुख्य धर्मों के मान्य सिद्धांतों की आलोचनाहीन स्वीकृति की माँग करती है। आस्था एक मानसिक स्थिति है। यह लोगों को किसी वस्तु में विश्वास रखने को प्रेरित करती है, चाहे वह कुछ भी हो, जबकि उसके लिए किसी प्रकार का कोई साक्ष्य नहीं होता। ऐसी आस्था लोगों को ऐसे भयानक दुस्साहस तक ले जाती है, जिसे एक प्रकार का मनोरोग कहा जा सकता है।

हमारा आग्रह है कि यदि हम अपने जीवन का लक्ष्य या दिशा निर्धारित करना चाहते हैं, तो हमें एक ऐसे आधारभूत बिंदु की आवश्यकता है जो (उपर्युक्त प्रकार की आस्था से) हमें अलग कर सके और इसे स्वीकार करने का

संबंध भी आस्था से ही है। आप प्रत्येक नए प्रश्न का उत्तर खोजने अतीत में नहीं जा सकते, उस बच्चे की तरह जो जिज्ञासु तो है, पर परेशान करता है। आपको कहीं तो रुकना होगा। हमारे लिए आधारबिंदु यह है कि समस्त मानवता हमारे घर की टीम है।

मनुष्य होने के नाते हमें किसी-न-किसी तरह की आस्था की आवश्यकता है। जैसे कंप्यूटर के किसी खेल में हम ब्रह्मांड के कोरे नक्शे पर पहुँचते हैं। हम अपना समय उसके अधिक-से-अधिक भागों की यात्रा करने में बिताते हैं। अपनी खोजें तर्कसंगत रूप में और यहाँ तक कि वैज्ञानिक दृष्टि से भी करते हैं। यह सुनिश्चित करने के लिए कि हम उन्हें यथासंभव सही तरीके से प्रकाशित करें। इस प्रकार हम जहाँ पहुँचते हैं, वहाँ से अंधकार समाप्त कर देते हैं। हम द्वीपों, समुद्रों, महाद्वीपों को एक-एक करके उद्घाटित करते हैं। हम इसमें जितना अधिक समय लगाते हैं, उद्घाटित क्षेत्र उतना ही बड़ा होता है। जो क्षेत्र अभी भी अँधेरे हैं, वे कम हो जाते हैं, परंतु वे पूरी तरह विलुप्त नहीं होते। हम समग्रता को कभी नहीं देख पाते। जो अंधकारमय क्षेत्र हमारे अनुभव से बाहर हैं, हम उनके बारे में कुछ अनुमान ही कर सकते हैं। जो कुछ हमने सीखा, उससे अनुमान करते हैं, ताकि हम इन अनुमानों को यथासंभव विश्वसनीय बना सकें। हम इस संभावना को अधिकतम बनाने का लक्ष्य रखते हैं कि यह सब सही साबित होगा। हम जितना अधिक सीखते हैं, इस तरह का संभावित अनुमान उतना ही बेहतर हो जाता है, लेकिन हम कभी भी हर चीज के बारे में पूर्णतः निश्चित नहीं हो सकते। इस समय और युग में मानवता में आस्था अपना लंगर डाले, तो यह बुरी जगह नहीं। मन की एकात्मता के लिए यह आरंभिक बिंदु है।

विविधता स्वाभाविक है

हम सामाजिक प्राणी हैं। हमारे जीन हमारे आस-पास के लोगों की भाषा अपने आरंभिक जीवन में ही सीखने के लिए पूर्व प्रवृत्त होते हैं। जब हम अपनी मातृभाषा सीख रहे होते हैं, तब हम अपने समकक्षों के मूल्यों को भी आत्मसात् करते हैं। यह प्रक्रिया स्वाभाविक, जीववैज्ञानिक व उत्तराधिकार प्रदत्त है, यह हमारे स्वभाव का अंश है। मनुष्यों में सर्वत्र यह उत्तराधिकार समान रूप से पाया जाता है। सभी लोगों, स्त्री-पुरुष, धनी-निर्धन, जो किसी भी जाति, वर्ग, नस्ल

या लिंग के हों, उनमें समानता की बात सभी धर्म-ग्रंथों में कही गई है, पर खेद का विषय यह है कि इस भेदभाव का कई अवसरों पर पवित्र ग्रंथों के अंशों की कुछ परंपरागत व्याख्याओं से समर्थन किया जाता है, लेकिन अधिक परिष्कृत धार्मिक जागरूकता के चलते सभी तरह के भेदभावों से मुक्ति पाई जा रही है। परंपरा से भेदभाव वाले दृष्टिकोण व कारवाइयों से आबद्ध धार्मिक आलेखों को गलत सिद्ध किया जा रहा है।

अभी हाल तक, जबकि सूचना व संचार टेक्नोलॉजी ने अपनी सीमाओं का विस्तार किया, सामाजिक वर्ग अपने आंतरिक आचार-मापदंडों को अंतिम, वैश्विक व न्यायसंगत मानते थे। अपने धार्मिक नेताओं से मान्यता पाकर उनकी नैतिक संहिताएँ संसार के प्रति उनके दृष्टिकोण का अभिन्न अंग बनी हुई थीं। अन्य वर्गों के प्रतिमान, जो इनसे भिन्न होते थे, उन्हें आमतौर पर पथभ्रष्ट, असामान्य और दुष्ट माना जाता था और यह सब झूठे देवताओं की पूजा करने का परिणाम था। इस प्रकार आचार के मापदंड, एक सामान्य मानवीय स्थिति के अंग थे। इसमें एक वर्ग को दूसरे से अलग करने और वर्ग की आंतरिक एकजुटता को मजबूत करने के लिए भाषा, धर्म और संस्कृति एक साथ काम करते थे।

अब हम मानव की उत्पत्ति और सामाजिक विकास के बारे में काफी कुछ जानते हैं। आचार कहाँ से आए, इसके बारे में नए-नए परिप्रेक्ष्य का विकास कर सकते हैं। जब हम इस तथ्य को स्वीकार करते हैं कि भाषा व धर्म की तरह नैतिकता भी सार्वभौमिक न होकर संस्कृति-आधारित है, हमारी आँखों से परदा हट जाता है और हम अपने आस-पास के संसार को भिन्न व विनीत दृष्टि से देखते हैं। हम देखते हैं कि प्रकृति में कोई वैसी (स्थायी) नैतिकता नहीं। वहाँ केवल शक्तियाँ और क्रियाएँ हैं, जो करोड़ों, बल्कि अरबों वर्षों से सक्रिय रही हैं, तभी वर्तमान स्थिति आई है। ईश्वर, कम-से-कम वह ईश्वर, जिसकी हम आज तक पूजा करते रहे, उसे अब हम मानव-कल्पनाओं की उत्पत्ति के रूप में पहचान सकते हैं। नैतिकता भी इसी प्रकार मानव-कल्पना की उपज है। हम ही अपने रक्षक और उद्धारक हैं। केवल हम ही अपने आचार को निर्देशित करने वाले सिद्धांतों का विकास कर सकते हैं और सामान्य सूझबूझ व बहुमत की स्वीकृति से उन्हें मान्यता दे सकते हैं।

समानता एक सामाजिक स्थिति है। इसमें विभिन्न लोगों को कुछ मायनो

में समान वैधानिक स्थिति मिलती है। समानता अनेक प्रकार की होती है। यह व्यक्तियों और सामाजिक स्थितियों पर निर्भर है। उदाहरण के लिए, रोजगार के अवसरों में महिला व पुरुषों में समानता। यहाँ व्यक्ति महिला और पुरुष हैं और सामाजिक स्थिति रोजगार की तलाश है। एक और उदाहरण यह होगा कि समान अवसर का मतलब है कि लोग एक ही स्थिति से अपना जीवन आरंभ करें, सबको जीवन में समान अवसर मिलें, भले ही उनका जन्म कहीं भी हुआ हो और उनके माता-पिता कोई भी हों।

सब लोगों के समान होने की विशिष्टता का समर्थन एकेश्वरवादी सिद्धांत करता है। इसके अनुसार ईश्वर सारी मानवता का जनक है। सभी मनुष्य नर-नारी के एक जोड़े आदम और हौवा के वंशज हैं। हिंदू, जैन, बौद्ध और कंफ्यूशियस सब धर्मों में समानता इस तथ्य में निहित है कि आत्मज्ञान, परम तत्त्व से एकात्म्य या परमात्मा की प्राप्ति के अवसर सबको समान रूप से उपलब्ध हैं। अतः लोगों में भेद उनके आचरण, नैतिकता, आध्यात्मिक शिक्षा के स्तर व उपलब्धि के आधार पर होना चाहिए।

अनेक आस्थाओंवाला समाज

भारतीय सभ्यता, जिसे हिंदू समाज कहा जाता है, उसके अंतर्निहित मतों को परिभाषित करना सरल नहीं। भारत की जनसंख्या के बहुमत के आस्था के आधार के रूप में कोई एक विशिष्ट दर्शन नहीं है। वैदिक धर्म अपने सैद्धांतिक आधार-वाक्यों एवं व्यावहारिक अभिव्यक्तियों में अत्यंत विविधतापूर्ण है। ऋग्वेद, उपनिषद् और भगवद्गीता वैदिकों के पवित्र ग्रंथ माने जाते हैं।

वेद और स्मृतियाँ गुणवत्ता व भाईचारे की प्रशंसा करते हैं—**वसुधैव कुटुम्बकम्**। सारा विश्व ही एक परिवार है, यही वैदिक सभ्यता का आदर्श वाक्य था। वैदिक काल लोगों को समान स्तर देने में अधिक उदार था। जैन धर्म, बौद्ध धर्म, ईसाई धर्म, इसलाम और सिख धर्म सभी भाईचारे और समानता का उपदेश देते हैं।

समय के साथ कुछ वर्गों ने कुछ व्यापारों पर अपना एकाधिकार बना लिया है। आर्थिक असुरक्षा से उपजे निहित स्वार्थों के चलते कुछ वर्गों ने लोगों को खंडों में बाँटना आरंभ कर दिया। समाज सामाजिक खंडों, पृथक् अल्पसंख्यक क्षेत्रों व अनन्यता में विभाजित हो गया। हर राष्ट्र और समाज में ऐसा ही हुआ।

धर्म के बावजूद आर्थिक कारक भारतीय जीवन की एक पद्धति रहे। भारतीय नागरिकों में अधिकांश के लिए धर्म, दिनचर्या व शिक्षा से लेकर राजनीति तक जीवन के हर पक्ष में व्याप्त है। धर्मनिरपेक्ष भारत हिंदू धर्म, इसलाम धर्म, ईसाई धर्म, बौद्ध धर्म, जैन धर्म, सिख धर्म व अनेक अन्य धर्मों व परंपराओं का आगार है।

पाँचवीं शताब्दी ई.पू. में बौद्ध धर्म का प्रवर्तन करने वाले गौतम बुद्ध के व्यक्तित्व और उपदेशों ने बड़े पैमाने पर लोगों का जीवन प्रदीप्त किया। बौद्ध धर्म और हिंदू धर्म के आधारभूत उपदेशों में बड़ी समानता है। बौद्ध धर्म का आधार अनित्यता का नियम है। इसके अनुसार सबकुछ परिवर्तनशील है, यद्यपि कुछ वस्तुएँ दूसरी वस्तुओं की अपेक्षा अधिक स्थिर रहती हैं। बौद्ध धर्म का दूसरा मूल सिद्धांत कार्य-कारण सिद्धांत है। इसके अनुसार कुछ भी संयोग-मात्र से घटित नहीं होता। प्राकृतिक शक्तियों के अतिरिक्त कर्म ही सब घटनाओं के कारण होते हैं। आत्म की अमरता और पुनर्जन्म के चक्र की लोकप्रिय धारणाएँ इन दो आधारभूत दर्शनों से निकली हैं।

बुद्ध ने मध्य मार्ग का उपदेश दिया। इसमें उन्होंने संतुलित, समरसता वाले जीवन की प्रस्तुति की। यह विषयासक्ति और संपूर्ण संयम की दो अतियों के मध्य चलने का प्रस्ताव था। बौद्ध धर्म के आधार चार महान् सत्य हैं—(1) दुःख विश्वव्यापी है, (2) आकांक्षाओं व लालसाओं से दुःख उत्पन्न होते हैं, (3) दुःखों का निवारण हो सकता है और उन पर विजय पाई जा सकती है तथा (4) आकांक्षाओं को समाप्त करके दुःखों से मुक्ति पाई जा सकती है। दुःखों के निवारण के लिए हमें लालसाओं व आकांक्षाओं पर विजय पानी होगी। यह विजय निर्वाण या संपूर्ण आत्मज्ञान की ओर ले जाती है।

एक अति प्राचीन धार्मिक परपंरा के 24वें तीर्थंकर के रूप में जैन धर्म का प्रवर्तन भगवान् महावीर ने किया था। महावीर और बुद्ध दोनों समकालीन थे। बौद्ध धर्म के समान ही जैन धर्म भी तत्कालीन हिंदू धम-प्रथाओं से सहमत नहीं था। जैन धर्म का मुख्य दर्शन यह है कि सांसारिक कामनाओं का परित्याग और स्व पर विजय से संपूर्ण ज्ञान उपलब्ध होता है। यह धर्म जिनों (आत्मविजेताओं) और तीर्थंकरों (चतुर्विध धर्म-संघ रूपी तीर्थ के संस्थापकों, सर्वोच्च अर्हता के धारक जैन पथ-प्रदर्शकों) द्वारा आचरित संपूर्ण आत्मसंयम व श्रामण्यपालन में विश्वास रखता है। लोगों को भौतिक से आध्यात्मिक संसार में ले जाने,

बंधन से मुक्ति की ओर ले जाने में तीर्थंकर सहायक बनते हैं। इस धर्म के अनुयायी वैदिक धर्म के लोकप्रिय देवताओं को मानते हैं, पर केवल लौकिक दृष्टि से उनकी उपासना करते हैं।

इस धर्म का मुख्य ध्यान सम्यक् आचार, सम्यक् श्रद्धा और सम्यक् ज्ञान द्वारा आत्मा की शुद्धि पर केंद्रित है। यह धर्म संपूर्ण अहिंसा का भी प्रतिपादन करता है। जैन मुनि अपने मुख पर कपड़ा बाँधे रहते हैं, ताकि सूक्ष्म जीवाणु की हत्या न हो जाए। इस समय भारत में जैन धर्म के 30 लाख से अधिक अनुयायी हैं। सब जीवों के प्रति अपनी सहानुभूति के कारण यह धर्म व्यापक रूप से लोकप्रिय है।

भारत में इसलाम आठवीं शताब्दी के आरंभ में अरब व्यापारियों के साथ आया, लेकिन उसकी जड़ें बारहवीं शताब्दी तक जाकर जमीं। जैन व बौद्ध धर्म से भिन्न अपनी धारणाओं, रिवाजों और धार्मिक प्रथाओं में इसलाम विलक्षण था। यह धर्म सार्वभौमिक भाईचारे और सर्वशक्तिमान अल्लाह के प्रति पूर्ण समर्पण का प्रतिपादक था।

सोलहवीं और सत्रहवीं शताब्दी में मुगल शासकों ने भारत में इसलाम के प्रचार में बहुत सहायता की। अपने प्रथम चरण में इसलाम बल व शक्ति पर आधारित था, लेकिन रहस्यवादी सूफी संतों ने शांति व सार्वभौमिक प्रेम का संदेश फैलाया। कबीर और गुरुनानक देव जैसे संतों व उपदेशकों ने जाति-प्रथा की रूढ़ियों को शिथिल करने में सहायता की। इन दोनों धर्मों के अंतर्व्यवहार से जीवन व संस्कृति के लगभग हर क्षेत्र में हिंदू और इसलामी तत्त्वों का सम्मिश्रण हुआ। लड़ाई और भिड़ंत के आरंभिक दौर के बाद दोनों धर्मों ने आज आपस में तालमेल बैठा लिया है और एक-दूसरे को समृद्ध किया है।

सोलहवीं शताब्दी के आरंभ में उत्तर भारत के पंजाब में सिख धर्म का उदय हुआ। हिंदू परिवार में जनमे गुरुनानक देव ने इसलाम सहित अन्य धर्मों की शिक्षा से प्रेरित होकर धार्मिक एकता का उपदेश देना आरंभ किया। उनके अनुसार दोनों धर्मों की मूलभूत शिक्षा एक ही थी। बहुत से अनुयायी बन गए। गुरुनानक शिष्यों ने एकत्र होकर नई धार्मिक परंपरा की स्थापना की, जिसे सिख धर्म कहा गया।

सिख धर्म एकेश्वरवादी है। जाति-प्रथा का भी विरोधी है। इसकी मान्यता है कि सब मनुष्य समान हैं। यह हिंदू धर्म की कर्म और पुनर्जन्म की अवधारणा

को भी मानता है। सिखों की अनेक प्रथाएँ हिंदुओं के समान ही हैं। दोनों समुदायों में परस्पर विवाह-संबंध भी आम हैं, फिर भी सिखों की अपनी एक अलग पहचान है। हालाँकि सिख भारतीय जनसंख्या के केवल दो प्रतिशत ही हैं, वे भारतीय धार्मिक परंपराओं और भारतीय समाज में एक विशिष्ट स्थान रखते हैं।

भारतीय रूढ़िबद्धता

विश्व के आर्थिक पटल पर एक जीवंत भारत तेजी से उभर रहा है। पहली बार सौ करोड़ से अधिक जनसंख्या वाला एक लोकतंत्र वृद्धि, व्यापार और निवेश में सक्रिय भूमिका निभा रहा है। इसके वैश्वीकरण की प्रक्रिया और विश्व-अर्थव्यवस्था के लिए महत्त्वपूर्ण निहितार्थ हैं। इस प्रभाव को नियंत्रित करने के लिए भारत को नई भूमिका व उत्तरदायित्व निभाना होगा, जो उसके अपने और विश्व-विकास के लिए हितकर हो।

जब हम वैश्वीकरण और सीमा-रहित संसार की बात करते हैं, तो अब तक वह अधिकांशतः माल, पूँजी और वित्तीय व संभारीय सेवाओं की गतिविधियों तक केंद्रित रहा है। अब तक लोगों के बारे में कोई स्पष्ट पद्धति नहीं बनी है। इसके विपरीत विकसित अर्थव्यवस्थाएँ आव्रजन व श्रम की गतिविधियों को और भी प्रतिबंधित कर रही हैं।

भावनाओं पर चेतना की श्रेष्ठता

भावनाओं (Emotions) पर चेतना (Mind) की श्रेष्ठता और नियंत्रण-शक्ति पर भारतीय दर्शन ने गहरा विश्वास प्रकट किया है। वह इस आश्वासन की पुष्टि करता है कि मानव-चेतना स्वयं के प्रति एवं सजातीय बंधुओं के प्रति सूझबूझ के कारण स्वयं को अत्यंत विपरीत परिस्थितियों में भी समायोजित कर लेती है और उन पर विजय पाती है। तुलसीदास ने अपने महाकाव्य रामचरितमानस में चरित्रों पर घटनाओं से अधिक ध्यान दिया है। यहाँ चरित्र का अर्थ है, ज्ञान के माध्यम से विकसित सद्भाव के उद्दीपन की समझ। जीवन व मानव-जीवन के प्रति उदार समझ-बूझ ही सदैव भारतीय चरित्र का आदर्श रही है। इसी समझ-बूझ से शांतिवाद, संतोष, सौम्यता व सहनशक्ति के गुण उत्पन्न हुए हैं। यही भारतीय चरित्र की विशेषता है। विवेकानंद के अनुसार चरित्र-बल ही मन का

बल है। जब एक व्यक्ति मानसिक अनुशासन से इन गुणों का विकास कर लेता है, तो हम कहते हैं कि उसने अपने चरित्र का विकास कर लिया।

सोचने की प्रक्रिया

इसका संबंध भारतीय 'भाग्यवाद' के शक्तिशाली प्रभाव से है। यह भाग्यवाद और कुछ नहीं, ब्रह्मांडीय अनिवार्यताओं के प्रबल नियमों का स्पष्ट बोध है, जिसे प्रकृति के नियम, भाग्य के आदेश या सर्वशक्तिमान ईश्वर की इच्छा समझा जाता है। यह रवैया लोगों को, जैसा कि अकसर दावा किया जाता है, आलसी और निराशावादी बनाता हो या नहीं, लेकिन निश्चय ही उन्हें धैर्य के साथ विपत्ति का सामना करने की क्षमता प्रदान करता है। क्योंकि प्रसन्नता काफी हद तक हमारी दुर्भाग्य पर विजय पाने की क्षमता पर निर्भर करती है, इस रवैए के बारे में कुछ कहना उचित होगा। धार्मिक संस्कार हर परिस्थिति में अपने सदस्यों को शांतिपूर्वक रहने में सहायक होते हैं। इसका दूसरा पहलू यह है कि स्वयं से शांतिपूर्वक रहने का मतलब है स्वीकृति और स्वीकृति का अर्थ है जड़ता।

सबकुछ स्वीकार करने की मानसिकता बन जाने पर आप में प्रगति व सुधार के लिए युवाओं वाला उत्साह नहीं रहता, जिसके बिना कोई परिवर्तन नहीं हो सकता। क्या यह बुरा है? यह ऊहापोह में डालने वाला प्रश्न है, जिसका कोई सरल उत्तर नहीं। हम इतिहास का जितना अधिक अध्ययन करते हैं, उतना ही यह बताना कठिन होता जाता है कि मानवता को अधिक विपत्तियाँ किसने दीं, परिवर्तन की चाह ने या परिवर्तन की अनिच्छा ने। अच्छा हो या बुरा, तथ्य तो यह है कि भारतीय सभ्यता पुराने लोगों की एक पुरातन संस्कृति का प्रतिनिधित्व करती है। वे पूर्ण प्रसन्नता के धूमिल होते क्षितिज के प्रति जागरूक हैं। वे अप्राप्य के लिए प्रयास करते-करते क्लांत हो गए हैं। जैसा कि कबीर ने कहा—

माया मरी ना मन मरे, मर-मर गए शरीर।
आशा, तृष्णा ना मिटी, कह गए दास कबीर॥

इन पहलुओं पर चर्चा करते समय सावधान रहना चाहिए कि हम नस्लवाद में न भटक जाएँ कि ये लक्षण भारतीय नस्ल से मिले हैं। ये केवल संस्कृति की

विशेषताएँ हैं। जब हम भिन्न सांस्कृतिक परिवेश में पले भारतीयों को देखते हैं, तो यह स्पष्ट हो जाता है। प्रायः उनके पास अकसर एक अंतरराष्ट्रीय दृष्टिकोण होता है, जिससे भारतीय स्वभाव अनजाना है। अतः हमारा 'राष्ट्रीय' चरित्र अधिकांशतः हमारी परिस्थितियों की उपज है। उदाहरण के लिए, भारतीयों में धैर्य का गुण उनकी पारिवारिक परिस्थितियों की देन है। इस गुण का प्रशिक्षण बड़े परिवार में मिलता है। वहाँ बहुएँ, दामाद, पिता और पुत्र एक-दूसरे के साथ इकट्ठे रहने पर यह गुण सीखते हैं। बड़े परिवारों में, जहाँ बंद दरवाजों का निषेध होता है, जहाँ व्यक्तियों के लिए निजी स्थान का अभाव होता है, हमें बड़ों के निर्देश के साथ आवश्यकता भी बहुत कुछ सिखाती है। आरंभिक बचपन से ही हम पारस्परिक सहिष्णुता और मानव-संबंधों में तालमेल बनाना सीख जाते हैं।

आचारशास्त्र के आचार्य

सच्चा आचारशास्त्र सार्वभौमिक है। यह मूलतः नैतिकता के एकमात्र सिद्धांत पर आधारित है कि जीवनयापन सर्वोच्च स्तर पर हो और जीवन में प्रगति हो। जीवन के प्रति आदर-भाव सब विचारों का मूलाधार है। सभी भौतिक व आध्यात्मिक मूल्य तभी सार्थक हैं, जब वे व्यवहार में इस आदर की उपलब्धि के लिए उपयोगी सिद्ध होते हैं। करुणा की श्रेष्ठ भावना सभी सदाचारों की प्रेरक शक्ति है, लेकिन नैतिक व्यवहार का एक और गहरा कारक भी है। भगवद्गीता हमें उस कारक के बारे में शिक्षा देती है, लेकिन हमारा ध्यान उसके प्रत्यक्ष नीति-संदेश तक जाता है। हम बहुधा यह समझ नहीं पाते कि गीता का उद्देश्य केवल यह उपदेश देना ही नहीं है कि हम एक-दूसरे से कैसा व्यवहार करें। उसका एक और महत्त्वपूर्ण संदेश है—आत्मा की अनुभूति और मुक्ति।

यह अनुभूति है क्या? इसका उत्तर प्राचीन भारतीय रहस्यवाद की महान् अंतर्दृष्टि में छिपा है, जो सभी जीवों की निजी आत्माओं की परमात्मा के साथ एकात्म की पुष्टि करता है। इसके अनुसार, जो कुछ आत्मा है, वह परमात्मा का ही अंश है। मनुष्य के अंदर परमात्मा का अंश है। चूँकि परमात्मा का वास सभी में है, वह सब प्राणियों में स्वयं को देखता है, पेड़-पौधों और देवताओं के जीवन में भी। उपनिषदों के **'तत् त्वम् असि'** का यही अर्थ है। यही अंतर्दृष्टि सभी धार्मिक परंपराओं में व्याप्त है। उदाहरण के लिए, जैन धर्म में हत्या करने

या हानि पहुँचाने का निषेध करनेवाला अहिंसा का आदेश करुणा की भावना से नहीं उपजा। इसके पीछे स्वयं को सांसारिक लोभ व स्वार्थ से मुक्त रखने की भावना थी। मूलतः इसका संबंध स्वयं को भी संपूर्ण बनाने के आचार से था, न कि अंतर्व्यवहार के आचार से।

उन्नीसवीं शताब्दी में बहुत से महान् संत-तपस्वी हुए। वे विश्व के आध्यात्मिक एकात्म की भावना से ओत-प्रोत थे। उनका अपना जीवन इस भावना की अभिव्यक्ति का उदाहरण था। श्री रामकृष्ण, स्वामी विवेकानंद, श्री अरविंद और श्री रमण महर्षि इन्हीं में से थे। महान् आत्माओं ने आधुनिक भारत के धार्मिक दृष्टिकोण को एक स्वस्थ, सकारात्मक रूप में बदला। यह कहा जा सकता है कि जब तक उनका प्रभाव अक्षुण्ण है, आधुनिक भारत की धार्मिक विशिष्टताएँ अधिकांशतः संतुलित रहेंगी।

अतीत के साथ विनिमय

ऊँचे पर्वतों पर स्थित मठों में रहनेवाले लामाओं की गंभीरता व शांति आधुनिक जीवन की भागमभाग और उन्माद के कितनी विपरीत है। चिरंतन मूल्यों में उनका गहन विश्वास और उस आस्था के आलोक में जीवन के प्रति उनका निजी व सामाजिक रूप से सच्चा उद्यम आदर्श प्रतीत होता है। इस परिदृश्य का दूसरा पक्ष है—आधुनिक युवकों में संदिग्ध सत्ता को मान्यता देने व आधी समझी परंपराओं का पालन करने का प्रतिरोध जो कि समझ में आने योग्य है।

हम इसे कैसे नकार सकते हैं कि धर्मों ने चिरंतन सत्य का सामयिक तथ्यों के साथ घालमेल कर दिया है। वे एक प्रकार से अतीत के साथ विनिमयकर्ता बन गए हैं। गंभीर विचारक, जिन्हें श्रेष्ठतर ज्ञान होना चाहिए, पुराने ग्रंथों में आधुनिक विचार खोजने या वे अर्थ निकालने में अपना समय तथा ऊर्जा लगा रहे हैं, जो उनमें है ही नहीं। अपने क्षेत्र की स्वतंत्र प्रासंगिकता दिखाने में असमर्थ होने पर धर्माधिकारी परंपरा को आधुनिक पहलू में प्रस्तुत करने का प्रयास कर रहे हैं। वे धर्म का बचाव विज्ञान की नवीनतम खोजों के आधार पर कर रहे हैं। हम प्रत्येक धार्मिक परंपरा से निकले इस अथक संदेश को भूल जाते हैं—आध्यात्मिक आयाम को वैज्ञानिक खोजों या दार्शनिक तर्कों से सत्यापित नहीं किया जा सकता। अध्यात्म का सच्चा निकष है—आचार। सच्चरित्रता ही इसकी एकमात्र व अंतिम कसौटी है। दलाई लामा के शब्दों में—'सच्चरित्रता के सभी

मूल सच्चरित्रता के बोध की धरती में हैं।"[10]

अनेकता को सहना

भारतीय सभ्यता की विशिष्टता क्या है? संभवतः एक खुला उदार हृदय और सहनशील मानसिकता। सारे संसार के धर्मों के सार में मानवस्वरूपीय ये धारणाएँ निहित हैं, जो ईश्वर को राजा या विजेता, पिता या न्यायकारी, श्रेष्ठ गड़रिए या नीतिपरायण न्यायाधीश के रूप में देखते हैं। उनमें वे सब शक्तियाँ व सद्गुण इंद्रियातीत स्तर तक हैं, जिन्हें हम मनुष्यों में सर्वश्रेष्ठ समझते हैं।

हम पृथ्वीवासी हैं, अतः अवतार-रूप में किसी ईश के दर्शनों का हमारे लिए बहुत धार्मिक महत्त्व हो सकता है, लेकिन मानवाकार में बहुत विस्तृत कल्पना संकुचित दृष्टिकोण और असहिष्णुता का कारण बनती है। यह हमें अनर्गलता में ले जाती है। अति उत्साह में या कई बार उग्रता में धारण की गई कई अति-धार्मिक मान्यताएँ इस केंद्रीय सत्य को आच्छादित कर लेती हैं कि ईश्वर परम आत्मा है और एकमात्र सच्ची आराधना परम आत्मा व सत्य की आराधना ही है।

सभी अन्य धार्मिक विचारणाओं की तरह भारतीय धार्मिक विशिष्टताएँ भी इस ज्ञान पर आधारित हैं कि हमारा जीवन केवल हमारा ही नहीं है, एक महान् जीवन है, जो हमें समावेशित किए हुए है और हमारा पालनहार है, लेकिन भारतीय धार्मिक विशिष्टता का सुंदर पक्ष यह है कि वह मानता है कि इस महान् आत्मा की खोज के लिए कोई विशेष मत अंतिम नहीं, न ही कोई विशेष नियमावली संपूर्ण है। धर्म का पालन किसी भी संख्या की विविध मान्य पद्धतियों से किया जा सकता है। यह बहुलता भारतीय धार्मिक विशिष्टता का अंग है। इस कारण हिंदू धर्म में अनेक मत-मतांतर तो हैं ही, यहाँ अन्य मुख्य धर्मों के अनेक भारतीय स्वरूप भी प्रचलित हैं। ऐसा नहीं है कि प्राचीन काल में और आज के समय में भी इनमें दोष, विचलन, बल्कि अस्वीकृतियाँ नहीं थीं, लेकिन यह केवल विपथन है। समाज-सेविका लीला डिसूजा के शब्दों में—वास्तविक चिरस्थायी भारत समन्वयात्मक, बहुलतावादी और सहनशील है।[11]

इस पृष्ठभूमि में हमने—आचार्य महाप्रज्ञजी और मैंने उनके सूरत वाले

आवासस्थल में (2003 में) पंद्रह प्रमुख धार्मिक नेताओं को आमंत्रित किया। इस सम्मेलन के फलस्वरूप एक ऐतिहासिक घोषणा ने जन्म लिया।

सूरत-घोषणा

जब हमने विविध धर्मों के सम्मेलन की धारणा पर कार्य आरंभ किया तो एक सार्थक अंतर्धार्मिक चर्चा आरंभ करने के लिए टेंपल विश्वविद्यालय में कैथोलिक विचारों के प्रोफेसर लियोनार्ड स्विडलर[12] के दस नियमों का अध्ययन किया। ये दस बिंदु हैं—(1) चर्चा का उद्‌देश्य सद्‌भाव में वृद्धि करना है। (2) सदस्य अंतर्आस्था और अंतर्धार्मिक दोनों तरह की चर्चा में भाग लेंगे। (3) सदस्यों को ईमानदार और निष्ठावान् होना चाहिए। (4) सदस्यों को यह मानकर चलना चाहिए कि अन्य सदस्य भी उन्हीं की तरह ईमानदार और निष्ठावान् हैं। (5) प्रत्येक सदस्य को अपनी परिभाषा करने की अनुमति होनी चाहिए। (6) असहमति के क्षेत्रों के बारे में कोई पूर्व-धारणा नहीं होनी चाहिए। (7) चर्चा सदा समान लोगों में ही संभव होती है। (8) चर्चा परस्पर विश्वास होने पर ही संभव होती है। (9) सदस्यों को अपनी धार्मिक परंपराओं की स्वयं आलोचना करनी चाहिए। (10) सदस्यों को यह अनुभव करने का प्रयास करना चाहिए कि दूसरों की परंपराएँ उन पर प्रभाव डालती हैं।

हमने स्वामियों, मौलवियों, रेवरेंड फादर, आध्यात्मिक नेताओं और सैकड़ों भक्तों से संपर्क किया। हमने उनसे चर्चा की कि एक विकसित भारत के स्वप्न की प्रगति में धर्म कैसे सहायक हो सकता है? आधुनिक विश्व के विकास के साथ हजारों साल की समृद्ध संस्कृति एवं सभ्यता की विरासत का तालमेल कैसे बैठाया जा सकता है?

ईश्वर ने मनुष्य को सोचने की सामर्थ्य दी है। उसने अपनी रचना को उसकी छवि तक पहुँचने के लिए इस सामर्थ्य का प्रयोग करने का आदेश दिया है। मानव-जीवन का उद्‌देश्य यही है। विज्ञान ईश्वर का मानव को दिया अद्यतन वरदान है। विवेकशील विज्ञान समाज की पूँजी बनता है। आध्यात्मिकता हमारे लिए एक ईश्वर-प्रदत्त गुण है। हमारा कर्तव्य है कि हम इसका पता लगाएँ और इसका प्रयोग समस्त मानवता के लिए करें।

प्रत्येक धर्म का एक केंद्रबिंदु है—करुणा व प्रेम से प्रेरित अध्यात्म।

बुद्धिमत्ता व तर्क, विज्ञान व आध्यात्मिकता के मूल तत्त्व हैं। एक अत्यंत धार्मिक व्यक्ति का लक्ष्य आध्यात्मिक अनुभूति है, जबकि एक वैज्ञानिक का लक्ष्य कोई बड़ा आविष्कार या खोज है। यदि इन दोनों पक्षों में एकात्म स्थापित हो जाए और वे हमारे प्रतिमान के अनुरूप एकीकृत हो जाएँ, तो हम विचारणा के उस स्तर पर पहुँच सकते हैं, जहाँ एकता एक सामंजस्यपूर्ण अवधारणा बन सकती है। ऐसे परिवेश के लिए इन दो घटकों—विज्ञान और आध्यात्मिकता का अंतर्व्यवहार आवश्यक है। एक शांति-प्रार्थना दोनों का आधार बन सकती है।

शांति-प्रार्थना

हे सर्वशक्तिमान! देशवासियों के मानस में ऐसे विचार और कर्म उत्पन्न कीजिए कि वे मिलकर रहें।

हे सर्वशक्तिमान! लोगों को जीवन में सदाचार के पथ पर चलने का वरदान दें, क्योंकि सदाचार से ही चारित्रिक बल मिलता है।

देश के सभी धार्मिक नेताओं की सहायता करें कि वे लोगों को विघटनकारी शक्तियों का सामना करने की सामर्थ्य दे सकें।

लोगों को निर्देशित करें कि वे विभिन्न दृष्टिकोणों, जीवन-पद्धतियों को समझें।

व्यक्तियों, संगठनों, राष्ट्रों में मित्रता व सद्भाव के लिए उनमें मैत्री का संचार करें।

नेताओं व जनता के मन में यह विचार बैठाएँ कि राष्ट्र व्यक्ति से बड़ा होता है।

हे ईश्वर! लोगों को वरदान दीजिए कि वे अपना काम पूर्ण अध्यवसाय से करें, जिससे एक शांतिपूर्ण, समृद्ध राष्ट्र का निर्माण हो।

आध्यात्मिक आरोग्य

'मैं कष्ट और पीड़ा में कैसे रह सकता हूँ?' यह प्रश्न अकसर आध्यात्मिक संदर्भ में पूछा जाता है। आध्यात्मिकता और धर्म एक नहीं हैं। कुछ ऐसे लोग हो सकते हैं, जो धार्मिक हों, पर उनकी आध्यात्मिकता विकसित न हो। आध्यात्मिकता वह चिंतन है, जो जीवन के अंतिम लक्ष्य व अर्थ से संबंध रखता है। प्रत्येक व्यक्ति के लिए आवश्यक है कि वह जीवन में उद्देश्य व

अर्थ की खोज करे और एक ऐसी मूल्य-पद्धति को परिभाषित करे, जिसके अनुसार कर्म कर सके। जब किसी व्यक्ति के कर्म निरंतर उसके आध्यात्मिक मूल्यों व आस्था के अनुकूल होते हैं, तो वह आध्यात्मिक आरोग्य पा जाता है।

जब आप आध्यात्मिक पथ का अन्वेषण करते हैं, तो आपको अनेक प्रकार के अनुभव होते हैं। इनमें संदेह, हताशा, भय, निराशा और विस्थापन के साथ-साथ आनंद, हर्ष, प्रसन्नता और अन्वेषण की अनुभूति भी होती है। जब आपके कर्म आपकी आस्था व मूल्यों के अधिक निकट होते जाते हैं, तब आप जान पाते हैं कि आप आध्यात्मिक हो रहे हैं। प्रत्येक धर्म का आध्यात्मिक लक्ष्य एक व्यक्ति के मन व शरीर का हिंसा-मुक्त हो जाना है, जिसका परिणाम एक शांतिपूर्ण समाज है। शांति की उपलब्धि के लिए निर्धनता का उन्मूलन एक आवश्यक घटक है।

निर्धनता का उन्मूलन

हमें इस बात का एहसास है कि हमारे देश के 20 वर्ष से कम आयु के 20 करोड़ नागरिक शांति, समृद्धि, प्रसन्नता व सुरक्षा चाहते हैं। धार्मिक व आध्यात्मिक नेता होने के नाते यह हमारा उत्तरदायित्व हो जाता है कि हम निर्धनता उन्मूलन के इस मिशन को आगे बढ़ाएँ। सौभाग्य से हमारे राष्ट्रीय स्वप्न भारत-2020 तक पहुँचने का एक मार्गदर्शक मानचित्र है। ये हैं पाँच चयनित महत्त्वपूर्ण क्षेत्र, जिनकी हम पहले चर्चा कर आए हैं, इनमें तीव्रता से कार्य करना है। ये क्षेत्र हैं—कृषि, खाद्य-प्रसंस्करण, शिक्षा, स्वास्थ्य-सेवा, सूचना व संचार टेक्नोलॉजी, मूलभूत ढाँचे का विकास, जिसमें नदियों को परस्पर जोड़ना शामिल है और ग्रामीण क्षेत्रों में शहरी सुविधाएँ उपलब्ध कराना।

निर्धनता-उन्मूलन के साथ कुछ संबद्ध क्षेत्र सम्मिलित हैं, जैसे अशिक्षा समाप्त करना व सुशासन। यह सुनिश्चित करना अत्यंत महत्त्वपूर्ण है कि निर्धनों के लिए आवंटित धन व उनका कमाया धन भ्रष्टाचार अथवा अन्य सामाजिक बुराइयों की भेंट न चढ़ जाए। इसी संदर्भ में प्रबुद्ध नागरिकों की आवश्यकता का अनुभव होता है। इसके लिए नैतिक, आचारिक व आध्यात्मिक आयाम होने चाहिए। इसीलिए समृद्धि के लिए धार्मिक व सांस्कृतिक साझेदारी का होना जरूरी है। इस साझेदारी का विकास कैसे हो सकता है, इस पर हमने विचार किया है।

राष्ट्र की समृद्धि

सभी धर्म अत्यंत सुंदर पुष्प-वाटिकाओं की तरह हैं। पक्षियों के कलरव से गुंजायमान पवित्र कुंजों, सुंदर व शांत स्थलों से युक्त। धर्म द्वीपों के समान भी हैं, प्राण और आत्मा के लिए प्रकृत मरूद्यानों के समान। यदि हम सभी द्वीपों की प्रेम व करुणा की माला बनाकर इन्हें परस्पर संबद्ध कर लें, तो हमारे समक्ष एक शांतिपूर्ण, सुखी व समृद्ध भारत होगा। प्रत्येक धर्म में निहित सार्वभौमिक सत्य बहुत समानता रखता है। ये एक सेतु के निर्माण में बहुत सहायक होंगे, जिससे आधारभूत एकता को बल मिलेगा। आज का एक और तथ्य यह है कि मत-निर्धारक वर्ग और जनसाधारण में बड़ा अंतर है। इस अंतर को प्रत्येक नागरिक के जीवन में विभिन्न पहलुओं के प्रति ज्ञान का स्तर बढ़ाकर पाटा जा सकता है। जैसे-जैसे प्रबुद्ध नागरिकों की संख्या बढ़ती है, समस्याओं का सामना करने व उन पर विजय पाने की क्षमता भी बढ़ती है। इसके लिए युवाओं की शिक्षा पर ध्यान केंद्रित करने के अतिरिक्त वयस्कों व वरिष्ठ नागरिकों की शिक्षा पर भी निरंतर ध्यान देना आवश्यक है। इन्हें जीवन-मूल्यों तथा सभी धर्मों की आधारभूत आध्यात्मिक एकता के बारे में शिक्षित किया जाना चाहिए। इसके अलावा विशेष परियोजनाओं के माध्यम से इन मूल्यों को प्रत्येक नागरिक में पुष्ट किया जाना चाहिए। इससे अपने सामाजिक स्तर या धार्मिक विश्वास का विचार किए बिना लोग एक-दूसरे के निकट आएँगे।

विशिष्ट परियोजनाएँ

उपर्युक्त की उपलब्धि के लिए हमने पाँच गतिविधियाँ और परियोजनाएँ चलाने का निश्चय किया—(1) अंतर्धार्मिक त्योहार मनाना, (2) अनेक धर्मों वाली परियोजनाएँ चलाना, (3) धार्मिक एकता के वातावरण बनाना और उसके बारे में शिक्षा देना, (4) अंतर्आस्था चर्चाएँ और (5) एक राष्ट्रीय स्तर की स्वतंत्र व स्वायत्त संस्था बनाना, जिसका प्रबंधन धार्मिक-आध्यात्मिक नेता और विद्वान् तथा प्रबुद्ध नागरिक करें।

अंतर्धार्मिक त्योहार

भारत के प्रत्येक भाग में प्रति मास अनेक धर्मों की एक सभा हो सकती है, जिसमें शांति के लिए प्रार्थना व विभिन्न धर्मों के मूल सत्य का संदेश दिया

जाए। इस प्र।थना से पहले जनता के सामने धार्मिक व आध्यात्मिक नेता देश में प्रचलित सभी धर्मों की प्रार्थनाएँ करें। हर महीने में सभा के लिए जो दिन चुना जाए, वह किसी एक धर्म का पवित्र दिन हो। सभी धर्मों के नेताओं और सभी धर्मों के मानने वालों द्वारा इस तरह की सभाएँ लगातार करने से एक सशक्त संदेश जाएगा। यदि संभव हो तो ऐसी सभाएँ धार्मिक स्थलों पर आयोजित की जा सकती हैं, जहाँ उस दिन अन्य धर्मों के अनुयायी एकत्र हो सकें। ऐसे अवसर पर लोग एक-दूसरे को शुभकामनाएँ दे सकते हैं और मिठाइयाँ वितरित कर सकते हैं, जैसा कि देश के वैचारिक एकता वाले कई भागों में होता है। इसके अतिरिक्त सबको एकता का संदेश देने के लिए उस दिन लंगर या भंडारे का आयोजन भी किया जा सकता है, ताकि सब लोग साथ-साथ बैठकर एक-सा भोजन करें। हमारा विश्वास है कि यदि सभी धार्मिक व आध्यात्मिक समुदाय घनिष्ठ संपर्क बना, लें तो इन मासिक सभाओं को जन-आंदोलन में बदला जा सकता है, जहाँ एक-दूसरे के रीति-रिवाजों व जीने के तरीकों के बारे में जानकारी दी जा सकती है।

अनेक धर्मों की परियोजनाएँ

अब तक विभिन्न धार्मिक वर्गों ने निर्धनता-उन्मूलन के लिए अनेक प्रयास किए हैं, पर वे सभी प्रयास एकाकी थे। हम शिक्षा, स्वास्थ्य-सेवाओं, जल-आपूर्ति के अतिरिक्त उद्यम व रोजगार में निर्धनों की सहायता के लिए बहुत सी अनेक धर्मों की परियोजनाएँ चलाएँगे। लोग स्वयं देखेंगे कि विभिन्न धर्म सब के कल्याण के लिए मिलकर काम कर रहे हैं। इससे लोगों के मन में धर्मों के प्रति सम्मान बढ़ेगा एवं राष्ट्र को लाभ होगा।

धार्मिक एकता के लिए शिक्षा

देश के विभिन्न भागों में काम कर रहे धार्मिक शिक्षा संस्थानों को चाहिए कि वे अपने यहाँ दूसरे धर्मों के बच्चों को भी प्रवेश दिलाएँ और धार्मिक सहिष्णुता एवं सदाचार के मूल्यों की शिक्षा दें। बच्चों के मन में धर्म के वास्तविक उद्देश्य और सभी धर्मों की आंतरिक समानता की समझ-बूझ पैदा करें। ये बच्चे परस्पर शांति व मैत्री की भावना का पोषण करेंगे। उन्हें सार्थक विचारणा के सरल अभ्यास कराए जाने चाहिएँ। इसके अतिरिक्त बच्चों को

विशेष रूप से तैयार की गई मूल्य-आधारित शिक्षा-सामग्री भी दी जानी चाहिए। मीडिया के माध्यम से भी इसका प्रसारण किया जाना चाहिए। इसके लिए सामग्री तैयार करने की आवश्यकता नहीं होगी, क्योंकि यह तो भारत में और विदेशों में भारी मात्रा में उपलब्ध है, लेकिन इसे खोजने और अपनी आवश्यकता के अनुरूप स्वरूप देने की आवश्यकता होगी।

अंतर्धार्मिक चर्चाएँ

सीधे जनसाधारण व नागरिकों में ये परियोजनाएँ चलाने के अतिरिक्त धार्मिक व आध्यात्मिक नेताओं एवं विद्वानों के बीच अंतर्धार्मिक चर्चाएँ जारी रखना भी आवश्यक है। इन चर्चाओं में अन्य बातों के अतिरिक्त सभी धर्मों में समान आचार, विभिन्न धर्मों में सौहार्दपूर्ण वातावरण बनाने के तरीकों और समाज की कुछ ज्वलंत समस्याओं के समाधान पर चर्चा हो सकती है। इन चर्चाओं के दौरान हुए विचार-विमर्श को विभिन्न इलेक्ट्रॉनिक व प्रिंट मीडिया एजेंसियों के माध्यम से जनता में प्रचारित-प्रसारित किया जा सकता है। इस प्रकार की चर्चाओं के मॉडल कुछ अन्य देशों में भी हैं। अपने विशिष्ट तरीके निकालने के अलावा हमें इस प्रकार के ज्ञान से भी अधिकतम लाभ उठाना चाहिए।

उत्प्रेरण क्रिया

धार्मिक व आध्यात्मिक नेता एकमत से इस निष्कर्ष पर पहुँचें कि शीघ्र परिणाम के लिए इनको निरंतर कार्यान्वित रखने के लिए एक स्वतंत्र एवं स्वायत्त राष्ट्र-स्तरीय संस्था की स्थापना करना आवश्यक है। इसका प्रबंधन धार्मिक व आध्यात्मिक नेता एवं विद्वान् तथा प्रबुद्ध नागरिक करेंगे। यह संस्था लोगों को विभिन्न धर्मों के आवश्यक पहलुओं के बारे में प्रशिक्षित करेगी।

यह सबको लोगों में प्रेम व करुणा का संदेश पहुँचाने, घृणा को दूर करने एवं अहिंसा के मूल सिद्धांत व आचरण का प्रचार करने का प्रशिक्षण भी देगी। स्वतंत्र संस्था होने के नाते यह परियोजनाओं को कार्यान्वित करने का भी केंद्रबिंदु व उत्प्रेरक होगी। इस सारे प्रयास को राष्ट्रीय आंदोलन का स्वरूप देने के लिए आवश्यक ढाँचा उपलब्ध कराने का कार्य भी करेगी।

अपनी सभ्यता की विरासत और मूल्य-पद्धति द्वारा सारे विश्व में सौहार्द और शांति का प्रसार करते हुए भारत 2020 तक एक विकसित देश के रूप में

उभर सकता है। अपनी समृद्ध रीतियों, प्रथाओं, विचारों व आस्थाओं की विविधता को बनाए रखकर और उनमें आधुनिक ज्ञान व कुशलता का सम्मिश्रण करके भी मानसिक एकात्मता बनाए रखी जा सकती है।

सूरत-घोषणा पर निम्नलिखित प्रख्यात आध्यात्मिक नेताओं ने अपने हस्ताक्षर किए—

> बंगलौर के निकटवर्ती श्री आदिचुनचुनगिरि महासमिति मठ के 71वें मठाधीश श्री श्री बालगंगाधरनाथ स्वामीजी, मुंबई में पारसी सांस्कृतिक फाउंडेशन के संस्थापक डॉ. होमी बी. ढल्ला, काउंसिल ऑफ कैथोलिक बिशप्स ऑफ इंडिया के महासचिव बिशप डॉ. थॉमस डाबरे, श्री सुत्तूर मठ कर्नाटक के 24वें धर्माचार्य जगद्गुरु श्री श्री श्री शिवरात्रि देशिकेंद्र महास्वामी, गांधीनगर के आर्कबिशप रेवरेंड स्टानिस्लाउस फर्नांडीस, रामकृष्ण मिशन के स्वामी जितात्मानंद, हजरत गुथे-अजान सैयद अब्दुल कादिर जिलानी के 28वें गद्दीनशीन शेख-ए-तरीकत हज़रत सैयद मुहम्मद जिलानी अशरफ, जुदाह हाइम साइनेगोग, नई दिल्ली के रेवरेंड इज़ेकील इसाक मालेकर, दल-मुत्ग के सम्माननीय पद के 52वें पदधारी हिज हाइनेस डॉ. सैयदना मुहम्मद बुरहानुद्दीन के सुपुत्र प्रिंस हुजैफा मुहीनुद्दीन, ब्रह्मकुमारी सुदेश दादी, भाई वीरसिंह साहित्य सदन के डॉ. जसवंत सिंह नेकी, भिक्खू संघ ऑफ यूनाइटेड बुद्धिस्ट मिशन, सर्वोदय महाशुद्ध विहार, मुंबई के श्रद्धेय राहुल बोधि, इसलामिक सेंटर, नई दिल्ली के मौलाना वहीदुद्दीन और श्वेतांबर तेरापंथ के युवाचार्य महाश्रमण और साध्वी प्रमुखा कनकप्रभा।

फाउंडेशन फॉर यूनिटी ऑफ रिलीजंस ऐंड एनलाइटेंड सिटीजंस (एफयूआरईसी—फ्यूरेक)

सूरत-घोषणा के दर्शन को कार्यान्वित करने के लिए 15 जून, 2004 को फ़्यूरेक की स्थापना की गई। फ्यूरेक को आरंभ से ही एक लाभ हुआ। हाल के इतिहास में पहली बार इसके पास देश के सभी प्रचलित धर्मों के प्रमुख प्रतिनिधि थे। शांति व सद्भाव के संदेश के प्रचार के लिए नौ विभिन्न धर्मों के पंद्रह आध्यात्मिक नेता एक मंच पर एकत्रित हुए थे। वे सामाजिक, आर्थिक, समुदाय-संबंधी व आध्यात्मिक परिवर्तन के लिए आध्यात्मिक ऊर्जा जुटाने के

लिए सक्रिय हो गए।

पहले साल में ही फ्यूरेक ने देश भर में सत्तर से अधिक सभाएँ कीं। इनमें विभिन्न धर्मों के स्थानीय प्रतिनिधियों ने मिलकर इस उद्देश्य के प्रति अपनी एकजुटता अभिव्यक्त की। ऐसा अनेक प्रकार से किया गया। विभिन्न धर्मों के त्योहारों पर उत्सव मनाए गए, जिनमें हर धर्म के अनुयायियों ने भाग लिया। शहरों की सड़कों पर शोभा-यात्राएँ निकालकर यह संदेश दिया गया कि सभी धार्मिक नेता मानवता का कल्याण चाहते हैं। स्थानीय नेताओं और सब धर्मों के अनुयायियों के सहयोग से ग्रामीण क्षेत्रों में स्कूली बच्चों के लिए पानी की टंकियाँ बनाने या स्कूल की चारदीवारी बनाने जैसे विकास-कार्यों को हाथ में लिया गया। तमिलनाडु के अंडाल ग्राम, कर्नाटक के आदिचुनचुनगिरि के निकटवर्ती ग्रामों व राजस्थान के लाडनूँ में पर्याप्त स्वास्थ्य-सेवा, शिक्षा व सामाजिक कार्य किए गए। देश के विभिन्न भागों में गोलमेज सम्मेलनों का आयोजन किया गया। इनमें कार्यकारिणी ने बुद्धिजीवियों से मुलाकातें करके द्विपक्षी संवाद स्थापित किया। इन आयोजनों के दौरान भारत के सभी कोनों के छात्रों को भी संबोधित किया गया।

इसके बाद के वर्षों में फ्यूरेक ने अपनी गतिविधियों में और बढ़ोतरी की। इसने अंग्रेजी में एक अखिल भारतीय निबंध प्रतियोगिता आरंभ की, जो बाद में प्रतिवर्ष होने लगी। इसका विस्तार कन्नड़ और हिंदी में भी हुआ। अब तक इसमें 30,000 छात्र-छात्राएँ भाग ले चुके हैं और निबंध-संकलनों की सात पुस्तकों का विमोचन किया जा चुका है।

शांति व अहिंसा की सूझबूझ विकसित करने के लिए फ्यूरेक ने दिल्ली में एक हजार से अधिक कार्यशालाओं का आयोजन किया है। आदि चुनचुनगिरि में श्री श्री बालगंगाधरनाथ स्वामीजी की छत्रच्छाया में शिक्षा व स्वास्थ्य-रक्षा के प्रति जागरूकता उत्पन्न करने के लिए एक परियोजना का संचालन किया गया है। स्वामीजी ने चौदह कौशल निर्धारित किए। ग्यारह से अधिक ग्रामों में प्रशिक्षण-कार्यशालाएँ स्थापित की गईं। इनमें युवाओं को बढ़ईगीरी, वेल्डिंग और सिलाई जैसे कामों के लिए नियमित प्रशिक्षण दिया जा रहा है। स्वामीजी ने स्वास्थ्य सेवा-कर्मियों का एक अलग कैडर बना दिया है। ये लोग ग्रामों में जाकर चिकित्सा के लिए ग्रामवासियों, विशेषतः महिलाओं की सहायता करते हैं।

फ़्यूरेक तीन स्तरों पर काम करता है। व्यक्ति के स्तर पर यह उसे हिंसा से मुक्त करने का एक साझा एजेंडा बताता है, ताकि हमारे नागरिक प्रबुद्ध बनें। समाज के स्तर पर यह आर्थिक उन्नति व आध्यात्मिकता की शिक्षा के माध्यम से निर्धनता का उन्मूलन करने का प्रयास करता है। सामुदायिक स्तर पर यह विभिन्न धर्मों और मत-मतांतरों के बीच बेहतर सद्भाव व मैत्री की भावना उत्पन्न करने का प्रयास करता है। हाल ही में मेरे और आचार्यजी के बीच जो संवाद हुआ, वह नीचे दिया गया है—

आचार्य : कलाम, मुझे याद आ रहा है कि हमने 15 अक्तूबर, 2003 को एक अत्यंत महत्त्वपूर्ण आंदोलन आरंभ किया था, जो आपका जन्मदिवस भी है। पंद्रह आध्यात्मिक नेताओं ने अपने दल के साथ सूरत पधारकर इस अवसर की शोभा बढ़ाई थी। हमारे देश में पहली बार आध्यात्मिक संपर्क बनाते हुए एक संगठनात्मक कार्यान्वयन-उन्मुख पद्धति का विकास किया गया। इसका सिंहावलोकन करते हुए क्या आप मुझे बता सकते हैं कि इसका हमारे लोगों, विशेषतः युवाओं पर क्या प्रभाव पड़ा?

कलाम : आचार्यजी, फ्यूरेक की स्थापना के फलस्वरूप कई कार्यक्रम संचालित हुए। बच्चों के लिए वार्षिक लेख प्रतियोगिता इनमें से एक थी। हजारों छात्रों ने इसमें भाग लिया। हमने कई अवसरों पर उनके लेखों को पुस्तक-रूप में विमोचित किया है। ये पुस्तकें हमारे परिवारों के स्वास्थ्य का झरोखा हैं।

आचार्य : क्या युवाओं में सदाचार आंदोलन की शुरुआत भी फ्यूरेक से हुई?

कलाम : इस बारे में एक दिलचस्प घटना है। आदिचुनचुनगिरि में दसवीं कक्षा के एक विद्यार्थी भवानी ने 54,000 के जनसमूह में मुझसे एक प्रश्न किया। इस समूह में छात्र, शिक्षक, धार्मिक नेता और माता-पिता उपस्थित थे, 'कृपया क्या आप बता सकते हैं कि एक युवा के तौर पर मुझे क्या करना चाहिए?' यहीं से सदाचार आंदोलन आरंभ हुआ। रोज हजारों युवा इस विषय में मेरी बेवसाइट www.abdulkalam.com को देखते हैं।

आचार्य : धन्य हैं वे राष्ट्र, जिनके बच्चे जाग्रत् हैं।

दिव्य विज्ञान

वैज्ञानिकों, दार्शनिकों, धर्मशास्त्रियों और आध्यात्मिक नेताओं को अंततः उस मतैक्य की ओर उन्मुख होना होगा, जिसे दिव्य विज्ञान कहते हैं। ये आधुनिक विश्व के आध्यात्मिक, रहस्यवादी, धार्मिक व धर्मशास्त्रीय सत्य हैं। दिव्य विज्ञान वास्तविकता के मूलभूत आधार के बोध के उद्‍घाटित होने का परिणाम होगा। ये वास्तविकताएँ होंगी—मात्रा-सिद्धांत, सापेक्षिकता का सिद्धांत, अव्यवस्था का सिद्धांत, सामान्य पद्धति सिद्धांत, बंधक सिद्धांत व अन्य। मानव शरीर व बाह्य ब्रह्मांड में अनंत संभावनाओं का परिमाण विस्मयकारी है। दिव्य विज्ञान को न्यूटन-सिद्धांत की काल-सीमित धारणा की निश्चितता से आगे जाना होगा। उसे एक नवीन एकीकृत ब्रह्मांड की परिकल्पना तक जाना होगा, उस अस्थानीय परिमाणीय वास्तविकता तक, जो भौतिक के विपरीत मूलतः आध्यात्मिक है। इसे तत्त्वतः विकासवान और समरसतापूर्ण भी कहा जा सकता है। फ्यूरेक व भावी नालंदा विश्वविद्यालय जैसे संस्थान इस सिद्धांत को प्रवर्तित कर सकते हैं।

□

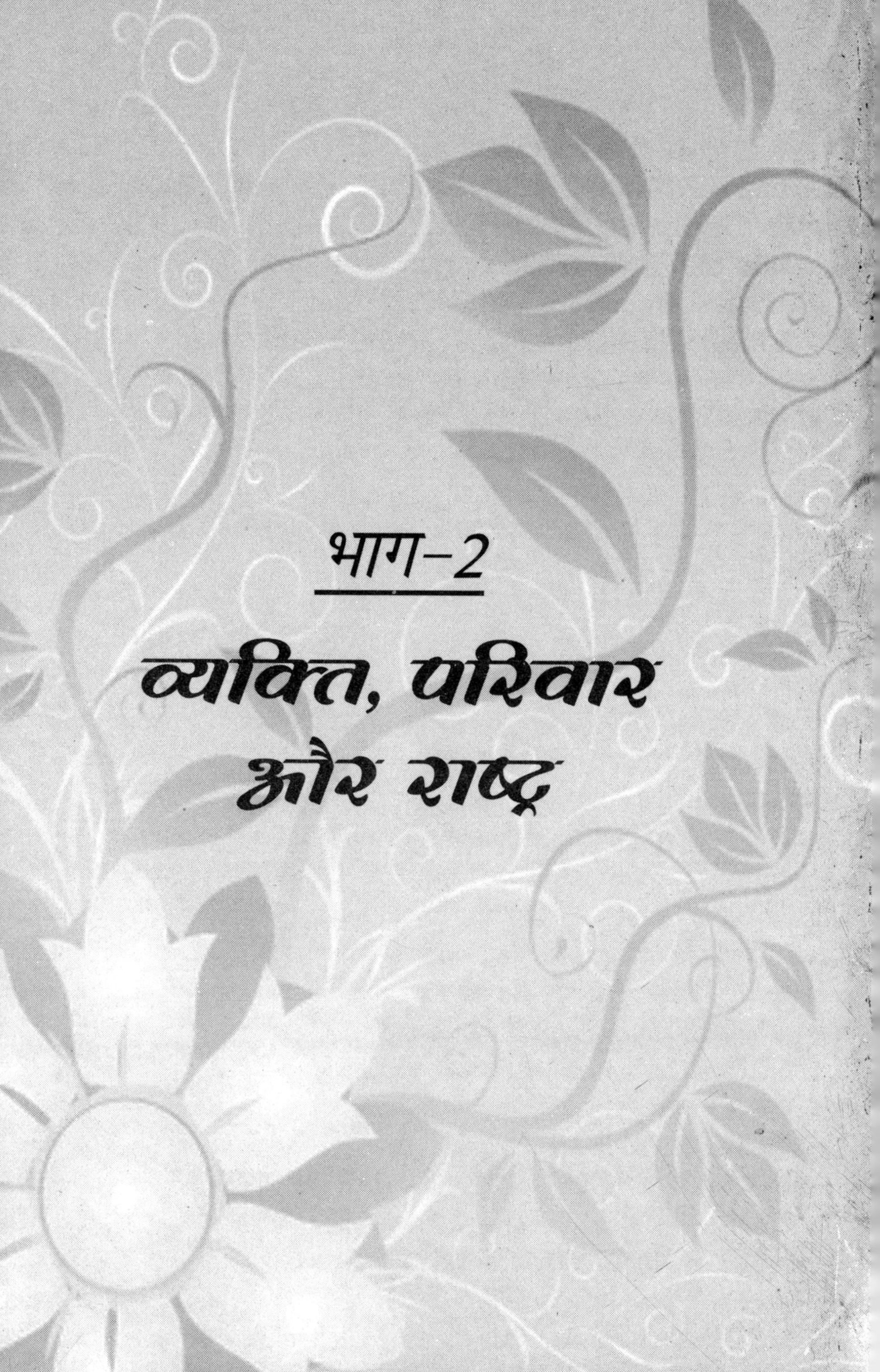

भाग–2

व्यक्ति, परिवार और राष्ट्र

4

स्वस्थ व्यक्तियों का निर्माण

> आसमान भी माताओं के चरणों में झुकता है। पिता का खुश होना अल्लाह का खुश होना है। पिता के नाखुश होने से अल्लाह नाखुश होता है। जो सबसे अच्छे दरवाजे से जन्नत में कदम रखना चाहते हैं, उन्हें अपने माता–पिता को खुश करना चाहिए।
>
> *–पवित्र कुरान शरीफ*

किसी चेतन, यथार्थपरक, बौद्धिक संदेश के अनुसार आचरण करने की अपेक्षा तीव्र, किंतु अवचेतन मनोभावों के अनुरूप आचरण करना सहज मानवीय है, क्योंकि आत्मा के सिद्ध न होने के कारण हम विवेकी नहीं होते। हम केवल साधारण मानव होते हैं। अतः हम में विवेकहीन मनोभावों का होना स्वाभाविक ही है।

महाभारत में निराशा के आवेग में युद्धक्षेत्र से भागने की इच्छा रखनेवाला अर्जुन अपने शस्त्र छोड़ने के पक्ष में तर्क देता है। ऐसा हम सबके साथ होता है। दुर्निवार मनोवेगों के आवेश में आने पर हम स्वयं को न्यायसंगत सिद्ध करने के लिए बुद्धि और तर्क का सहारा लेते हैं। जब असंगत निर्णय और व्यवहार हमारे

अहं के लिए खटका बन जाते हैं, तो हम बुद्धिसंगत व्याख्या की शरण ले लेते हैं। अहं का औचित्य सिद्ध करने में मानव की बौद्धिकता उसके विभ्रम की पुष्टि में सहायक होती है। क्या इस बौद्धिकता को अहं से मुक्त किया जा सकता है, ताकि वह मानव में उच्च गुणों के उन्नयन में सहायक बन सके?

इस विषय पर महाभारत में विस्तृत व्याख्या प्रस्तुत की गई है। अर्जुन के तर्क और युक्तियाँ उसके अहं की रक्षा के लिए की गई बुद्धिसंगत व्याख्या है। धृतराष्ट्र का अपनी वास्तविक और प्रतीकात्मक अंधता को नकारना भी ऐसी ही प्रतिरक्षात्मक प्रक्रिया है। पुष्टिकारक पूर्वाग्रह इस तरह की प्रक्रिया को प्रेरित करते हैं। अपना औचित्य सिद्ध करने के लिए मस्तिष्क हमेशा धर्मग्रंथों व आधिकारिक विद्वानों के उद्धरण खोज निकालता है। अनियंत्रित मस्तिष्क की प्रवृत्ति अहं के निर्देश को बढ़ावा देने के लिए उसके अनुकूल उदाहरण जुटाने की होती है।

हम जो मिथ्या अहं या भ्रम पाल लेते हैं, वह हमें हमारे भौतिक अस्तित्व व मन की शांति के लिए आवश्यक प्रतीत होता है, लेकिन सत्य यह है कि ऐसी स्थिति में हम अपने आपको भाग्य के भरोसे छोड़ देते हैं। हम अपनी पहचान और छवि की मिथ्या धारणा के घेरे में कैद हो जाते हैं। वह हमें ईश्वर के आह्वान की प्रतिक्रिया से रोकती है।

व्यक्ति समाज की सबसे छोटी इकाई है। समाज एक धागा है, जो व्यक्ति रूपी मनकों को पिरोकर एक माला बना देता है। गीता में भगवान् श्रीकृष्ण कहते हैं—'**मयि सर्वमिदं प्रोतं सूत्रे मणिगण एव।**' सबकुछ मुझ पर आधारित है, जैसे मोती धागे पर आधारित होते हैं।

व्यवस्था को समझने के लिए जरूरी है, समाज-चिंतन और व्यवस्था-निर्माता को समझने के लिए जरूरी है, व्यक्ति-चिंतन।

'**यत् पिण्डे तत् ब्रह्माण्डे**' यह दार्शनिक सूत्र समाज को समझने का दिशासूचक यंत्र है। समाज व्यक्ति में प्रतिबिंबित होता है। व्यक्ति-दर्पण स्वच्छ है, तो उसमें हम स्वस्थ समाज का प्रतिबिंब देख सकते हैं।

हम सबसे पहले व्यक्ति की वैयक्तिकता पर विचार करें। ज्ञान, संवेदना, वेदना, अनुभव, इंद्रिय-चेतना, मनश्चेतना, भाव-चेतना, जन्म, मृत्यु—ये सब वैयक्तिक विशेषताएँ हैं। स्वास्थ्य भी वैयक्तिक विशेषता है। संबंध, परस्परता, सहयोग, आलंबन ये सामाजिक विशेषताएँ हैं, लेकिन आज के मनुष्यों का चित्त भ्रमित है और सभ्यता की बुनियादें लड़खड़ाती सी प्रतीत होती हैं। अधिक-से-

अधिक लोगों, विशेषतः युवा पीढ़ी का प्रचलित प्रथाओं पर से विश्वास उठता जा रहा है। समझदार लोगों को अब यह एहसास हो गया है कि पूँजीवादी उद्योगोन्मुख लोकतंत्र की स्थापना जिस उद्‌देश्य से की गई थी, वह उसी उद्‌देश्य को विफल कर रहा है। हमारा वर्तमान लोकतंत्र हमें मानसिक एकसूत्रता नहीं दे सका है। आज देश में जो वैचारिक टकराव है, उसका कारण हमारी सामाजिक समस्याएँ हैं। इनका तुरंत समाधान होना चाहिए। हम शिक्षा, स्वास्थ्य, गरीबी, बेरोजगारी, आतंकवाद, घरेलू हिंसा, कष्टप्रद पारिवारिक संबंधों आदि का संकट झेल रहे हैं। आज हमारे पास लोकतांत्रिक पद्धति से चुनी हुई सरकार, स्वतंत्र मीडिया और स्वतंत्र बाजार-व्यवस्था है, इनके होने के बावजूद हम अपनी सामाजिक अपेक्षाओं का सर्वांगीण समाधान नहीं खोज पाए हैं।

हमारी राय में व्यक्ति ही जीवन की सच्ची वास्तविकता है। वह अपने आप में एक समग्र ब्रह्मांड है। उसका अस्तित्व कोई 'सरकार' के लिए नहीं है, न ही वह उस अमूर्त प्रत्यय के लिए है, जिसे हम 'समाज' या 'राष्ट्र' कहते हैं, जो व्यक्तियों का समूह मात्र है। मनुष्य, यानी व्यक्ति ही विकास व प्रगति की प्रेरक शक्ति रहा है और अनिवार्यतः है। हर युग में सभ्यता को किसी शासन-व्यवस्था के विरुद्ध वैयक्तिक संघर्ष अथवा व्यक्ति-समूहों के संघर्ष के दौर से गुजरना पड़ा है।

मनुष्य की सबसे बड़ी लड़ाइयाँ हमेशा मानव-निर्मित बाधाओं और उस पर थोपे गए उसके विकास व वृद्धि को अवरुद्ध करने वाले कृत्रिम प्रतिबंधों के विरुद्ध रही हैं। मनुष्य की सोच हमेशा परंपराओं और रूढ़ियों में बँधी रही है। सत्ताधारियों ने शिक्षा को सदा अपने स्वार्थ के अनुकूल बनाने के लिए विकृत किया है। यह संघर्ष हमें मानव-जाति के इतिहास में सर्वत्र मिलता है।

हम व्यक्ति की परिभाषा कैसे करते हैं? वैयक्तिकता को हम व्यक्ति की उस चेतना के रूप में व्याख्यायित कर सकते हैं, जो 'वह कौन है और कैसा जीवन जीता है', उसके विषय में होती है। यह प्रत्येक मानव में अंतर्निहित है और उसके विकास का कारक होती है। सरकारें और सामाजिक संस्थाएँ आती-जाती रहती हैं, लेकिन वैयक्तिकता स्थायी होती है। गरिमा और स्वाधीनता की उसकी भावना ही वैयक्तिकता का सार हैं। सरकारें व्यक्ति को अवैयक्तिक और यांत्रिक समझती हैं, जबकि ऐसा नहीं है। व्यक्ति मात्र आनुवंशिकता और पर्यावरण अथवा वातावरण या कार्य-कारण की उपज नहीं है। वह इससे अधिक बहुत कुछ

है। वह समग्र जीवन और समस्त मूल्यों का स्रोत है, फिर भी वह इसका अंग नहीं है। वह अपने आपमें एक पूर्णता है। सतत विकासशील, सतत परिवर्तनशील।

वैयक्तिकता को व्यक्तिवाद की विभिन्न धारणाओं और अवधारणाओं के साथ उलझाना नहीं चाहिए। वे तो व्यक्ति और उसकी वैयक्तिकता को दबाने तथा विफल करने के छद्म प्रयास हैं। कथित व्यक्तिवाद एक सामाजिक और आर्थिक अबंधनीति है, जो कथित रूप में केवल व्यक्ति को सरकारी नियंत्रण से मुक्त रहकर व्यापार आदि की छूट देती है। यह नीति (दुर्नीति) कानूनी चालबाजी, आत्मा (व्यक्ति) को हीन बनाने और उसे तरकीबों द्वारा आज्ञाकारी बनाने के माध्यम से कुछ वर्गों द्वारा जनसाधारण का शोषण (करने की एक पद्धति) है। वैयक्तिकता का इस जकड़जामे में कस जाना व्यक्ति के जीवन को (अधिकाधिक) अर्जन, सामाजिक प्रतिष्ठा, (आर्थिक) प्रभुत्व और सत्ता (अधिग्रहण) जैसी बाह्य उपलब्धियों की पतनोन्मुखी अंधी दौड़ में परिवर्तित कर सकता है।

तो क्या जीवन का प्रारंभ और अंत व्यक्ति के साथ ही नहीं हो जाता? एमा गोल्डमैन (1869-1940) के शब्दों में—'समाज मनुष्य (व्यक्ति) की छाया मात्र है, उसकी मंदबुद्धि, अज्ञान और भय की छाया।'

स्वास्थ्य के सूत्र

400 ई.पू. हिपोक्रेट्स[1] ने लिखा था—'जीवन छोटा है, कला सुदीर्घ। संकट अनित्य है, अनुभूति भयावह और निर्णय दुष्कर है।' हम जानते हैं कि मानव अत्यंत भावुक है। जब तक हम अपने भावावेगों को नहीं समझते, तब तक हमारी अपनी ही क्रियाओं पर हमारा नियंत्रण नहीं होता। फलतः हम संसार में भी असहाय ही होते हैं। हमारा विश्वास है कि अपने प्रबल भावावेगों को समझ लेने पर हम अपने जीवन में शांति और आनंद को बहुत अधिक बढ़ा सकते हैं। इसलिए हमने यह जानने का निर्णय लिया कि हमारे अतीत व वर्तमान के भावावेग किस तरह विचार और क्रियाओं को प्रभावित करते हैं।

हम मानते हैं कि अपने क्रोध, भय, अवसाद, जुगुप्सा, शर्म आदि भावों की विस्तृत तालिका बनाकर और साथ ही इस बात का अनुमान कर कि वास्तव में हमारी रुचि किस-किस क्रिया में है और कौन-कौन-सा कार्य हमें प्रसन्नता देता है, हम अपने क्रियाकलापों में परिवर्तन ला सकते हैं। इसीलिए, तो हम उस समय अपने भावों पर कुछ नियंत्रण करने की शक्ति प्राप्त कर लेते हैं जबकि हम अपनी

आत्माभिव्यक्ति एवं पराभिव्यक्ति में अपने भावों के सही-सही स्वरूप को प्रकट करने का प्रयत्न करते हैं। वे लोग, जो जगत् को और अन्य लोगों को यथावत् स्वीकार कर लेते हैं, अन्य लोगों की तुलना में, जो यथार्थता का प्रतिरोध करते हैं, अधिक स्वस्थ हैं। इन अनुभवों के आधार पर हमने कुछ सूत्र विकसित किए हैं, जिनके अनुसार चलकर कोई भी व्यक्ति दूसरों के साथ (सुंदर) व्यवहार कर सकता है। इन सूत्रों की पृष्ठभूमि में यह चिंतन रहा है कि स्वास्थ्य अनेक पक्षात्मक स्थिति में, जिसमें परस्पर संबद्ध और अन्योन्याश्रित अनेक पक्ष—शारीरिक, भावनात्मक, आध्यात्मिक और बहुत सारे अन्य पक्ष-समाविष्ट हैं।

स्वतंत्रता

स्वस्थ व्यक्ति का पहला सूत्र है—स्वतंत्रता या स्वाधीनता। तत्त्वतः जिसका अर्थ है—(श्रेयस्कर को) चुनने की बंधनमुक्त (या प्रतिबंध-मुक्त) क्षमता। परतंत्र व्यक्ति भावनात्मक रोग से ग्रस्त होता है और भावनात्मक रोग से ग्रस्त व्यक्ति शारीरिक और मानसिक दृष्टि से स्वस्थ कैसे हो सकता है?

स्वच्छंदता और स्वतंत्रता का विवेचन आवश्यक है। जो इंद्रियों की माँग हो, वह काम कर ले, जो मन की माँग हो, वह काम कर ले, यह उसकी स्वच्छंदता है। इंद्रिय और मन की माँग का विश्लेषण कर जो हित में हो वह करे और अहित में हो वह न करे, यह उसकी स्वतंत्रता है।

दूसरे व्यक्ति का आदेश मानने के लिए बाध्य होना ही परतंत्रता नहीं है। अपनी आंतरिक वृत्तियों, इंद्रियों और मन के दबाव को अक्षरशः स्वीकार कर लेना भी परतंत्रता है। परतंत्र व्यक्ति स्वस्थ नहीं हो सकता।

आत्म-नियंत्रण

स्वास्थ्य का दूसरा सूत्र है—आत्म-नियंत्रण की शक्ति का विकास। क्रोध, अहंकार, छल, कपट, लोभ, भय और कामना के वेग—ये सभी मस्तिष्क को असंतुलित बनाते हैं। असंतुलित मस्तिष्कवाला व्यक्ति स्वस्थ नहीं हो सकता। मनुष्य का शरीर मन से संचालित होता है। मन भाव से संचालित होता है, भाव हृदय से संचालित होते हैं। मनुष्य के शरीर में हृदय दो हैं। एक हृदय फुफ्फुस के नीचे है, जो रक्त-संचरण का कार्य करता है। दूसरा हृदय मस्तिष्क में है, वह भावधारा को जन्म देता है। उसकी पहचान लिम्बिक सिस्टम के एक भाग हाइपोथेलेमस (अवचेतक) से की

जा सकती है। शरीरशास्त्र में हाइपोथेलेमस और भावधारा का संबंध मान्य है। हाइपोथेलेमस के पश्चात्वर्ती मध्यभाग में एक केंद्र है, जिसे मेडिकल शब्दावली में 'डोर्सोमेडियल केंद्र' (Dorsomedial Nucleus) कहा जाता है। यह क्रोध की उत्तेजना का केंद्र है। कर्मशास्त्र[2] की शब्दावली में इसे औदायिक भाव कहते हैं। हाइपोथेलेमस में विद्यमान 'वेंट्रोमेडियल केंद्र' (Ventomedial Nucleus) सामान्यतया क्रोध का अवरोध करता है। कर्मशास्त्र की शब्दावली में इसे क्षायोपशमिक भाव कहते हैं। हाइपोथेलेमस और मस्तिष्क-छाल (cerebral cortex), ये दोनों आवेग को उत्पन्न करने वाले भी हैं और उसका नियमन करने वाले भी।

उत्तेजना की तीन अवस्थाएँ हैं—1. तीव्र 2. मध्य 3. मंद।

क्रोध की तीव्र उत्तेजना से उच्च रक्तचाप, हृदय रोग आदि व्याधियाँ उत्पन्न होती हैं। अहंकार, अपराध-भाव, कपट, लोभ और भय-इन सभी भावों की उत्तेजना व्याधि उत्पन्न करती है, जैसे—क्रोध के तीव्र उत्तेजन से उच्च रक्तचाप और हृदय रोग होते हैं। इनकी तीव्रता पर नियंत्रण करना स्वास्थ्य के लिए अति आवश्यक है। आध्यात्मिक विकास के लिए मध्य और मंद उत्तेजनाओं पर भी नियंत्रण किया जाता है। हर व्यक्ति उन पर नियंत्रण करने की बात नहीं सोच सकता, किंतु उत्तेजना की तीव्रता पर नियंत्रण करना सबके लिए जरूरी है।

कुछ भावों (संवेगों) के साथ कुछ रोगों का संबंध होने का पता चला है। हमारे मित्र डॉ. एम.ए. सलीम कहते हैं—'क्रोध से उच्च रक्तचाप होता है। प्रतिरोध करने की प्रवृत्ति से बड़ी आँत उत्तेजित होती है। अपमान और अवमानना से पाचन-क्रिया पर दुष्प्रभाव पड़ता है। अत्यधिक कामुकता से सीने में दर्द होता है। उच्छृंखल मनोवृत्ति से त्वचा के रोग होते हैं। मानसिक घुटन से सिरदर्द, ईर्ष्या से अल्सर और अति महत्त्वाकांक्षा से मधुमेह की बीमारी होती है।'

अध्यात्म-चिकित्सा का एक आधारभूत तत्त्व है—भाव-विशुद्धि। मनुष्य के स्वरूप को समझने और उसकी व्याख्या करने का सर्वोच्च माध्यम है—भाव। इस विषय में निम्नांकित पाँच बातें महत्त्वपूर्ण हैं—

1. अवचेतक (Hypothalamus) भावना के प्रति बहुत संवेदनशील है। वह भावना के द्वारा प्रभावित होता है।
2. भावना अनैच्छिक स्नायु तंत्र (Involuntary Nervous System) और अंत:स्रावी ग्रंथियों (Endocrine Glands) द्वारा शरीर को प्रभावित करती है।

3. अनैच्छिक स्नायु तंत्र पर हमारा नियंत्रण नहीं होता। भावना द्वारा उनको प्रभावित किया जा सकता है।
4. अवचेतक को प्रभावित कर भाव-तरंग को बदला जा सकता है।
5. भाव बदलकर चिकित्सा की जा सकती है।

हर भाव के साथ परमाणु-स्कंधों (पुद्‌गलों) का ग्रहण होता है। अनिष्ट भाव के समय अनिष्ट पुद्‌गलों का ग्रहण होता है। वे शरीर और मन को रुग्ण बनाते हैं, रोग-प्रतिरोधक क्षमता कम होती है।

इष्ट भाव के समय इष्ट पुद्‌गलों का ग्रहण होता है। वे शरीर और मन को स्वस्थ बनाते हैं। रोग प्रतिरोधक क्षमता बढ़ती है, प्रतिरोधक प्रणाली (Immunity System) शक्तिशाली बनती है।

निर्भयता

स्वास्थ्य का तीसरा सूत्र है—अभय का वातावरण। वर्तमान युग के मनुष्य का मन आवेगशील और चंचल है। चंचल मन परिस्थिति से अधिक प्रभावित होता है। विशेषत: उन परिस्थितियों से, जिनसे भय उत्पन्न होता है। भय का तनाव बहुत भयंकर होता है। आकस्मिक भय से हृदयाघात हो जाता है। स्वतंत्रता और अभय में घनिष्ठ संबंध है। स्वतंत्रता मनुष्य को अभय बनाती है और परतंत्रता भय को जन्म देती है। हम गहरे में जाएँ, तो स्वतंत्रता और अभय दोनों एकात्मक हो जाते हैं।

आयुर्वेद[3] में तीन दोष माने गए हैं—1. वात 2. पित्त 3. कफ। तीनों की संतुलित अवस्था स्वास्थ्य है और उनके असंतुलन का अर्थ है—रोग। ये प्राकृतिक अवस्था में स्वास्थ्य के हेतु बन जाते हैं और विकृत अवस्था में रोग के हेतु बन जाते हैं। उत्साह, उच्छ्‌वास, नि:श्वास, चेष्टा-ये सब वायु के नैसर्गिक कर्म हैं। इसलिए भयभीत व्यक्ति में उत्साह की कमी, उच्छ्‌वास-नि:श्वास की अव्यवस्था, कार्यक्षमता की कमी और असुरक्षा की भावना पैदा हो जाती है।

किसी भी प्राणी की सभी क्रियाएँ वात के कारण होती हैं। यह किसी भी प्राणी का प्राण है। वात से रोग होते हैं और वात से ही उनका उपचार भी होता है। आयुर्वेद के अनुसार भय वात-प्रणाली को विकृत बनाता है।

भय के अनेक स्रोत हैं। उनमें प्रमुख है—अर्थ का संग्रह। अर्थ की तीन अवस्थाएँ बतलाई गई हैं—1. अर्जन 2. संरक्षण 3. विनाश। जाने-अनजाने संग्रह

की सुरक्षा का भय मन को कुरेदता रहता है। क्या कोई बड़ा धनी भय मुक्त हो सकता है ? ममत्व, संग्रह, भय और रोग—ये चारों समानांतर रेखा की भाँति साथ-साथ चलते हैं।

मुमुक्षु की साधना का पहला सूत्र है—ममत्व का विसर्जन। इसीलिए वह अभय रहता है। स्थितप्रज्ञ और वीतराग, ये दोनों शब्द उस भूमिका का प्रतिनिधित्व करते हैं, जहाँ ममत्व, संग्रह और भय तीनों नहीं होते। जो सत्य मुमुक्षु के लिए है, वही सत्य हर सामाजिक प्राणी के लिए है, जो भयमुक्त होकर स्वस्थ रहना चाहता है।

भय से होने वाली मस्तिष्कीय और शारीरिक सूक्ष्म प्रतिक्रियाओं का मापन और परीक्षण किया जाए, तो वे रोग के तत्त्वों से मुक्त नहीं मिलेंगे। इसीलिए स्वस्थ व्यक्ति की मीमांसा को हम भय की मीमांसा से अलग नहीं कर सकते।

भय के वातावरण का सृजन केवल बाहरी परिस्थिति के कारण ही नहीं होता, वह आंतरिक परिस्थिति से भी होता है। जिस व्यक्ति को भय की परिस्थिति का सामना नहीं करना पड़ रहा है, वह भी अपनी आंतरिक स्थिति से भयभीत होकर रोग का शिकार हो जाता है।

संयम

स्वास्थ्य का चौथा सूत्र है—संयम। प्रवृत्ति के तीन स्रोत हैं—1. शरीर 2. वचन 3. मन। इंद्रियाँ शरीर के साथ संलग्न हैं। प्रत्येक मनुष्य इनके द्वारा जीवन यात्रा का संचालन करता है। आयुर्वेद में प्रवृत्ति की तीन विधाओं का निर्देश मिलता है—

1. अयोग-शरीर, वाणी, मन और इंद्रिय की प्रवृत्ति न करना।
2. योग-शरीर, वाणी, मन और इंद्रिय की समुचित प्रवृत्ति करना।
3. अतियोग-शरीर, वाणी, मन और इंद्रिय की प्रवृत्ति का अतिरेक करना।

वर्तमान में अतिशय लिप्तता अथवा अतिशय अनियंत्रित क्रियाशीलता अनेक प्रकार के रोगों को जन्म दे रही है, जिन्हें जीवन शैली-जनित रोग कहे हैं। ये शारीरिक और मानसिक बीमारियों के कारण बन रहे हैं।

स्वास्थ्य के संदर्भ में हम जितेंद्रिय और इंद्रिय-संयम इन दो शब्दों पर विमर्श करें।

जिस व्यक्ति में भाव की पवित्रता है, जिसका अपने मन पर नियंत्रण है, जो

इंद्रियों द्वारा अपने-अपने विषयों का केवल ग्रहण करता है, उसके साथ प्रिय और अप्रिय का भाव नहीं जोड़ता, वह जितेंद्रिय है।

मन व इंद्रियों को संतुष्ट करनेवाले इंद्रियों के विषयों का ग्रहण जीवन की स्वाभाविक प्रक्रिया है। गृहीत विषयों के प्रति राग-द्वेष और प्रिय-अप्रिय का भाव होना भी स्वाभाविक है। राग-द्वेष और प्रिय-अप्रिय-भाव सबमें समान नहीं होता, उनमें तारतम्य होता है। जो व्यक्ति प्रियता और अप्रियता के परिणाम पर विचार करता है, वह प्रियता को आसक्ति का रूप नहीं देता और अप्रियता को घृणा का रूप नहीं देता। जो व्यक्ति प्रियता और अप्रियता के परिणाम पर विचार नहीं करता, उनके प्रवाह में बह जाता है, वह प्रियता और अप्रियता से अनुबंधित होकर आसक्ति और घृणा के भाव से ग्रस्त हो जाता है। वह आसक्ति और घृणा स्वास्थ्य के लिए समस्या बनती है।

जिस प्रकार अर्थ को स्पष्ट करने के लिए हम किसी वाक्य में विराम या अर्द्धविराम लगाते हैं, उसी प्रकार किसी विषय या विचार के प्रति प्रियता या अप्रियता विकसित करने से पहले हमें विराम या अर्द्धविराम लगाने की जरूरत है। उसे हम विराम की प्रक्रिया या संयम कह सकते हैं। जो सांसारिक विलास की प्रवृत्ति पर विराम या अर्द्धविराम लगाने में असफल रहते हैं, वे अतृप्ति के शिकार हो जाते हैं। यह अतृप्ति उनको अपराधी या मनोरोगी बना देती है।

चिकित्सा-विज्ञान के इतिहास से यह स्पष्ट हो जाता है कि केवल औषधोपचार के आधार पर स्वास्थ्य की समस्या को नहीं सुलझाया जा सकता, विशेष रूप से जीवन-शैली और सुविधाओं एवं स्वच्छता के अभाव से उपजी समस्याओं को। स्वास्थ्य को विकृत करने वाले अनेक कारण हैं। उनमें गरीबी, भुखमरी, पारिवारिक विघटन, मानसिक उलझन, आवेशात्मक उत्तेजना प्रमुख कारण हैं। इन कारणों का निवारण करने के साथ-साथ सम्यगत औषधोपचार चले तब स्वास्थ्य के लक्ष्यांक तक पहुँचा जा सकता है। गरीबी और भुखमरी का प्रश्न अर्थव्यवस्था व राज्य-व्यवस्था से जुड़ा हुआ है। पारिवारिक विघटन का प्रश्न भावात्मक समस्या से जुड़ा हुआ है। मानसिक उलझन और आवेशात्मक उत्तेजना का प्रश्न व्यक्ति की अंतश्चेतना से जुड़ा हुआ है।

गरीबी और भुखमरी की समस्या का समाधान स्वस्थ अर्थव्यवस्था और स्वस्थ राज्य-व्यवस्था से हो सकता है। पारिवारिक विघटन का समाधान स्वस्थ समाज-व्यवस्था और सकारात्मक भाव से हो सकता है। मानसिक उलझन और

आवेशात्मक उत्तेजना की समस्या का समाधान आध्यात्मिक चेतना के जागरण से हो सकता है। हमारी दृष्टि में समाधान का तरीका यह है कि अर्थशास्त्री, शासन के सूत्रधार, समाज के कर्णधार, आयुर्विज्ञान के विशेषज्ञ, मानस-शास्त्र के विशेषज्ञ और अध्यात्म के विशेषज्ञ, इनका संयुक्त प्रयत्न ही स्वास्थ्य की समस्या को सुलझा सकता है। केवल स्वास्थ्य की समस्या के लिए ही नहीं, वरन् हिंसा, अपराध आदि विश्व की अन्य समस्याओं को सुलझाने के लिए भी यदि इन सबका संयुक्त प्रयत्न हो, तो हम समाधान की दिशा में आगे बढ़ सकते हैं।

उदारता

स्वास्थ्य का पाँचवाँ सूत्र है—सहिष्णुता। मानव-जाति का इतिहास बताता है कि मनुष्य में असहिष्णुता सदा से रही है। इससे युद्ध छिड़े हैं, धार्मिक उत्पीड़न हुआ है और नासमझी भरे हिंसात्मक संघर्ष हुए हैं। क्या यह मानव-स्वभाव में अंतर्निहित है? क्या यह अजेय है? क्या सहनशीलता सीखी जा सकती है? लोकतंत्र व्यक्तिगत स्वतंत्रता का हनन किए बिना असहिष्णुता से कैसे निबट सकते हैं? अपने नागरिकों के आचरण पर पुलिस का अंकुश लगाए बिना और कानून के बिना वे किस तरह व्यक्तिगत आचरण-संहिता लागू कर सकते हैं? किस तरह शांतिपूर्ण बहुसंस्कृति स्थापित की जा सकती है? विश्व में अनेक समस्याएँ हैं। उनमें सबसे बड़ी समस्या है, वैयक्तिकता और सामुदायिकता में सामंजस्य स्थापित करना। दो व्यक्तियों की रुचि भिन्न होती है, चिंतन और भाव भी भिन्न होता है और उनके हित भी भिन्न होते हैं। इस आधार पर माना जा सकता है कि असहिष्णुता स्वाभाविक है। असहिष्णुता की नैसर्गिकता को मान्य करें, तो समाज का निर्माण नहीं हो सकता। समाज की आधारशिला है, अनेक रुचियों, विचारों, भावों और हितों में अविरोध स्थापित करना। अविरोध का प्राण-तत्त्व है—सहिष्णुता।

किसी समाज में व्याप्त असहिष्णुता उनके व्यक्ति-सदस्यों की असहिष्णुता का योग ही है। धर्मांधता, रूढ़िवादिता, लांछन लगाना, अपमान करना और जाति-संबंधी मजाक उड़ाना, ये व्यक्तिगत असहिष्णुता के उदाहरण हैं, जिनसे कुछ लोगों को रोज ही दो-चार होना पड़ता है। असहिष्णुता से असहिष्णुता उपजती है। इसका शिकार बदले की ताक में रहता है। असहिष्णुता के विरुद्ध लड़ना हो, तो व्यक्तियों को समाज में व्याप्त अविश्वास और असहिष्णुता के दुश्चक्र का अपने स्वयं के

आचरण से संबंध को समझना होगा। हममें से प्रत्येक को शुरुआत इस प्रश्न से करनी होगी—क्या मैं सहनशील हूँ? क्या मैं लोगों को रूढ़िबद्ध नजरिए से देखता हूँ? जो मुझसे भिन्न हैं, क्या मैं उन्हें अस्वीकार करता हूँ? क्या मैं अपनी समस्याओं के लिए उन्हें जिम्मेदार मानता हूँ?

सहनशीलता क्या है? हमारे विश्व की बहुमूल्य नानाविध संस्कृतियों, हमारी अभिव्यक्तियों के विभिन्न रूपों एवं हमारे मानव होने के विभिन्न प्रकारों का समादर करना, उन्हें स्वीकार करना और उनकी कद्र करना ही सहनशीलता है।[4] ज्ञान, खुलेपन, संप्रेषण, विचारों, अंतश्चेतना और आस्था की स्वतंत्रता से सहनशीलता पुष्ट होती है। सहनशीलता विभिन्नताओं के बीच तालमेल है। सहनशीलता नैतिक कर्तव्य है। सहनशीलता ही वह गुण है, जिसके कारण शांति संभव है और जो युद्ध की संस्कृति को शांति की संस्कृति में बदलने में सहायक है।

सहनशीलता सबसे बढ़कर वह सक्रिय प्रवृत्ति है, जो विश्व-मानवाधिकारों व दूसरों की मौलिक स्वाधीनता को स्वीकार करती है। सहनशीलता का प्रदर्शन केवल व्यक्तियों को ही नहीं, उनके समूहों और सरकारों को भी करना चाहिए। असहिष्णुता क्या है? यह वह सबकुछ है, जो सहनशीलता नहीं है। यह मानसिक संकीर्णता, पूर्वाग्रह और कट्टरता है।

असहिष्णुता की रोकथाम के लिए शिक्षा सबसे प्रभावी माध्यम है। सहनशीलता की शिक्षा के सबसे पहले कदम के रूप में लोगों को यह बताना है कि उनके साझे अधिकार व स्वाधीनता क्या है, ताकि वह उनका आदर कर सकें और उनमें दूसरों के अधिकारों की रक्षा करने की भावना उत्पन्न हो। सहनशीलता के शिक्षण-प्रशिक्षण को ऐसी आवश्यकता माना जाना चाहिए, जिस पर अविलंबन निर्णय और कार्यान्वयन जरूरी है। सहनशीलता की शिक्षा के लिए व्यवस्थित और तर्कसंगत शिक्षण-प्रशिक्षण-विधियों को लागू करना आवश्यक है, जो असहिष्णुता के सांस्कृतिक, सामाजिक, आर्थिक, राजनीतिक और धार्मिक स्रोतों पर प्रकाश डाले तथा उनका निवारण करना सिखाए।

शिक्षा की नीतियाँ और कार्यक्रम ऐसे होने चाहिए, जो व्यक्तियों, जातीय, सामाजिक, सांस्कृतिक, धार्मिक व भाषाई समूहों के बीच समझ-बूझ, एकजुटता और सहनशीलता के विकास में सहायक हों। सहनशीलता की शिक्षा का लक्ष्य उन प्रभावों का मुकाबला करना भी होना चाहिए, जो दूसरों में भय और पृथक्ता

उत्पन्न करते हैं। इससे युवाओं में स्वतंत्र निर्णय, समीक्षात्मक चिंतन और आचारशास्त्रीय तर्कणा का विकास होना चाहिए।

संतुलित स्नायु-तंत्र

स्वास्थ्य का छठा सूत्र है—संतुलित स्नायु-तंत्र। शरीर में सामंजस्य बनाए रखने और उसे व्यवस्थित रखने के लिए निश्चित तंत्र बने हुए हैं। स्नायु-तंत्र इन्हीं में से एक है। यह संचार-तंत्र की तरह काम करता है। स्नायु-तंत्र अरबों एकल कोशिकाओं से बना है, जिन्हें स्नायु-कोशिकाएँ कहते हैं। ये कोशिकाएँ एक सौ मीटर प्रति सेकंड की गति से विद्युत् संदेश या संवेगों का संचारण करती हैं।

केंद्रीय स्नायु-तंत्र (central nervous system) मस्तिष्क व मेरु-रज्जु (spinal cord) से बना है। मस्तिष्क इसका केंद्र है। यह चौबीसों घंटे अरबों-अरबों संकेतों को ग्रहण करता है, उनका विश्लेषण करता है और उन पर क्रिया करता है। केंद्रीय स्नायु-तंत्र क्रियाओं को नियंत्रित करने के लिए परिधीय स्नायु-तंत्र (peripheral nervous system) के साथ संयुक्त रूप से काम करता है। केंद्रीय स्नायु-तंत्र शारीरिक संतुलन को नियंत्रित करता है, क्रियाओं में सामंजस्य बनाता है और हमारे शरीर में जो कुछ होता है, उसका निरीक्षण करता है तथा उसे व्यवस्थित करता है।

स्वायत्त स्नायु-तंत्र (autonomic nervous system) हमारे स्नायु-तंत्र का अचेतन भाग है। यह हमारे शरीर के हृदय, आमाशय, आँतों आदि आंतरांगों को व्यवस्थित रखता है। अधिकांश स्थितियों में हम स्वायत्त स्नायु-तंत्र के क्रियाकलाप से अनजान रहते हैं, क्योंकि उसकी कार्य-प्रणाली अनैच्छिक एवं सहज (प्रतिवर्त) क्रिया (reflexive manner) के रूप में संचालित होती है। उदाहरण के लिए, रक्त-वाहिकाएँ सिकुड़ती-फैलती हैं या हमारे दिल की धड़कन घटती-बढ़ती है, तो इन पर हम ध्यान नहीं देते। स्वायत्त स्नायु-तंत्र दो स्थितियों में अति महत्त्वपूर्ण है—आपत्काल में जब हम पर दबाव पड़ता है और हमें लड़ने या भाग निकलने की आवश्यकता होती है, उस समय अनुकंपी (sympathetic) विभाग सक्रिय होता है या फिर सामान्य स्थितियों में, जब हम विश्राम करते हैं या पाचन करते हैं, उस समय परानुकंपी (parasympathetic) विभाग सक्रिय होता है।

परिधीय स्नायु-तंत्र में दो प्रकार की कोशिकाएँ हैं—

1. संवेदी (Sensory) स्नायु-कोशिकाएँ
2. प्रेरक (Motor) स्नायु-कोशिकाएँ

संवेदी स्नायु-कोशिकाएँ उद्दीपक अभिग्राहकों से सूचनाएँ ग्रहण कर केंद्रीय स्नायु-तंत्र तक उन्हें पहुँचाती हैं। प्रेरक स्नायु-कोशिकाएँ जिन्हें 'प्रभावी' (effector) कहते हैं, केंद्रीय स्नायु-तंत्र से मांसपेशियों या ग्रंथियों तक जाती हैं तथा केंद्रीय स्नायु-तंत्र के निर्देशानुसार आवश्यक कार्रवाई करती हैं।

अनुकंपी (sympathetic) और 2. परानुकंपी (parasympathetic) स्वायत्त स्नायु-तंत्र के इन दोनों विभागों के बीच संतुलन स्वास्थ्य के लिए अनिवार्य है। अनुकंपी विभाग की अधिक सक्रियता अहं भावना को जन्म देती है। परानुकंपी विभाग की अधिक सक्रियता हीन भावना को जन्म देती है। इनके असंतुलन से मानसिक बीमारियाँ अधिक होती हैं। इस संदर्भ में प्राण के बारे में जानकारी होना बहुत महत्त्व रखता है। तीन नाड़ियों इड़ा, पिंगला और सुषुम्ना से प्राण प्रभावित होता है।

इड़ा का मुख्य कार्य है—मन को विश्राम, शांति और व्यवस्था प्रदान करना। पिंगला का कार्य है—प्रवृत्ति और सक्रियता। सुषुम्ना का कार्य है—अंतश्चेतना के साथ संपर्क बनाना। एक व्यवस्थित जीवन जीने के लिए आवश्यक है कि ये तीनों प्राण-प्रवाह संतुलित अवस्था में रहें। प्राण-प्रवाह में किसी भी तरह का असंतुलन शारीरिक या मानसिक रोग का हेतु बन सकता है।

जैव-रासायनिक संतुलन

स्वास्थ्य मुख्यत: दो कारकों पर आधारित है—पर्याप्त पोषण और प्रभावी निष्क्रमण। समुचित पोषण से हमारे स्वास्थ्य में सुधार होता है। इससे ऐसे जैव-रासायनिक परिवर्तन होते हैं, जो भावनाओं (emotions) को संतुलित करके हमारे शरीर में उत्साह का संचार करते हैं।

अंध-व्यवसायीकरण के कारण पोषण की बहुत हानि हुई है। आहार का निर्माण करने वाली लाभ से प्रेरित विशाल कंपनियाँ जीवनदायी पोषक आहार और निम्न-स्तरीय अपोषक आहार में भेद नहीं करतीं। पारंपरिक स्वास्थ्य सेवाएँ व उनकी सहायिकाएँ उन्हें गलत सूचनाएँ देकर स्थिति को और बिगाड़ रही हैं। स्वच्छ पौष्टिक आहार पाना दिन-ब-दिन कठिन होता जा रहा है। लोग भी यह मानकर कि यह अधिक पौष्टिक होता है, संसाधित और पुष्टीकृत आहार अधिक लेने लगे हैं। ऐसे आहार में न केवल परिरक्षक, योगक, सुवासक व रंग देने वाले पदार्थ होते हैं, बल्कि उनमें रासायनिक कण व उर्वरकों के शेषांश भी होते हैं। ऐसे

में अगर कैंसर, मधुमेह, गठिया या ऐसी ही अन्य अधोपतनकारी बीमारियाँ तेजी से बढ़ रही हैं, तो इसमें क्या आश्चर्य है? क्या यह भी आश्चर्य का विषय है कि हमारे बहुत से बच्चे, विशेषत: शहरी, एकाग्रताहीनता (ADD/ADHD)[5] और अन्य जैव-रासायनिक व्याधियों के शिकार हो रहे हैं। ये उनके परिवारों को और अंतत: समाज को क्षति पहुँचा रहे हैं।

समस्या के मूल में जाने के बजाय, जो मुख्यत: पोषण की कमी है, हम अपने बच्चों को आवश्यकता से अधिक दवाइयाँ देकर स्थिति को और भी जटिल बना रहे हैं। हम अपने बच्चों के साथ कैसा व्यवहार कर रहे हैं? हम एक नस्ल के तौर पर खुद अपने साथ क्या कर रहे हैं? रसायनों से युक्त जल और आहार देकर हम अपने बच्चों के संरक्षण व पालन का दावा कैसे कर सकते हैं? प्रकृति की यह मंशा नहीं थी। जो वस्तु हमारे लिए जीवनदायी व पौष्टिक है, हम उसी को निरंतर नष्ट क्यों कर रहे हैं? वास्तविक हल को हम कब तक लंबित रख सकते हैं?

सौभाग्यवश हममें से कुछ इन बीमारियों से अभी तक अछूते हैं, इसलिए अपने आपको सुरक्षित समझते हैं। जब हमारे पाँचवें व्यक्ति में से एक को कैंसर, चालीस की उम्र में हृदय रोग से और भी अधिक लोगों की मृत्यु व अनगिनत लोग निरंतर पीड़ा व अपंगता की स्थिति में जी रहे हों, तो हम अपवाद कहाँ हैं? अब हम यह बहाना नहीं कर सकते कि हमें इसकी जानकारी नहीं। रोग का नाम चाहे कुछ भी हो, उसका मूल कारण अपौष्टिकता और विषाक्तता है। चीर-फाड़ (शल्य-क्रिया), जलाना (रेडिएशन) व विष (दवाइयाँ) देना बहुत कम प्रभाव रखता है, क्योंकि वह इस समस्या का हल नहीं देता। अगर कुछ लोग जीवन की गुणवत्ता खोकर थोड़ा समय पा जाते हैं तो, उससे क्या लाभ?

दोनों स्थितियों में इससे क्या होनेवाला है?

सौभाग्य से प्रकृति क्षमाशील है और हमारे शरीर आश्चर्यजनक रूप से सशक्त बनाए गए हैं। अगर असंभव स्थिति न आ जाए तो अवसर प्रदान करने पर हमारा शरीर पुनर्निर्माण की क्षमता रखता है। इसे पाने का सबसे निश्चित उपाय प्रकृति के पास लौटना, शरीर को उचित पौष्टिकता देना और एकत्रित विष व कचरे से छुटकारा पाना है।

स्वास्थ्य का सातवाँ सूत्र है—जैव-रासायनिक संतुलन। भावों (संवेगों) का विकृत होना भी जैव-रासायनिक असंतुलन का एक अन्य कारण है। जब भावों का

तीव्र रूप में उद्दीपन किया जाता है, तो जैव-रासायनिक स्राव व संतुलन बिगड़ जाता है। इससे अनेक शारीरिक व्याधियाँ जन्म लेती हैं। यह कहना असंगत न होगा कि हमारा स्वास्थ्य अधिकतर सकारात्मक सोच और हमारे भावों को परिष्कृत करने की हमारी क्षमता पर निर्भर करता है। स्वास्थ्य के लिए मुख्यतया तीन ग्रंथियाँ उत्तरदायी हैं—पीयूष ग्रंथि (Pituitary), अधिवृक्क ग्रंथि (Adrenal), काम-ग्रंथि (Gonads)। इनका संतुलित स्राव शरीर में समस्थिति बनाए रखता है। असंतुलित स्राव शरीर, मन और भाव तीनों को विकृत बना देता है।

मनुष्य में जीवनी शक्ति होती है, जिसका दार्शनिक नाम है, आहार-पर्याप्ति और आयुर्विज्ञान में जिसे चयापचय (Metabolism) कहा जाता है। आहार-पर्याप्ति की तीन क्रियाएँ हैं—

1. ग्रहण,
2. परिणमन,
3. उत्सर्जन।

भोजन की गुणवत्ता के उपरांत उसकी मात्रा का भी बहुत महत्त्व है। यदि कोई व्यक्ति अपनी आवश्यकता से अधिक भोजन करना छोड़ दे तो वह स्वयं को कई रोगों से बचा सकता है। उपवास रखने के पीछे मूल विचार भोजन की मात्रा को नियंत्रित करना (ऊनोदरी) है। आयुर्वेद के अनुसार हमें अपनी भूख की अपेक्षा आधा ही खाना चाहिए। खाने का नियम यह बताया गया है कि हम आधा स्थान भोजन के लिए, चौथाई स्थान पानी के लिए और चौथाई स्थान गैसों के लिए छोड़ दें। हम पोषक आहार को जितना महत्त्व देते हैं, उतना उत्सर्जन को नहीं देते। स्वास्थ्य की दृष्टि से पोषक आहार का जो मूल्य है, उतना ही उत्सर्जन का है। मनुष्य में नकारात्मक भाव पैदा होते हैं, उसका एक प्रमुख कारण है कि वह उत्सर्जन का मूल्यांकन नहीं करता।

रोग का एक कारण है, विजातीय तत्त्वों—जीवविषों (Toxins) का संचय। उपवास के द्वारा उसका निष्कासन होता है। जठराग्नि आहार का पाचन करती है। उपवास के दौरान आहार नहीं मिलता, तब वह दोषों का पाचन करती है, उससे शरीर की शुद्धि होती है और स्वास्थ्य अच्छा हो जाता है, वृद्धावस्था रोकने में भी सहायक बनता है।

सम्यक् आचार

स्वास्थ्य का आठवाँ सूत्र है—चरित्र। प्लेटो के अनुसार, अच्छाई वास्तविकता का आवश्यक तत्त्व है। बुराई का अपने आपमें कोई अस्तित्व नहीं। वह तो वास्तविकता का, जो अच्छाई है, दोषपूर्ण प्रतिबिंब है। प्लेटो के अनुसार, मानव की अच्छाई उसके संसार में अपने कर्तव्यों के भलीभाँति पालन करने में सक्षम होने में है। मानव-आत्मा के तीन तत्त्व हैं—विवेक, इच्छा और भाव। किसी अच्छे व्यक्ति में होने वाले सद्गुणों में से प्रत्येक सद्गुण का धारक इनमें से प्रत्येक तत्त्व है और वह विशेष भूमिका निभाता है। बुद्धि-तत्त्व प्रज्ञा (wisdom) या जीवन-संबंधी ज्ञान नामक सद्गुण का धारक है। इच्छा-तत्त्व साहस और कार्य करने की क्षमता नामक सद्गुणों का धारक है। भाव-तत्त्व संयम या आत्म-नियंत्रण नामक सद्गुण का धारक है। सर्वोत्तम सद्गुण है—न्याय, जो इन सभी तत्त्वों में सामंजस्य है। इन सबका अपने स्थान पर रहते हुए अपने कर्तव्य का समुचित ढंग से पालन करना। प्लेटो के अनुसार बुद्धि सर्वोपरि है। इच्छा उसके बाद द्वितीय स्थान पर है। भाव इन दोनों पर निर्भर हैं। एक न्यायपूर्ण आचरणवाला व्यक्ति, जिसका जीवन इस प्रकार से व्यवस्थित है, एक अच्छा व्यक्ति कहलाता है।

जर्मन दार्शनिक जॉर्ज विल्हेम फ्रेड्रिख हीगल (1770-1831) ने नैतिक आचरण को समाज के संदर्भ में देखा है। हीगल के अनुसार नैतिक आचरण का अर्थ है—अपने कर्तव्य का भरसक पालन करना। हीगल का कहना था, वह समझ लेने पर कि मैं समुदाय का अंग हूँ, किसी व्यक्ति की इच्छाओं और सोच पर अंकुश लगाया जा सकता है, क्योंकि किसी भी व्यक्ति का निर्माण वह समुदाय करता है, जिसमें वह रहता है। समुदाय उसमें वे इच्छाएँ पोषित करता है, जिससे समुदाय को सर्वाधिक लाभ हो। इसलिए व्यक्ति को ऐसे हितों के लिए प्रयास नहीं करना चाहिए, जो समुदाय के हितों के विरुद्ध हों। हीगल ने ऐसे तीन मुख्य दायरों की चर्चा की, जिनके अंतर्गत एक व्यक्ति को अपने कर्तव्य का पालन करना होता है—परिवार, समाज और राष्ट्र। राष्ट्र व्यक्ति और विश्व की भावना की सर्वोच्च अभिव्यक्ति है। इसलिए व्यक्ति का सम्यक् आचार है—राष्ट्र के साझे उद्देश्य के अनुसार व्यवहार करना।

आयुर्वेद में चरित्र को रसायन बतलाया गया है। रसायन उस औषधि का नाम है, जो बुढ़ापे को रोकता है और व्याधि को नष्ट करता है—

'यज्जराव्याधिविध्वंसि
भैषजं तद् रसायनम्।'

आचार रसायन है। प्रिय वस्तु के प्रति व्यक्ति का राग होता है और अप्रिय के प्रति द्वेष। प्रिय वस्तु में एक आसक्ति पैदा होती है। वह आसक्ति रोगोत्पत्ति का चक्रव्यूह बन जाती है। यदि प्रिय वस्तु की प्राप्ति होती है, तो व्यक्ति अतृप्ति की मनोदशा में चला जाता है। अतृप्त मनुष्य अपराध की ओर प्रवृत्त होता है। चोरी, छल-कपट, झूठ, लोभ, ये सब चरित्र का हनन करने वाले हैं। अतृप्त व्यक्ति के लिए अकरणीय कर्म भी करणीय बन जाता है। वह प्रिय वस्तु की रक्षा के लिए झूठ बोलता है। झूठ बोलने से पहले मायाजाल बिछाता है। उससे पैदा होता है, तनाव। झूठ बोलते समय भी भीतर एक तनाव रहता है। झूठ बोलने के बाद उसे छिपाने के लिए भी एक तनाव रहता है। इस प्रकार झूठ बोलने से पहले, बोलते समय और बोलने के बाद एक चक्रव्यूह बनता है, उससे अनेक प्रकार के रोग पैदा होते हैं।

झूठ को कई वर्गों में बाँटा जा सकता है, लेकिन आम धारणा के अनुसार झूठ के चार भेद होते हैं : समाज-हितकारी—किसी की सहायता के लिए झूठ बोलना। आत्मप्रशंसा—दूसरों का अहित न करते हुए स्वयं को उनसे श्रेष्ठ सिद्ध करने के लिए झूठ बोलना। स्वार्थ—अपने लाभ के लिए दूसरों का अहित करनेवाला झूठ बोलना। समाज-विरोधी—दूसरे का अहित करने के लिए जान-बूझकर झूठ बोलना। मनोवैज्ञानिक इस निष्कर्ष पर पहुँचे हैं कि झूठ के चार लक्षण होते हैं। वह आँख चुराते हुए बोलता है, जबकि सामान्यत: कोई व्यक्ति बात करते हुए आधे समय तक आँखें मिलाता है। अगर आप किसी को आँखें न मिलाते हुए या नीचे देखते हुए वार्त्तालाप करता पाएँ, तो वह संभवत: झूठ बोल रहा है। बोलने में या वाणी के स्वर या तीव्रता में अंतर आ जाए, तो वह झूठ का लक्षण है। लोग झूठ बोलते समय असंबद्ध भाषा या ध्वनियों का प्रयोग कर बैठते हैं। शरीर की स्थिति बदलना, शरीर को दूर कर लेना, मुख या चेहरे को छिपा लेना, बेचैनी में हाथ-पैर हिलाना झूठ के लक्षण हो सकते हैं। परस्पर विरोधी बातें करना, एक व्यक्ति जब ऐसी बातें करे, जो परस्पर विरोधी हों, तो समझ लीजिए कि वह झूठ बोल रहा है।

न्यायपूर्ण समाज

नौवाँ और अंतिम सूत्र है—स्वस्थ अर्थव्यवस्था। अर्थ जीवन की सर्वोपरि आवश्यकताओं की सूची में एक है। प्रकाश, ताप, हवा, श्वास और प्राण, ये जीवन की प्राथमिक आवश्यकताएँ हैं। इस सूची में अर्थ को जोड़ा जा सकता है। रोटी, पानी के बिना जीवन नहीं चलता। अर्थ के बिना रोटी, पानी उपलब्ध नहीं हो सकती। रोटी, पानी, कपड़ा, मकान, औषधि—ये सब जीवन की प्राथमिक आवश्यकताएँ हैं। इनकी उपलब्धि के लिए आवश्यक है—अर्थ।

वह समाज रुग्ण होता है, जहाँ एक ओर अर्थ का अभाव और दूसरी ओर अत्यधिक अर्थ होता है। रुग्ण समाज का व्यक्ति कैसे स्वस्थ हो सकता है? अभाव का जीवन जीने वाले रोटी की चिंता और तनाव से मुक्त नहीं हो सकते। संस्कृत साहित्य में चिंता की तुलना चिता से की गई है। वर्ण-व्यवस्था की दृष्टि से चिंता और चिता में एक बिंदु का अंतर है। तात्पर्य की दृष्टि से इन दोनों में बहुत बड़ा अंतर है। चिता निर्जीव को जलाती है और चिंता सजीव को भी जला देती है। अभावग्रस्त व्यक्ति का जीवन अपोषण और कुपोषण का होता है और वह आवश्यक अपेक्षाओं से भी वंचित रहता है। इसलिए अभावग्रस्त व्यक्ति को शारीरिक, मानसिक और भावनात्मक दृष्टि से स्वस्थ मानने में कठिनाई है।

अर्थ के प्रभाव में जीनेवाले व्यक्ति की जीवन-शैली स्वास्थ्य के अनुकूल नहीं होती। वह उपभोग-सामग्री का अतिरक्ति प्रयोग करता है, फिर भी संतुष्ट नहीं होता।

मादक वस्तुओं का सेवन गरीब और अमीर दोनों कोटि के व्यक्ति करते हैं। गरीब आदमी चिंता और तनाव से मुक्त होने के लिए मादक द्रव्यों का सेवन करता है। अमीर आदमी धन की वृद्धि और उसकी सुरक्षा के लिए चिंता और तनाव से भरे रहते हैं। सुविधाओं के होने पर भी वे सुख और शांति का जीवन नहीं जी सकते। इसलिए वे मादक पदार्थों का सेवन करते हैं। मादक वस्तु का सेवन एक बार व्यक्ति को चिंता-मुक्त करता है, किंतु उसका नशा दूर होने पर और अधिक तनाव बढ़ जाता है और धीरे-धीरे व्यक्ति स्वाभाविक सुख से वंचित हो जाता है।

गरीब आदमी सुविधाओं के अभाव में दुःखी रहता है। अमीर आदमी सुविधाओं के अतिरेक से जन्म लेने वाली अतृप्ति से दुःखी रहता है।

मानवजाति द्वारा की गई समस्त प्रगति के बावजूद भी आर्थिक विषमता

कम नहीं हुई है, किंतु बढ़ी है। अमीर और अधिक अमीर हो रहा है और गरीब और अधिक गरीब। अंतर्राष्ट्रीय श्रम संगठन की एक रिपोर्ट में श्रमिकों की आर्थिक अवस्था का उल्लेख है। उसके अनुसार 50 प्रतिशत श्रमिक गरीबी की रेखा के नीचे जी रहे हैं। उनका जीवन प्रतिदिन 100 रुपए ($2) से कम की आय में चल रहा है।

भारत में 22 करोड़ लोग गरीबी-रेखा से नीचे जीवन गुजार रहे हैं। वैश्वीकरण ने दैनिक आवश्यकता की छोटी-छोटी चीजें बनानेवालों की रोजी छीन ली है। कुटीर और लघु उद्योग बड़े कॉरपोरेशंस का मुकाबला नहीं कर सकते। हम पूँजीवादी व्यवस्था के द्वारा पूँजीवाद की समस्या को नहीं सुलझा सकते। इस समस्या का समाधान आध्यात्मिक चेतना के जागरण से ही हो सकता है, त्याग और संयम की चेतना के जागरण से हो सकता है। एक अफ्रीकी कहावत है, 'दो सौ मवेशी एक डंडे से नियंत्रित होते हैं, लेकिन दो सौ मनुष्य दो सौ डंडों से।'

रूपांतरण की प्रक्रिया

एक महान् आश्चर्य! हम बीज बो रहे हैं। पेड़ उग रहा है, फल नहीं लग रहे हैं। ज्ञान का बीज हमारे हाथ में है। उसका पेड़ भी बहुत बड़ा है, पर फल नहीं हैं।

ज्ञान का फल है आचार (चरित्र)। मानवीय मस्तिष्क में ज्ञान के विकास का प्रकोष्ठ अलग है और आचार का प्रकोष्ठ उससे भिन्न है।

हालाँकि स्वतंत्रता अच्छे स्वास्थ्य के लिए अति महत्त्वपूर्ण है, फिर भी दूसरे की स्वतंत्रता का महत्त्व समझना भी उतना ही महत्त्वपूर्ण है। दूसरे की स्वतंत्रता को वही व्यक्ति मूल्य दे सकता है, जो आत्मतुला के सिद्धांत का आचरण करता है। सब मनुष्य समान हैं, सब आत्माएँ समान हैं, यह हमारा ज्ञान-पक्ष है। उसके आधार पर आचार-पक्ष यह बनता है—'मुझे दुःख प्रिय नहीं है, तो किसी को भी दुःख प्रिय नहीं है। मैं सुख की साधन-सामग्री जुटाने में स्वतंत्र हूँ, वैसे ही दूसरा व्यक्ति भी सुख की साधन-सामग्री जुटाने में स्वतंत्र है। मेरी स्वतंत्रता दूसरे की स्वतंत्रता का हनन न करे। मैं दूसरे की सुख साधन-सामग्री को जुटाने में बाधक न बनूं।' यह आचार और व्यवहार आत्मतुला के सिद्धांत का क्रियापक्ष है। हम और अधिक सूक्ष्म जगत में प्रवेश करें, तो समझ जाते हैं कि हम दूसरों की स्वतंत्रता में कैसे बाधक बनते हैं। दूसरे की स्वतंत्रता में बाधा डालने से पहले यह आध्यात्मिक चिंतन अवश्य कर लेना चाहिए कि अपनी आत्मा का अहित किए बिना मैं दूसरे

का अहित नहीं कर सकता। अपनी स्वतंत्रता को बंदी बनाए बिना मैं दूसरे की स्वतंत्रता को बंदी नहीं बना सकता।

सिद्धांत और चिंतन का अपना महत्त्व है, पर वे मनुष्य को उस भूमिका तक नहीं ले जा सकते, जहाँ चेतना का रूपांतरण हो सके। उसके लिए प्रयोग आवश्यक है।

मनुष्य सुनता है, पढ़ता है। उसका प्रभाव चेतन मन (conscious mind) तक होता है। इससे रूपांतरण की प्रक्रिया पूरी नहीं होती। रूपांतरण के लिए अवचेतन मन (subconscious mind) तक जाना जरूरी है। स्मृति (memory), भाव (feeling) और संवेग (emotion) इन सबका संग्रह अवचेतन मन में है। विचार, चिंतन वहाँ तक पहुँचे, तभी रूपांतरण की संभावना की जा सकती है। निष्कर्ष की भाषा में कहा जा सकता है कि जितनी पुस्तकें हैं वे मनुष्य को रूपांतरण की प्रथम कक्षा तक ले जा सकती हैं। उससे आगे उनका प्रवेश निषिद्ध है। विचार को अवचेतन मन तक ले जाने के लिए जरूरी है ध्यान-मन की गहरी एकाग्रता (concentration) और निर्विकल्प ध्यान (state of mind free from thoughts)। ऐसे रूपांतरण के लिए स्वैच्छिक व सतत प्रयास की आवश्यकता है।

संकल्प शक्ति का प्रयोग

उपनिषदों में रूपांतरण की प्रक्रिया के तीन सूत्र उपलब्ध हैं—

1. श्रवण (Learning)
2. मनन (Practice)
3. निदिध्यासन (Realization)

आगम-साहित्य में रूपांतरण की प्रक्रिया के पाँच सूत्र मिलते हैं—

1. श्रवण (Learning)
2. ज्ञान (Knowledge)
3. विज्ञान-विवेक (Discernment)—हित और अहित का विवेचन
4. प्रत्याख्यान (Abandonment)—हेय का परित्याग
5. संयम (Selh-restraint)—इंद्रिय और मन का निग्रह

हमारी दृष्टि से मनुष्य की प्रवृत्तियों को बदलने के सर्वोत्तम साधन हैं—

1. शिक्षा
2. धर्म

शिक्षा प्राप्त लोग शिक्षित होने के बावजूद क्यों नहीं बदल रहे हैं, वे भी क्यों अपरिष्कृत भावों वाले एवं करुणा-विहीन हृदय वाले रह जाते हैं? उनके चरित्र का विकास क्यों नहीं हो रहा है? उनमें नैतिक मूल्यों का विकास क्यों नहीं हो रहा है?

धर्म को सुनने और पढ़नेवाले लोग भी क्यों नहीं बदल रहे हैं? वे भी क्यों संवेदनहीन और अबोध बने रह जाते हैं? इसका निष्कर्ष यह है कि शिक्षा व धर्म दोनों मानव-स्वभाव को परिवर्तित करने की क्षमता की दृष्टि से प्रश्न के घेरे में हैं।

इसका हेतु यह है कि दोनों क्षेत्रों में रूपांतरण की प्रक्रिया पूरी नहीं हो रही है। शिक्षा-जगत् में हेय और उपादेय का ज्ञान कराया जाता है, किंतु उसे ऐसा अभ्यास नहीं कराया जाता, जिससे वह हेय को त्याग सके, उपादेय को अपना सके। धर्म के क्षेत्र में भी यही कमी चल रही है। धार्मिक व्यक्ति को भी इंद्रिय और मन के निग्रह का अभ्यास नहीं कराया जाता। धार्मिक कर्मकांड द्वारा लक्ष्य तक पहुँचने की अवधारणा प्रत्यारोपित कर दी जाती है। शिक्षा और धर्म द्वारा व्यक्ति क्यों नहीं बदल रहा है—इस समस्या का समाधान खोजना आज के युग की ज्वलंत अपेक्षा है।

रूपांतरण की प्रक्रिया के सामने एक संघर्ष है, उसे भी हम छिपाना नहीं चाहते। मनुष्य में कुछ मौलिक मनोवृत्तियाँ हैं, उनमें प्रमुख हैं—संघर्ष-वृत्ति, आहारान्वेषण-वृत्ति, काम-वृत्ति। संक्षेप में मूल मनोवृत्तियाँ दो हैं—राग और द्वेष। इनमें भी मूल मनोवृत्ति है—राग। राग का संवेग है—प्रियता। संवेग के उद्दीपन से व्यक्ति के आचरण और व्यवहार बदल जाते हैं। सब मनुष्यों में राग और द्वेष के स्पंदन समान नहीं होते। उनमें तीव्रता होती है। उस तीव्रता के कारण ही आचरण और व्यवहार की विविधता दिखाई देती है।

इन मनोवृत्तियों के तारतम्य के कारण यह संभव नहीं है कि सब मनुष्यों से एक सा व्यवहार कराया जा सके। न ही सब मनुष्यों को एक ढाँचे में ढाला जा सकता है। हमारा चिंतन इस दिशा में केंद्रित होना चाहिए कि वे मनोवृत्तियाँ तीव्र न बनें। यह मिथ्या धारणा है कि मनुष्य बदलना नहीं चाहते या उनमें बदलने की क्षमता नहीं है। समाज में दस प्रतिशत ऐसे लोग हैं, जिनका मस्तिष्क विकसित नहीं होता। दस प्रतिशत ऐसे हैं, जिनका मस्तिष्क अर्द्ध-विकसित होता है। दस प्रतिशत ऐसे होते हैं, जिनमें मनोवृत्तियों की तीव्रता होती है। सत्तर प्रतिशत लोगों

में बदलने की भावना भी होती है और वे प्रक्रिया के द्वारा बदलने में समर्थ भी होते हैं।

योग

योग (संस्कृत के युग से बना, जिसका अर्थ है—बैलगाड़ी का जुआ)[6] आध्यात्मिक साधना की प्राचीन पद्धति है। सभी योग-साधनाओं का एक सामान्य लक्ष्य है—समाधि, परमात्मा के साथ संपूर्ण तादात्म्य। परंपरा से योग के आठ मार्ग माने गए हैं—कर्म योग, भक्ति योग, ज्ञान योग, हठ योग, पूर्ण योग, तंत्र योग, महायोग और अष्टांग या राजयोग। योग से शरीर, मन और चित्त-वृत्तियों पर नियंत्रण होता है और चेतना कामनातीत अवस्था को प्राप्त हो जाती है।

महर्षि पतंजलि के योगसूत्रों में योग के आठ अंग (अष्टांग) बताए गए हैं—(1) यम-हिंसा, झूठ, चोरी, तादात्म्य और परिग्रह का त्याग, (2) नियम-शुचिता, संतोष, तप, स्वाध्याय और ईश्वर-प्रणिधान, (3) आसन, (4) प्राणायाम, (5) प्रत्याहार-इंद्रियों की विषयों से समाहृति, जिससे इंद्रियाँ विषयों के संपर्क में नहीं आतीं, (6) धारणा (एकाग्रता)-एक ध्येय पर चित्त का स्थिरीकरण, (7) ध्यान और (8) समाधि। महर्षि पतंजलि के प्रथम दो सूत्र-आसन और प्राणायाम तथा जैन साधना-पद्धति के तीन सूत्र-उपवास, आसन और प्राणायाम योग की बड़ी प्रभावी विधियाँ हैं।

आसन द्वारा केवल शारीरिक स्वास्थ्य ही उपलब्ध नहीं होता, मनोवृत्ति में भी परिवर्तन होता है। शारीरिक प्रवृत्ति के साथ शरीर-तंत्र में दुग्धाम्ल (lactic acid) पैदा होता है जो तनाव पैदा करता है। उसकी चिकित्सा है—प्रवृत्ति का निलंबन यानी निवृत्ति। निवृत्ति का प्रयोग है कायोत्सर्ग-शरीर का शिथिलीकरण, शरीर के प्रत्येक अवयव के प्रति जागरूकता और शरीर के प्रति होने वाले ममत्व का विसर्जन। हठयोग का शवासन भी शिथिलीकरण का प्रयोग है।

हठयोग में आसन के परिणामों का सुंदर वर्गीकरण मिलता है—

1. **वपुः कृशत्वं**-शरीर की कृशता—मोटापा न होना
2. **वदने प्रसन्नता**—चेहरे पर प्रसन्नता की झलक
3. **नादः स्फुटत्वं**—आवाज की स्पष्टता और मधुरता
4. **आरोग्यता**—आरोग्य
5. **बिंदुजयो**-वीर्य—शक्ति पर विजय

6. अग्निदीपनं—जठराग्नि का दीप्त होना

7. नाड़ी-विशुद्धिः—रक्तवाहिनी, श्वासनली, आँतों आदि का विशुद्ध होना।

स्वास्थ्य का मूल आधार है—

1. मेरुदंड का लचीलापन,
2. फुफ्फुस की कार्यक्षमता,
3. हृदय की कार्यक्षमता,
4. वृक्क की कार्यक्षमता,
5. यकृत, तिल्ली और पाचन-तंत्र की कार्यक्षमता,
6. अंत:स्रावी ग्रंथियों के स्रावों का संतुलन,
7. स्नायविक सामर्थ्य।

प्राणायाम

श्वसन-प्रक्रिया जीवित रहने का प्राणाधार साधन ही नहीं, यह स्वस्थ विकास का आलंबन भी है। वैज्ञानिक तरीके से पतंजलि मनुष्य के बाह्य आच्छादनों से शनैः-शनैः सूक्ष्म आच्छादनों की ओर बढ़ते हैं। श्वसन और मस्तिष्क अन्योन्याश्रित तथा परस्पर प्रभाव डालने वाले हैं। श्वास पर नियंत्रण (कुंभक) का अर्थ है, साँस के अंदर आने व बाहर जाने को रोकना। श्वास शरीर की प्राण-शक्ति का प्रतिनिधित्व करता है। जिस तरह हम घड़ी के एक खटके को बंद करके क्रमशः उसके सभी पुर्जों का चलना बंद करके उसे पूरी तरह रोक देते हैं, उसी तरह मन को गतिशील बनाने वाले बल पर नियंत्रण करके हम उसकी क्रियाशीलता को रोक सकते हैं। प्राण से ही मन काम करता है। प्राण को रोकने पर मन की क्रिया भी रुक जाती है और मनोनाश की स्थिति आ जाती है।

श्वास की तीन क्रियाएँ होती हैं—

1. पूरक—श्वास लेना
2. रेचक—श्वास छोड़ना
3. कुंभक—श्वास रोकना

सम्यक् श्वास स्वास्थ्य का हेतु है और असम्यक् श्वास स्वास्थ्य को हानि पहुँचानेवाला है। श्वास का सामान्य नियम है औसतन एक मिनट में पंद्रह श्वास अर्थात् दो सेकंड में श्वास लेना और दो सेकंड में श्वास छोड़ना। आवेश और उत्तेजना की स्थिति में श्वास की संख्या बढ़ जाती है, एक मिनट में बीस से लेकर

पचास, साठ तक पहुँच जाती है। यह स्वास्थ्य के लिए बहुत हानिकारक है। अभ्यास द्वारा श्वास की संख्या को कम किया जा सकता है। एक मिनट में एक श्वास तक पहुँचा जा सकता है। यह शारीरिक, मानसिक और भावनात्मक तीनों प्रकार के स्वास्थ्य के लिए लाभदायक है।

प्राणायाम का हृदय है—श्वास-प्रश्वास का निरोध। कुंभक का क्षण श्वास के साथ गृहीत ऑक्सीजन और प्राण-शक्ति को आत्मसात् करने का अवसर देता है। रेचन के बाद किए जानेवाले कुंभक से कार्बन-डाइऑक्साइड के निष्कासन का अवसर मिलता है। प्राणवायु (ऑक्सीजन) का ग्रहण और कार्बन-डाइऑक्साइड का रेचन स्वास्थ्य की व्यवस्था का मूल तत्त्व है। प्राणायाम में इसका सम्यक् संपादन होता है।

प्राणायाम के अभ्यास का सामान्य नियम है—चार : सोलह : आठ, यानी—

पूरक का समय : चार सेकंड

कुंभक का समय : सोलह सेकंड

रेचन का समय : आठ सेकंड

नमाज

हमने पूजा की अनेक पद्धतियों के शरीर, मन और आत्मा पर प्रभाव की चर्चा की है। इस्लाम के अनुसार प्रत्येक व्यक्ति को पाँच बार नमाज अता करनी चाहिए। नमाज के लिए निर्धारित समय हैं—फजर (प्रातः सूर्योदय के तुरंत बाद), जोहर (दोपहर 1 से 2 बजे के बीच), असर (दोपहर बाद 4 बजे से 5 बजे के बीच), मगरिब (शाम 6 से 7 बजे के बीच) और ईशा (रात 9 बजे के बाद)। नमाज के समय ऐसे निर्धारित किए गए हैं, जिनसे किसी व्यक्ति की दिनचर्या पर प्रभाव न पड़ता हो। किसी एक समय में नमाज अता करने में 10 से 20 मिनट का समय लगता है। नमाज के दौरान किसी भी व्यक्ति की एक भाग में छह शारीरिक स्थितियाँ होती हैं। इस आराधना में कम-से-कम दो भाग और अधिक-से-अधिक चार भाग होते हैं। हरेक मुद्रा में नमाजी अल्लाह की स्तुति में कुरान की निर्धारित आयतों का पाठ करता है। पहली मुद्रा में वह अल फातिहा पढ़ता है। यह पहला सूरा है। इसका अर्थ है—'अल्लाह महान् है, वह सब जीवों का मालिक है, वह रहीम और करीम है, हम तुम से रहमत चाहते हैं, हमें सही रास्ता दिखा, उनका रास्ता, जिन पर तू मेहरबान है, उनका रास्ता नहीं, जिन पर तेरा

कहर है।' आखिरी मुद्रा में व्यक्ति का चेहरा धरती पर छूता है। इसे सजदा कहते हैं। इसमें नमाजी कहता है—'अल्लाह महान् है, मैं उसे सजदा करता हूँ।' इस मुद्रा में व्यक्ति को अहसास होता है कि सांसारिक स्थिति कुछ भी हो, सब लोग समान हैं। इससे उसमें सर्वाधिक विनम्रता आती है। 'मैंने अपने माता-पिता, भाई-बहनों को पाँच वक्त नमाज अता करते देखा है। जब मैं अपने आपसे पूछता हूँ कि इस आराधना ने मानव की प्रगति में क्या भूमिका निभाई है, तो मुझे अहसास होता है कि जो मन प्रार्थना करता है, वह हर घंटे और हर काम के समय अल्लाह के करीब रहता है। इससे वह तनाव-मुक्त होता है। नमाज ने हमारे परिवार को जोड़कर रखा है। प्रार्थना करनेवाले के मन में विनम्रता खुद ही आ जाती है। मन की शुद्धता और स्वयं को उसे अर्पित कर देने के कारण नमाज हमारा अल्लाह से सीधा संवाद कराती है। पैगंबर हजरत मुहम्मद ने एक बार नमाज का महत्त्व बताते हुए कहा, 'अगर तुम्हारे दरवाजे पर एक नदी हो और तुम पाँच बार उसमें नहाओ, तो क्या कह सकोगे कि तुम्हारे जिस्म पर कोई गंदगी बची है? जाहिर है कि कोई गंदगी नहीं रहेगी।' हजरत के एक साथी ने उनसे एक बार पूछा कि अल्लाह को कौनसी हरकत सबसे प्यारी है। उन्होंने जवाब दिया, 'नमाज, जो वक्त पर अता की गई हो।'

संतोष

स्वस्थ वही हो सकता है, जो सुख का संवेदन करता है। सुख का संवेदन वही कर सकता है, जिसके मन में शांति होती है। शांति के बिना सुख नहीं हो सकता, इसे हम बार-बार याद दिलाना चाहते हैं।

सुविधा (मूलभूत आवश्यकताओं की पूर्ति), शांति और सुख ये तीनों मनुष्य के लिए एषणीय है। क्या इनकी प्राथमिकता पर विचार किया जा रहा है? सुविधा को प्राथमिकता दी जा सकती है, जीवन यात्रा को चलाने के लिए। सुख को प्राथमिकता दी जा सकती है, अनुकूल संवेदन द्वारा। शांति के बिना सुविधा सुख नहीं दे सकती, इसलिए शांति की सर्वोपरि प्राथमिकता है।

कामनाओं की पूर्ति की आकांक्षा रखने के स्थान पर भारतीय संस्कार उसके विलोम संतोष को सुख के स्रोत के रूप में अपनाते हैं। इस संदर्भ में संतोष का अभिप्राय उस मानसिक स्थिति से है, जिसमें अंतर्निहित मनो-ऊर्जा, जिसे पाश्चात्य मनोविज्ञान की भाषा में 'लिबिडो' (विषयासक्ति) कहते हैं, उसे मन की एक शांत

गुणवत्ता में परिवर्तित कर दिया जाता है, न कि ऐसी कामना में, जिसकी पूर्ति की या दमन की आवश्यकता हो। धन और प्रसिद्धि की चाह नैतिक पतन का कारण बन जाती है और कई मामलों में व्यक्तिगत विनाश का कारण भी। सबसे बड़े दुःख का कारण तो बनता है 'संतोष' को न जानना और सबसे बड़े दोष का कारण बनती है—लाभ की लालसा। मानव और अन्य सभी प्राणियों की प्रकृति सीधा-सरल जीवन व्यतीत करने की थी, जिसमें शरीर के स्वस्थ विकास के लिए जितना चाहिए, उससे अधिक नहीं लिया जाता था। उससे अधिक को अर्थ की स्वार्थपरक लालसा माना जाता था। संत अधिक की लालसा, आमोद-प्रमोद और अपेक्षा से मुक्त होता है। संत किसी नैतिक उपदेश से नहीं बनते, वे तो उनमें से होते हैं, जो अपने प्राकृतिक स्वभाव के अनुसार जीते हैं। सीधे-सरल जीवन से अलग रहना ही मानव की सभी समस्याओं का मूल है।

आधुनिक मानव के लिए संतोष के क्या निहितार्थ हैं? सबसे पहले तो यह सवाल उठ सकता है कि मनुष्य और पशुओं की आवश्यकताओं में अंतर है। भौतिक आवश्यकताओं के अतिरिक्त मनुष्य की मनोवैज्ञानिक, भावनात्मक और आध्यात्मिक आवश्यकताएँ भी होती हैं। सभ्यता के विकास के साथ भौतिक आवश्यकताओं में भी परिवर्तन आता रहता है। उदाहरण के लिए, कुछ दशक पहले लोग साइकिल की सवारी से संतुष्ट रहते थे, लेकिन आज बहुतों के लिए कार एक आवश्यकता बन गई है।

हमारे युग की सबसे बड़ी भूल यह है कि हमने युवाओं के सामने उपभोक्ता वस्तुओं का अंबार लगा दिया है। आज के युवक को यह नहीं सिखाया जाता कि इंद्रिय और मन की माँग का सीमाकरण किए बिना शांति प्राप्त नहीं की जा सकती। संक्षेप में कहें, तो यह कह सकते हैं कि आज का युवक वैराग्य से परिचित ही नहीं है। वह बचपन से ही राग को बढ़ाने वाले दृश्य देखता है और राग को बढ़ाने वाले श्रव्य सुनता है। उसकी रागात्मकता इतनी प्रबल हो जाती है कि वह इंद्रिय और मन की माँग को अस्वीकार ही नहीं कर सकता।

रागात्मकता की अति को बढ़ाने में संचार माध्यम (Electronic Media and Print Media) बहुत बड़ी भूमिका निभा रहे हैं। मीडिया का प्रयोजन है समाचार-संप्रेषण और एक सीमा तक मनोरंजन, किंतु दिन भर वासना को उद्दीप्त करने वाली सामग्री को परोसना यह संचार माध्यम की मर्यादा का अतिक्रमण है। इसका सबसे बुरा परिणाम है—अपराधों की वृद्धि।

एक युवक को वैराग्य का मूल्यांकन करने के लिए दो क्षण का समय ही न मिले और राग से प्रभावित होने के लिए हजारों-हजारों क्षण का समय मिले, इस स्थिति में अपराध-मुक्त व्यक्ति और समाज की कल्पना कैसे की जा सकती है?

संचार-माध्यम ऐसा क्यों करते हैं? इसका उत्तर आर्थिक प्रलोभन में खोजा जा सकता है। घोर व्यवसायीकरण आर्थिक लोलुपता का मूल है। बड़ी कंपनियाँ मनुष्य की लालसा और दुर्बलता का लाभ उठाकर अधिकतम धन कमाना चाहती हैं। इंद्रियों की आसक्ति मनुष्य की दुर्बलता है। संचार-माध्यम दुर्बलता को पोषण देकर मनुष्य के स्वास्थ्य का शोषण कर रहे हैं।

धर्म और अध्यात्म का कार्य था कि रागात्मक वातावरण में जीने वाले व्यक्ति को वैराग्य का पाठ पढ़ाए, जिससे वह रागात्मकता की अति से होने वाली समस्याओं से बच सके।

हम इस समस्या के साथ आँखमिचौनी नहीं कर सकते कि कुछ धार्मिक लोग भी अर्थ-संग्रह और उपभोग-सामग्री के भोग में किसी से पीछे नहीं हैं। धर्म का मूल तत्त्व है त्याग, संयम और परमार्थ। इनकी उपेक्षा हो रही है। धन और धर्म में नया गठबंधन हो रहा है। हम यह अपेक्षा करें कि धर्म के द्वारा व्यक्ति स्वस्थ बने, समाज स्वस्थ बने, इससे पहले हमें यह अपेक्षा करनी चाहिए कि धर्म के संचालक स्वस्थ बनें। कोई किसी नाविक से उस किश्ती को कैसे बचाएगा, जो उसे डुबोने पर उतारू हो?

विश्व के अंचल में दो पदार्थ दिखाई दे रहे हैं—सचेतन और अचेतन। दूसरे शब्दों में आत्मा और पदार्थ। हम महसूस कर रहे हैं कि आत्मज्ञान का आकर्षण कम हो रहा है, पदार्थ का आकर्षण बढ़ रहा है। इसका हेतु है—प्रतिपक्ष का अभाव। पदार्थ के प्रति आकर्षण का प्रतिपक्ष है—आत्मा के प्रति आकर्षण। धन पदार्थ के प्रति आकर्षण बढ़ा रहा है, उपभोग सामग्री बढ़ा रहा है और सुविधा-वादी दृष्टिकोण बढ़ा रहा है। आत्मा के क्षेत्र में निर्देश मिलता है—धन का त्याग करो, उपभोग-सामग्री का संयम करो और सुविधावादी दृष्टिकोण को बदलो।

स्थिति गंभीर है। दृश्य जगत् में पदार्थ पक्ष है और आत्मा प्रतिपक्ष है। पक्ष इतना प्रबल है कि वह प्रतिपक्ष की आवाज को दबा रहा है। विडंबना यह है कि पदार्थ अचेतन जड़ है। उसके पास न चिंतन है, न वाणी है और न संवेदना। पदार्थ के इस स्वभाव का लाभ उठाने का परिणाम पर्यावरण का प्रदूषण, जो सर्वत्र देखा जा सकता है। वायु और जल प्रदूषित हो गए हैं। मोटरगाड़ियों और उद्योगों द्वारा

वायु में सूक्ष्म कणमय पदार्थों के निकास के कारण श्वास-रोग और फेफड़ों का कैंसर हो रहा है। उर्वरकों का अतिशय प्रयोग धरती को ऊसर बना रहा है और भूतल के पानी को प्रदूषित कर रहा है। ऋतुओं में परिवर्तन हो रहा है। इससे न केवल मौसम का अनुमान लगाना असंभव हो गया है, बल्कि इससे रोगाणुओं की नई किस्में पनप रही हैं, जो ऐसी बीमारियों को जन्म दे रही हैं, जिनके बारे में कभी किसी ने सुना भी न था।

आध्यात्मिक प्रशिक्षण

मनुष्य दो प्रेरणाओं से प्रेरित होकर कार्य करता है—

1. व्यक्तिगत प्रेरणा
2. सामाजिक प्रेरणा

व्यक्तिगत प्रेरणा मौलिक मनोवृत्तियों से उपजती है। सामाजिक प्रेरणा समाजशास्त्रीय सिद्धांतों के स्तर पर उत्पन्न होती है। अनेक राजनीतिक प्रणालियों के अध्ययन के बाद इस निष्कर्ष पर पहुँचना कठिन नहीं है कि व्यक्तिगत प्रेरणा सामाजिक प्रेरणा से अधिक शक्तिशाली होती है। इसलिए भावधारा में आवश्यक परिवर्तन लाने के लिए आध्यात्मिक प्रशिक्षण अनिवार्य हो जाता है।

ऐसे प्रशिक्षण के मूलाधार हो सकते हैं—

1. मैं चेतन हूँ, पदार्थ अचेतन है।
2. मैं पदार्थ का उपयोग कर रहा हूं, पर वस्तुतः वह मेरा नहीं है।
3. धन आवश्यक है, जीवन-यात्रा के लिए उपयोगी है। उसका अतिरिक्त संग्रह स्वास्थ्य को बिगाड़ने वाला और सामाजिक समस्याओं के चक्र को पैदा करनेवाला है, गरीबी और अमीरी की रेखाओं को खींचकर हिंसा को बढ़ानेवाला है।
4. अध्यात्म का व्यावहारिक रूप है—त्याग, ममत्व का विसर्जन, संयम। मैं इनका अभ्यास करूँगा। इसके बिना आसक्ति से उत्पन्न होनेवाली मूर्च्छा को समाप्त नहीं किया जा सकता। मूर्च्छा को समाप्त किए बिना समाजवादी, साम्यवादी किसी भी राजनीतिक प्रणाली को व्यावहारिक नहीं बनाया जा सकता।

समाज-व्यवस्था और अर्थव्यवस्था का एक महत्त्वपूर्ण सिद्धांत '**परस्परोपग्रहो जीवानाम्**' इस सूत्र में निहित है।

इसका तात्पर्य है, एक आदमी दूसरे आदमी को सहारा दे। यह सामाजिक नैतिकता है। यदि इस नैतिकता का विकास हो, तो अमीरी और गरीबी में इतनी दूरी नहीं हो सकती कि अमीर सब सुविधाओं का उपभोग करे और गरीब को खाने को रोटी भी न मिले। हम चिंतन की इस रेखा के आस-पास खड़े होकर यह कह सकते हैं कि नैतिकता के विकास से ही समाज में गरीबी की समस्या को सुलझाया जा सकता है।

नकारात्मक प्रवृत्तियों पर नियंत्रण

कोई व्यक्ति कर्मवाद को माने या न माने, पर भाव (attitude, feeling or emotion) को अस्वीकार नहीं कर सकता। नकारात्मक भाव निश्चित रूप से स्वास्थ्य के लिए बाधक है। कोई भी व्यक्ति नकारात्मक भाव में जीना नहीं चाहता, पर जाने-अनजाने दिन में अनेक बार नकारात्मक भाव आ जाते हैं और वे स्वास्थ्य पर प्रतिकूल प्रभाव डाल देते हैं।

नकारात्मक भाव आते हैं, यह सच्चाई है, पर क्यों आते हैं?

इसका उत्तर यदि जैव-रसायनों के असंतुलन में खोजा जाए, तो फिर प्रश्न होगा कि जैव-रसायनों का असंतुलन क्यों होता है?

उसका कारण यदि परिस्थिति में खोजा जाए, तो फिर प्रश्न होता है कि एक जैसी परिस्थिति में रहनेवाले सब व्यक्तियों में जैव-रासायनिक असंतुलन नहीं होता, कुछ व्यक्तियों में होता है और कुछ व्यक्तियों में नहीं होता। पारिस्थितिकी और आनुवंशिकी के सिद्धांत में भी इसका समाधानकारक उत्तर प्राप्त नहीं है। परिस्थिति सर्वसाधारण होती है और भावधारा वैयक्तिक।

जैव-रसायनों के असंतुलन में परिस्थिति निमित्त बन सकती है, पर मूल कारण नहीं। उसका मूल कारण है—भावधारा। इसमें भी प्रश्न का अंत नहीं है।

नकारात्मक भावधारा क्यों होती है? इसका मूल कारण मोह में खोजा जा सकता है। हर व्यक्ति में मोहात्मक स्पंदन होते हैं, जिनका संबंध हमारी चेतना के गहनतम स्तर से है। वे स्पंदन भावधारा का निर्माण करते हैं। जिस व्यक्ति का मोह मंद होता है, प्रतिक्रिया से मुक्त होता है, उसकी भावधारा सकारात्मक होती है। जिस व्यक्ति का मोह तीव्र होता है, उसकी भावधारा नकारात्मक हो जाती है।

मोह एक कर्म है, जो एक चेतना-भौतिक (psycho-physical) संरचना है।

कर्म के भौतिक परमाणु चेतना को मूर्च्छित बनाते हैं। मूर्च्छा की प्रतिक्रिया अनेक रूप में होती है।

नकारात्मक भावधारा का मुख्य हेतु है अविरति—इच्छा अथवा आकांक्षा। इच्छा प्राणी का लक्षण है। इच्छा की पूर्ति संतुष्टि का हेतु है। इच्छा, इच्छापूर्ति और संतोष—इस त्रिपथगा के बीच में मनुष्य का जीवन प्रवाहित रहता है। इच्छा होती है और उसकी पूर्ति हो जाती है, उस समय व्यक्ति को तुष्टि का अनुभव होता है, पर वह अधिक समय तक स्थायी नहीं रहती। अर्थ और वस्तुजगत् के आधार पर वह रबड़ की भाँति बढ़ती चली जाती है। जैसे-जैसे माँग बढ़ती है, वैसे-वैसे पूर्ति की समस्या उलझती जाती है। इस समस्या को सुलझाने के लिए अध्यात्म का एक महत्त्वपूर्ण सूत्र है—संतोष।

संतोष के विषय में आज के आदमी का चिंतन सही नहीं है। वह उसको प्रगति-विरोधी और पिछड़ेपन का लक्षण मानता है। इस मान्यता के पीछे केवल आर्थिक आकांक्षा का आवेश है, सच्चाई नहीं। आध्यात्मिक चिंतन को समझे बिना संतोष के प्रति दृष्टिकोण सही नहीं हो सकता। संतोष को परम सुख माना गया है और इस आधार पर माना गया कि असंतोष का कहीं अंत नहीं है—

असन्तोषस्य नास्त्यन्तः, सन्तोषः परमं सुखम्।

असंतोष का संबंध प्राप्ति के साथ जुड़ा हुआ है। संतोष का संबंध आवश्यकता पूर्ति के साथ जुड़ा हुआ है।

असमानता को समाप्त करना

आखिर कहाँ तक? आखिर कब तक? इन दो वाक्यों का अपना विशिष्ट मूल्य है। इन दो शब्दों को गौण किया गया है। इसलिए विकास की अवधारणा भी गलत हो रही है। जंगल काटकर धन कमाने की मनोवृत्ति 'आखिर कब तक' इस सूत्र का मूल्यांकन न करने का परिणाम है।

संपत्ति और पदार्थ—ये विकास के मानदंड बन गए हैं। इन मानदंडों को बदले बिना प्रकृति स्वस्थ नहीं रह सकती और प्रकृति की स्वस्थता के बिना व्यक्ति कैसे स्वस्थ रह सकता है? आर्थिक विकास और भौतिक विकास के आधार पर बनी हुई विकास की अवधारणा सर्वांगीण स्वास्थ्य की दृष्टि से पुनर्विचारणीय है।

स्वास्थ्य की कसौटियों पर विचार किए बिना हम स्वस्थ व्यक्ति की पहचान

नहीं कर सकते। आयुर्वेद में स्वस्थ व्यक्ति की कुछ कसौटियाँ निर्धारित है—

1. आत्मा की प्रसन्नता,
2. इंद्रियों की प्रसन्नता,
3. मन की प्रसन्नता,
4. सुखपूर्वक सोना और सुखपूर्वक जागना,
5. हित आहार,
6. हित विहार,
7. समीक्षापूर्वक कार्य-संपादन,
8. इंद्रिय-विषयों के प्रति अनासक्ति,
9. हर परिस्थिति में संतुलन रखने वाला,
10. सत्यभाषी,
11. क्षमावान।

स्वास्थ्य के प्रति नए दृष्टिकोण का निर्माण आवश्यक है। स्वास्थ्य के लिए संतुलित और पोषक आहार जितना जरूरी है उतना अथवा उससे भी कहीं अधिक जरूरी है मानसिक संतुलन।

हम गहरे में उतर कर देखें, तो स्वास्थ्य का प्रश्न शिक्षा से जुड़ा हुआ है। वर्तमान में स्वास्थ्य-शिक्षा का प्रयोग शिक्षा के साथ चल रहा है, किंतु चरित्र-विकास, नैतिक मूल्य और स्वास्थ्य तीनों को विभक्त कर देखना न्यायसंगत नहीं है। स्वास्थ्य के प्रति एक संपूर्ण दृष्टिकोण के विकास के लिए इन सबका समन्वय आवश्यक है।

जिस समाज के सदस्य उच्च कार्यक्षमता वाले होते हैं, वही समाज स्वस्थ हो सकता है।

वही समाज और राष्ट्र विकास कर सकता है, जिसके सदस्य विचारशक्ति से संपन्न होते हैं।

समाज की शक्ति है—संगठन और संगठन का प्राणतत्त्व है सकारात्मक भाव। क्रोध, अहंकार, लोभ, ईर्ष्या, भय—ये सब नकारात्मक भाव शारीरिक और मानसिक, दोनों प्रकार के स्वास्थ्य को प्रभावित करते हैं तथा संगठन की शक्ति को भी छिन्न-भिन्न करते हैं।

स्थूल दृष्टि से देखने पर यह क्रम बनता है—

1. शारीरिक स्वास्थ्य,

2. मानसिक स्वास्थ्य,
3. भावात्मक स्वास्थ्य।

सूक्ष्म दृष्टि से देखने पर यह क्रम बदल जाता है—

1. भावात्मक स्वास्थ्य,
2. मानसिक स्वास्थ्य,
3. शारीरिक स्वास्थ्य।

बौद्धिक विकास और भावात्मक विकास दोनों का असंतुलन अनेक समस्याओं को जन्म देने वाली समस्या है। हम बौद्धिक विकास पर जितना ध्यान दे रहे हैं उससे कहीं अधिक हमारा ध्यान भावात्मक विकास की ओर होना चाहिए। भावात्मक विकास के बिना तो मानव-अधिकार भी सुरक्षित नहीं रह सकते।

तनाव के दो रूप हैं—बाहरी और आंतरिक। प्रतिकूल परिस्थिति में बाहरी तनाव आता है। स्थिति के बदलने पर वह चला जाता है। आंतरिक तनाव के कारण बाहर नहीं होते, व्यक्ति के भीतर ही होते हैं। किसी व्यक्ति ने गाली दी और तनाव हो गया। कुछ समय बाद आवेश शांत हुआ और तनाव मिट गया, किंतु गाली देने वाले के प्रति जो शत्रुता का भाव बना, वह भीतर रह गया। अध्यात्म की भाषा में उसे शल्य कहा जाता है।

उस शल्य का स्थायित्व भाव-जगत् में होता है। वह भीतर-ही-भीतर स्वास्थ्य को कुरेदता रहता है। यह कुरेदन स्वास्थ्य के लिए बहुत खतरनाक है। इस आंतरिक खतरे को ध्यान में रखकर अध्यात्म के मनीषियों ने क्षमा और मैत्री के विकल्प प्रस्तुत किए हैं।

क्षमा देना और लेना, यह उभयपक्षीय सहनशक्ति का प्रयोग है। इससे दोनों ओर के आंतरिक तनाव समाप्त होते हैं। इससे शरीर के रोग-प्रतिरोधक तंत्र (Immunity System)[7] को कमजोर करने की प्रक्रिया समाप्त हो जाती है। स्वास्थ्य के लिए बहुत जरूरी है रोग-प्रतिरोधक तंत्र का शक्तिशाली होना। लोग सामान्यतः धर्म को सतही स्तर पर समझने का प्रयत्न कर रहे हैं। इसलिए उससे जो लाभ मिलना चाहिए, वह नहीं मिलता है। धर्म का मूल आधार है—आत्मशुद्धि और उसका व्यावहारिक आधार है—भावशुद्धि। यह स्वास्थ्य की आधार-भूमि है। (1) मैत्री, (2) प्रमोद, (3) करुणा और (4) माध्यस्थ्य (समचित्तता), ये चार उसके स्तंभ हैं।

राजनीति के लिए एक प्रसिद्ध सूक्त है—'कोई किसी का मित्र नहीं,

कोई किसी का शत्रु नहीं; स्वार्थ में बाधक न बने तो मित्र, स्वार्थ में बाधक बने तो मित्र भी शत्रु।' राजनीतिक मैत्री स्वार्थ और भय के बीच होने वाली मैत्री है। आध्यात्मिक मैत्री किसी के प्रति नहीं होती, वह अपनी चेतना का सकारात्मक भाव है। उसका तत्त्व-दर्शन यह है—मैत्री एक के प्रति नहीं होती, वह होती है, तो सबके प्रति, अन्यथा नहीं होती। इससे स्वार्थ और भय से पैदा होने वाले सूक्ष्म तनाव का रेचन होता है और वह स्वास्थ्य को सुरक्षा प्रदान करती है।

प्रमोद भाव दूसरों के भाग्योदय को किसी द्वेष या ईर्ष्या के बिना देखकर आनंदित होने से जाग्रत होता है।

ईर्ष्या प्रमोद भावना का विरोधी पक्ष है। ईर्ष्या भावात्मक रोग है और अन्य रोगों को जन्म देती है। उसे प्रमोद भावना के अभाव में ही पनपने का मौका मिलता है।

करुणा का मूल स्रोत है—आत्मवाद। हम सब समान हैं, सब आत्माएँ समान हैं। सुख-दुःख की अनुभूति सबको समान रूप से होती है। यह आत्मतुला का सिद्धांत मुझे स्वीकृति नहीं देता कि मैं किसी दूसरे को कष्ट दूँ। यह करुणा का दार्शनिक स्रोत है। इसे व्यावहारिक रूप मिलता है आवेश-नियंत्रण द्वारा।

आवेश व्यक्ति को अस्वस्थ बनाता है और आवेश से घटित होने वाली घटनाएँ समाज को अस्वस्थ बनाती हैं। आवेश और उपशमन (कषायों का शमन) इन दो शब्दों को नजरअंदाज कर हम स्वास्थ्य की व्याख्या नहीं कर सकते।

मध्यस्थ भाव (तटस्थता) और स्वास्थ्य के संबंध का तंतु बहुत सूक्ष्म है। उसे पकड़ना सरल नहीं है। इस सच्चाई को समझना कठिन भी नहीं है कि पक्षपात का भाव मानसिक संतुलन में विषमता की रेखा खींचता है। वह रेखा स्वास्थ्य के विकास में बाधा उत्पन्न करती है। हमें बहुत सहज होकर यह स्वीकार करना चाहिए कि राग और द्वेष की अनुभूति के बिना पक्षपात नहीं हो सकता। एक के प्रति राग और एक के प्रति द्वेष यह उसका प्राण-सूत्र है। राग और द्वेष की उत्तेजना जाने-अनजाने स्वास्थ्य को प्रभावित करती है।

मैत्री, प्रमोद, करुणा और माध्यस्थ्य, ये जितने अध्यात्म के सूत्र हैं, उतने ही व्यवहार-कौशल के सूत्र हैं। ये जितने व्यवहार-कौशल के सूत्र हैं, उतने ही अध्यात्म के सूत्र हैं।

ये व्यवहार-कौशल के सूत्र हैं, इसलिए सामाजिक स्वास्थ्य के लिए इनका

प्रयोग अवश्य करना चाहिए।

इस बात को जरूरत से अधिक महत्त्व देना असंभव है कि चाहे विज्ञान हो या सामान्य जीवन, आगमनात्मक (तर्क-पद्धति) की कुंजी पूर्ण निश्चितता के साथ होने वाले ज्ञान के प्रत्यक्ष कारण की सम्यक् समझ में ही निहित है। जिस प्रकार जल की एक बूँद में रहनेवाले सूक्ष्म जीवों को खुर्दबीन से ही देखा जा सकता है, उसी प्रकार मानस-जगत् में घटित होने वाली अल्पजीवी प्रक्रियाओं को मानसिक-संवीक्षा के उपकरण से ही देखा जा सकता है। मनस्तल की वह गहन स्थिति, जो अच्छे स्वास्थ्य की भूमि है, केवल कुछ चुनी हुई मानसिक प्रक्रियाओं के लिए होनेवाले पूर्वाग्रह से अवरुद्ध हो जाती है। अच्छे स्वास्थ्य के लिए यह महत्त्वपूर्ण है कि क्षणजीवी राग-द्वेषात्मक भावों की तरंगों को पकड़ा और समझा जाए।

'थ्री मेन इन ए बोट' में अंग्रेज लेखक जेरोम के. जेरोम (1859-1927) ने लिखा—'जीवन की सरिता में परिवार की पद्धति आपकी नौका है। यह पद्धति अपने आप में परिपूर्ण है। पूरे परिवार में परिवर्तन की लहर उठाए बिना इसमें से एक व्यक्ति बदल नहीं सकता। परिवार-पद्धति के मुख्य तत्त्व हैं, उसके सदस्य + आस्थाएँ + उनके द्वारा अदा की जाने वाली भूमिकाएँ + नियम + उनकी खूबियाँ और खामियाँ + लक्ष्य + मर्यादाएँ + पारिवारिक उपांग (जैसे भाई-बहन) + परिवेश, महासमुदाय, उच्चसमुदाय (जैसे समाज)।' अगले अध्याय में हम इन तत्त्वों को समझने की चेष्टा करेंगे और जानना चाहेंगे कि किस तरह इनकी पारस्परिक क्रिया परिवार की पोषक भूमिका को समझने में उसके सदस्यों की सहायता करती है।

युवाओं और परिवारों से मिलकर व उनसे विचार-विमर्श करके हम युवाओं में गलत साधनों से धन कमाने की ललक को समाप्त करने वाले मुख्य तत्त्वों की चर्चा कर सकते हैं और उनमें उच्च लक्ष्य प्राप्त करने की इच्छा जगा सकते हैं। सब से बढ़कर हम उनमें दूसरों की सफलता से आनंदित होने की क्षमता विकसित करने पर जोर दे सकते हैं, जो भावात्मक मेधा (emotional intelligence) यानी अपने संवेगों को नियंत्रित करने की क्षमता की उत्कृष्ट स्थिति है। यहाँ हम देश के सभी शिक्षा-संस्थानों से आग्रह करते हैं कि वे अपने पाठ्यक्रम में 17 साल की उम्र तक के सभी विद्यार्थियों के लिए यह शपथ सम्मिलित कर लें—

युवाओं की भावात्मक-मेधा के लिए शपथ

* मैं समझता हूँ कि मुझे अपने जीवन का एक लक्ष्य निर्धारित करना चाहिए। इस लक्ष्य की प्राप्ति के लिए मैं आवश्यक ज्ञान अर्जित करूँगा, कठोर परिश्रम करूँगा और जब कोई समस्या आएगी, मुझे उसे परास्त करके सफलता प्राप्त करनी होगी।
* अपने राष्ट्र के युवा के तौर पर मैं अपने सभी कार्यों में सफलता के लिए साहस से कार्य करूँगा और दूसरों की सफलता से आनंदित रहूँगा।
* मैं सदा स्वयं को, अपने घर को, अपने परिवेश को, पास-पड़ोस को और पर्यावरण को स्वच्छ व व्यवस्थित रखूँगा।
* मैं समझता हूँ कि हृदय में सदाचारिता होने से चरित्र में सौंदर्य आता है, चरित्र में सौंदर्य आने से परिवार में समरसता आएगी, परिवार में समरसता आने से राष्ट्र में सम्यक् व्यवस्था बनती है और राष्ट्र में सम्यक् व्यवस्था बनने से विश्व में शांति स्थापित होती है।

यदि युवक इस प्रतिज्ञा को प्रारंभिक अवस्था में ही हृदयंगम कर लेगा, तो यह उस युवक के सदाचारपूर्ण मन के विकास को बल देगी, उसे एक उद्देश्यपूर्ण जीवन की ओर ले जाएगी, उसके सब प्रकार के तनाव को दूर करेगी और इस प्रकार देश के लिए स्वस्थ मन व स्वस्थ तन वाले नागरिकों का निर्माण करेगी।

□

एक सुखी परिवार का सृजन

> हमने आपको न तो स्वर्ग के लिए बनाया न धरती के लिए, न मर्त्य बनाया न अमर, ताकि चुनने की स्वतंत्रता के साथ और गरिमा के साथ, स्वयं को अपना निर्माता व आकृति प्रदाता मानकर आप स्वयं को जिस रूप में चाहें, ढाल सकें।
>
> *—जियोवनी पाइको डेला मिरांडोला (1486)*

परिवार की संस्था

धरती पर यदि हम ऐसे किसी स्थान को जानने की कोशिश करें, जो सर्वाधिक सुख (आनंद) देनेवाला हो, तो हमें ज्ञात होगा कि वह स्थान है हमारा घर, हमारा परिवार। वह हमें सतत शक्ति और प्रेरणा प्रदान करनेवाला वह स्थान है, जहाँ हमारे निकटतम और प्रियतम संबंधी जीवन भर हमारे साथ रहते हैं, हमारे जीवन को टिकाए रखते हैं। साथ रहना एक बात है, आनंदपूर्वक पारिवारिक जीवन जीना दूसरी बात है। उसके लिए आवश्यक है कुछ गुण एवं दृष्टिकोण।

परिवार वह सामाजिक इकाई (संस्था) है, जिसका आधार है—प्रेम, सेवा, करुणा और दयालुता। सुंदर परिवार सारे समाज में प्रगति, समृद्धि, शांति और चैन लाते हैं। परिवार द्वारा जीवन-मूल्यों का प्रशिक्षण दिया जाता है और मनुष्यों को

सुसंस्कृत एवं शिष्ट प्राणी का रूप दिया जाता है। विवाह-सूत्र में बँधकर स्त्री-पुरुष परिवार का निर्माण करते हैं और उनके समागम से एक नया परवार और एक नई पीढ़ी का जन्म होता है। यह परिवार ही परिजनों की एकसूत्रता का सृजनहार है, जिससे आगे चलकर समुदाय और अंततोगत्वा एक वृहत्तर समाज का निर्माण होता है। परिवार वह संस्था है, जिसके माध्यम से एक पीढ़ी मानव-सभ्यता की सेवा के लिए दूसरी पीढ़ी को तैयार करती है। हर पीढ़ी यह चाहती है कि उसकी अगली पीढ़ी उससे उन्नततर हो। हर माता-पिता की यह चाह होती है कि उनकी सन्तानें उनसे और अधिक सुखी, स्वस्थ, सुशिक्षित एवं अच्छे मानव बनें। सभी धर्मों में परिवार और पारिवारिक मूल्यों को बहुत महत्त्व दिया गया है।

समाज की अर्थव्यवस्था का केंद्र कृषि से उद्योग में परिवर्तित होने के साथ ही बड़े परिवारों का स्थान अधिकांशत: एकल परिवारों ने ले लिया है। पारिवारिक मूल्य भी अब स्थिर और रूढ़ नहीं रहे। आर्थिक, राजनीतिक और सांस्कृतिक विकास के अनुरूप वे भी परिवर्तित होते रहते हैं। एक देश से दूसरे देश में वे भिन्न होते हैं, बल्कि विभिन्न घरों में भी भिन्न होते हैं।

उदाहरण के लिए, बीसवीं सदी से पहले अगर कोई विवाहित महिला अपने पति से स्वतंत्र पहचान और प्रतिष्ठा की चाह करती, तो उसे पारिवारिक मूल्यों का उल्लंघन माना जाता। अनेक समाज महिलाओं से अपेक्षा रखते थे कि वे गृहस्थी के कर्तव्यों पर अपना पूरा ध्यान केंद्रित रखें। वास्तव में परिवार एक सामाजिक प्रयोगशाला है। यहाँ शोध भी होता है, प्रयोग भी।

हालाँकि पारिवारिक मूल्यों की अवधारणा कुछ अस्पष्ट सी रही है, फिर भी समाजशास्त्रियों ने इसे कम-से-कम चार सिद्धांतों का समुच्चय माना है—(1) एक स्त्री और एक पुरुष में स्थायी संबंधों के लिए विवाह का अवलंब। (2) पारिवारिक संगठन, जिसमें पति घर का मुखिया होता है और पत्नी मुख्यत: घर सँभालती है। (3) बच्चों को शिक्षित व अनुशासित करने की माता-पिता की जिम्मेदारी और (4) वृद्ध माता-पिता की जिम्मेदारी तथा अन्य संबंधियों से मेल-मुलाकात। एक विशिष्ट भारतीय परिवार में इन चारों में से किसी भी सिद्धांत की खुली अवहेलना नहीं की जाती, लेकिन इनका पालन अब सहज व स्वैच्छिक नहीं रहा। इसकी तह में अत्यधिक तनाव अंतर्निहित है।

परिवार रूपी संस्था का सारतत्त्व है—विभिन्नता में एकता का पल्लवित-पुष्पित होना। कल्पना करें, एक परिवार में दस व्यक्ति हैं। उन सबका सोचने का

तरीका अलग-अलग है। कार्य करने का ढंग भी अलग-अलग हो सकता है। भाव और संवेग भी भिन्न-भिन्न प्रकार के हैं। इतने सारे भेद होने पर भी सबके साथ मिल-जुलकर रहना और शांतिपूर्ण सह-अस्तित्व बनाए रखने का नाम ही परिवार है। परिवार में हम जिनके भी साथ रहते हैं, प्रसन्नता से रहते हैं। हम भेद में भी एक-दूसरे का सम्मान करते हैं। एक-दूसरे के धर्म, संस्कृति, मंतव्य, रुचि या अन्य जो भी विषय उन्हें मूल्यवान् लगते हैं, उनमें हस्तक्षेप नहीं करते। जब हम बड़े होकर अपनी विभिन्न प्रतिभाओं को प्रकट करते हैं, तो हम दूसरों के जीवन को भी समृद्ध करते हैं। विभिन्नता परिवार को जोड़ती है।

अभेद या एकता का महत्त्वपूर्ण सूत्र है—प्रेम। वह एक ऐसे वृक्ष के तुल्य है, जिसके अनेक प्रकार के फल हैं। उसका एक फल है—विनम्रता और दूसरा है—कृतज्ञता। यह है—छोटों का बड़ों के प्रति श्रद्धापूर्ण उपहार।

प्रेम के वृक्ष का एक फल है—वात्सल्य। परिवार के बड़े लोग अपने छोटे सदस्यों को उसे उपहार में देते हैं और यह उपहार उन्हें अभेद के सूत्र में पिरोए रखता है।

जिस परिवार में छोटों में बड़ों के प्रति विनम्रता है, कृतज्ञता है, वहाँ वृद्धों का सम्मान होता है, जहाँ बड़ों का छोटों के प्रति वात्सल्य है, वहाँ बच्चों का लालन-पालन भलीभाँति होता है, इस प्रकार जहाँ परस्पर विनम्रता है, कृतज्ञता है और वात्सल्य है, वहाँ जीवन जीने का आनंद है। जहाँ ये नहीं हैं, वहाँ जीवन बोझ बन जाता है, जीवन की सरसता समाप्त हो जाती है।

परिवार का बीज है—ममत्व। उसके बिना परिवार बनता नहीं और बनता है, तो टिकता नहीं। हम सभी परिवार से संबंध रखते हैं। हमारे पारिवारिक-बंधन हमें पहचान देते हैं, हमें हमारी संस्कृति व विरासत के साथ खुद को पहचानने का यह एक तरीका है। हम एक-दूसरे की सहायता करते हैं, एक-दूसरे पर निर्भर रहते हैं, एक-दूसरे का सम्मान करते हैं और एक-दूसरे को सुख देते हैं। हम इससे बड़े परिवारों के भी सदस्य हैं। ये हैं हमारा समाज, मानव-परिवार और इस धरती पर प्राणियों का परिवार। हम इन सभी परिवारों के सदस्य होने के नाते अपने उत्तरदायित्व को स्वीकार करते हैं। हम अपनी आवश्यकतानुसार ही ग्रहण करते हैं, ताकि दूसरों को भी उनका भाग मिल सके। हम अपनी सेवा के माध्यम से इस परिवार को सुदृढ़ बनाने में सहायक बनते हैं।

ममत्व एक सापेक्ष चित्तवृत्ति[1] है। उसके साथ जुड़ी हुई है अधिकार की

भावना। वह व्यक्ति को परतंत्र बनाती है। स्वतंत्रता सबको प्रिय है। एक छोटा बच्चा भी स्वतंत्रता पसंद करता है और बड़ा आदमी तो करता ही है।

यदि अधिकार की भावना असीम हो जाए, परतंत्रता की रस्सी बहुत लंबी हो जाए, तो स्वस्थ परिवार का निर्माण नहीं हो सकता।

अधिकार की भावना और परतंत्रता की चित्तवृत्ति का परिष्कार ममत्व के विसर्जन द्वारा किया जा सकता है। उसका संदेश-सूत्र यह है—'ममत्व को असीम मत बनाओ।'

स्वतंत्रता के सूत्रद्वय हैं—अधिकार को उन्मुक्तता का चोगा मत पहनाओ, हर व्यक्ति की स्वतंत्रता का सम्मान करो।

दूसरे को परतंत्र रखने की मनोवृत्ति का संबंध अधिकार की भावना से है और अधिकार की भावना का संबंध ममत्व की चेतना से है। समस्या के इस चक्रव्यूह का समाधान है—ममत्व का विसर्जन।

स्वस्थ व्यक्ति वही है, जो ममत्व और ममत्व-विसर्जन दोनों को सापेक्षता की दृष्टि से देखता है।

हमारी कार्य-योजना का पहला चरण है—एक स्वस्थ व्यक्ति का निर्माण करना। दूसरा चरण है—स्वस्थ व्यक्ति द्वारा स्वस्थ परिवार और सुंदर घर का निर्माण करना। हर व्यक्ति का चिंतन भिन्न-भिन्न होता है, रुचि भी भिन्न-भिन्न होती है। परिवार की सबसे बड़ी समस्या है सामंजस्य। भिन्न रुचि और भिन्न विचार वाले व्यक्तियों में सामंजस्य बनाना कितना कठिन है।

जिसे हम अकेला व्यक्ति कहते हैं, वास्तव में वह भी अकेला नहीं होता। उसके पास भी विचारों का परिवार है। विचार सदा एक रूप नहीं रहते।

अनेकांत का दर्शन

परिवार संबंधों की शृंखला है। उसकी हर एक कड़ी का अपना अस्तित्व है। उस शृंखला के निर्माण के घटक तत्त्व दो हैं—

1. भाव-संवेग,
2. विचार।

बदलते हुए भाव-संवेग और बदलते हुए विचार इन दोनों को एक बनाए रख सकें, यह दुरूह कार्य है। भावात्मक दृष्टि से स्वस्थ व्यक्ति ही इसको सुगम बना सकता है, इसलिए हम सही दिशा में प्रस्थान कर सकते हैं। स्वस्थ व्यक्ति ही

स्वस्थ परिवार का घटक बन सकता है।

सामूहिक जीवन को स्वस्थ और सुंदर बनाए रखने के लिए एक दर्शन की जरूरत है। अनेकांत-दर्शन उस अपेक्षा की पूर्ति कर सकता है। 'सब' या 'कोई नहीं' के दृष्टिकोण ने हमें संपूर्ण विनाश के कगार पर ला खड़ा किया है। इसीलिए अनेकांत की धारणा बनाई गई है। इसका तात्पर्य है—'सत्य' की कोई एक नितांत निरपेक्ष व्याख्या संभव ही नहीं है। विचार, वाणी और कार्यों में अनेकांतवादी दृष्टिकोण अपनाना ही हमारे सामने एकमात्र रास्ता है। इससे एक ही वस्तु या घटना के विषय में विभिन्न मंतव्य रखने वाले लोगों को बिना किसी संघर्ष के एक साथ रखने के लिए एक ठोस आधारभूमि का निर्माण हो सकता है। इसके लिए बहुवाद अर्थात् अनेक या बहुत (दृष्टिकोणों) की संभावना में विश्वास करना होगा, एक ही वास्तविकता को देखने या अनुभव करने के लिए अनेक प्रत्यक्षणों के अस्तित्व को स्वीकार करना होगा। उसके साथ ही उस एक ही वास्तविकता को जिन विभिन्न दृष्टिकोणों से देखा गया है, उनके विषय में विचार-विमर्श और तर्कों के लिए अपने आपको खुला रखना होगा। जो व्यक्ति बहु-विचारों व मतों की मान्यता के प्रति सजग है, वही बिना किसी विद्वेष या ईर्ष्या के दूसरों को स्वीकार कर सकता है। पारिवारिक व सामाजिक जीवन को स्वस्थ व सुंदर बनाने के लिए साझी अंतर्दृष्टि व खुला दृष्टिकोण आवश्यक है।

स्वायत्तता

अनेकांत दर्शन का पहला सूत्र है—स्वतंत्रता। स्वतंत्रता का संबंध केवल भूखंड और राजनीति से ही नहीं, उसका सबसे ज्यादा संबंध है व्यक्ति से। क्या आपकी दृष्टि से वैयक्तिक स्वतंत्रता का कोई मूल्य है ? यदि है, तो सुखी परिवार के निर्माण की एक ईंट अवश्य आपके हाथ में है।

हर व्यक्ति स्वतंत्रता को पसंद करता है। यदि आपको स्वतंत्रता पसंद है, तो क्या दूसरे को परतंत्र बनाने की मनोवृत्ति को नहीं छोड़ सकते? पति-पत्नी, पिता-पुत्र और भाई-भाई के बीच जरूरी है—स्वतंत्रता का समझौता, सीमा का निर्धारण। कोई भी सामाजिक संबंध निरपेक्ष नहीं होता। हम निरपेक्ष स्वतंत्रता की चर्चा नहीं कर रहे हैं। सापेक्ष स्वतंत्रता इसलिए जरूरी है कि उसके बिना व्यक्ति की शक्ति कुंठित हो जाती है और कार्यक्षमता का ग्राफ भी नीचे चला जाता है। स्वतंत्रता का अतिरेक जैसे समस्या है, वैसे ही परतंत्रता का अतिरेक भी समस्या

है। क्या हम ऐसी मानसिकता का निर्माण कर सकते हैं, जिसमें स्वतंत्रता और परतंत्रता का संतुलन हो?

परस्पर निर्भरता

अनेकांत दर्शन का दूसरा सूत्र है—सापेक्षता। सापेक्षता का उदाहरण है, मनुष्य के शरीर की रचना। मनुष्य की मनोवृत्ति को सापेक्षता का उदाहरण नहीं बनाया जा सकता। वह सापेक्षता के बिना जी नहीं सकता, फिर भी अहं के कारण पति सोच लेता है कि मेरा पत्नी के बिना काम चल सकता है और पत्नी सोच लेती है, मेरा पति के बिना काम चल सकता है। इस मनोवृत्ति की अभिव्यक्ति भाषा में उतरती है और पारिवारिक जीवन में एक वायरस लग जाता है। प्रकृति का नियम यह है कि पति को पत्नी की जरूरत है और पत्नी को पति की जरूरत है। जो लोग प्रकृति के इस नियम की अवहेलना कर सापेक्षता की अवमानना करते हैं, वे निश्चित ही पारिवारिक जीवन की सरसता को नीरसता में बदल देते हैं। सापेक्षता एक सच्चाई है। अहं उस सच्चाई को झुठलाने का प्रयत्न करता है और पारिवारिक जीवन को रुग्ण बना देता है। अहं व्यक्तिवादी मनोवृत्ति का निर्माण करता है। अहं की बीमारी से ग्रस्त मनुष्य स्वयं को सर्वोपरि मानता है। इसलिए वह दूसरों के साथ सामंजस्य नहीं कर सकता। सामुदायिकता की मनोवृत्ति के आधार पर परिवार का संगठन होता है। इस सच्चाई को स्वीकार करने में कोई कठिनाई नहीं है कि वायुमंडल में समाजवादी विचारधारा प्रवाहित हो रही है और धरती पर व्यक्तिवाद बढ़ रहा है। बौद्धिक विकास के युग में अर्थ और सत्ता के कठघरे में श्वास लेने वाला व्यक्ति दूसरे को साथ लेकर चलना पसंद नहीं करता। वह व्यक्ति की सीमा से आगे भी चला जाता है। बौद्धिकता, अर्थ और सत्ता के हिमखंड से उपजने वाली नई सभ्यता सापेक्षता को नकारकर संयुक्त परिवार का उन्मूलन कर रही है, जीवन की सरसता का मूलोच्छेद कर रही है।

मेल-मिलाप और समरसता

अनेकांत दर्शन का तीसरा सूत्र है—समन्वय। मनुष्य का जीवन विरोधाभासों का संग्रहालय (museum) है। उसमें एक ही प्रकार की वस्तु को नहीं देखा जा सकता। यदि कोई मनुष्य सोचे कि सबका स्वभाव, दृष्टिकोण, आचार-विचार और व्यवहार एक जैसा हो, तो उसका चिंतन दिवा-स्वप्न से अधिक नहीं होगा। समानता

और असमानता, अभेद और भेद ये दोनों सचाइयाँ हैं। इनको झुठलाकर आदमी सुख से नहीं जी सकता। विरोधी अवस्थाओं में सुख से जीने का स्वर्णिम सूत्र है—समन्वय। एक सम्यक्-दृष्टिवाला व्यक्ति दूसरे के स्वभाव, चिंतन, आचार-विचार और व्यवहार के साथ समन्वय स्थापित कर सकता है।

क्या आपका मस्तिष्कीय संतुलन में विश्वास है? यदि है, तो आप विरोधी प्रवृत्तियों में समन्वय स्थापित करने में सफल हो सकते हैं। मस्तिष्कीय संतुलन का प्रमुख सूत्र है—समत्व की चेतना का विकास।

जो व्यक्ति की समस्या है, वह परिवार की समस्या है और जो परिवार की समस्या है, वह व्यक्ति की समस्या है।

संयम

यद्यपि सद्‌गुणों पर ध्यान देना एक अच्छे पारिवारिक जीवन की मौलिक आवश्यकता है, लेकिन इन आदर्शों को अलग से नहीं देखा जा सकता। किसी भी परिवार पर सामान्यतः समुदाय व समाज का निश्चित प्रभाव पड़ता है। जब समाज में सद्‌गुण और दुर्गुण दोनों विद्यमान हों, तो क्या परिवार में सद्‌गुण के आदर्श बने रह सकते हैं? असल में परिवार के हर सद्‌गुण के साथ समाज का एक दुर्गुण भी जुड़ा होता है। उदाहरण के लिए, अपने भाई से प्रेम करो बनाम अपने पड़ोसी से घृणा करो। अपने संबंधियों से शांतिपूर्ण संबंध रखो बनाम दूसरे समुदाय से लड़ो-मरो आदि।

क्या दुर्गुण अपरिहार्य हैं? उत्तर 'हाँ' है। दुर्गुण एक आचारगत पृष्ठभूमि पर आधारित है, जिसे संस्थागत दंड की गतिकी कहते हैं। जिस व्यवहार को समुचित रूप से उत्सुक या विनम्र नहीं समझा जाता, उसके प्रति रियायत या पुरस्कार को दंड-स्वरूप रोक दिया जाता है। इस प्रकार के दंड के तीन स्पष्ट भेद हैं—(1) क्रोध-अत्याचार-उत्पीड़न जनित दुर्गुण। (2) सभ्य-चतुर-भद्दे-मिथ्याचार जनित नीतिपरक दुर्गुण और (3) क्रोध-घृणा-पूर्वाग्रह-युद्धप्रियता जनित मानवीय दुर्गुण।

सामान्यतः एक अच्छे पारिवारिक जीवन में किसी व्यक्ति या जिस समाज में वह रहता है, उसकी अतिशयता व त्रुटियों का औसत विद्यमान रहता है। यह मध्यम मार्ग अपनाने की प्रवृत्ति है। वास्तव में एक अच्छा परिवार अपनी स्थिति सभी अतिशयताओं व त्रुटियों के विरुद्ध बनाता है और उसमें कदम-कदम पर उसकी

विरासत के सद्गुण प्रतिबिंबित होते हैं। घमंड और चाटुकारिता को शर्म-संकोच या आलोचना से मर्यादित किया जाता है। मिथ्याभिमान और खुशामद को अवमानना या उपहास से, दंभ या संरक्षकता को शर्मिंदगी या घृणा से, आडंबर और अतिभोग को रोष से या खिल्ली उड़ाकर, निर्लज्जता या ईर्ष्या को उद्दंडता या तिरस्कार से, घमंड या जलन को साहसिकता या अवहेलना से, उतावली या लोलुपता को सावधानी या भर्त्सना से, अनुमान या कामना को साहस और झुँझलाहट से और अंततः आत्मतुष्टि व ढोंग को सख्ती या कटुता से मर्यादित करते हैं।

सारी समस्या का मूल अधिक पाने की एक चित[2] (सुप्त) आकांक्षा है। अधिक पाने की आकांक्षा असंतोष की एक अंतहीन, दिशाहीन यात्रा है। हमारी संकल्प-शक्ति में अनंत क्षमता है। इसका एक बहुत बड़ा भाग सुषुप्त रहता है, कुछ भाग सुप्त होता है और एक एक छोटा भाग ही सक्रिय होता है। हमारी मौलिक मनोवृत्तियाँ निरंतर समुचित सक्रियता की माँग करती हैं। हम उनकी आवश्यकता पूरी करने में लगे रहते हैं। विषयसुख का शामक (sedative) प्रभाव हमारी संकल्पशक्ति को और निर्बल कर देता है। संकल्प-शक्ति को जाग्रत व विकसित करने का एकमात्र उपाय है—आत्मानुशासन का प्रयोग कर इंद्रियों को मिलने वाले पोषण को बंद करना। जब संकल्प-शक्ति निष्क्रिय हो, तो हम अपनी ऐंद्रिय आकांक्षाओं को तृप्त करने में लगे रहते हैं और इस विश्वास के साथ स्वयं को धोखा देते हैं कि इंद्रियों के सुख में ही आनंद है।

जब संकल्प-शक्ति आंशिक रूप से जाग्रत् हो जाती है, तो आत्मानुशासन व आध्यात्मिक जागरूकता की चाह उत्पन्न होती है। हम भले-बुरे में विवेक करने लगते हैं। यह सच है कि हम तब भी बाहरी प्रलोभनों के प्रभाव में होते हैं और कुछ लोग कई बार उनके वशीभूत हो जाते हैं, लेकिन समय के साथ संकल्प-शक्ति पूर्णतः जाग्रत् हो जाती है और हमारी भावधाराएँ, चिंतन एवं अनुभूतियाँ विवेक एवं बुद्धिसंगत आचरण की परिक्रमा करने लग जाते हैं। जब हम एक बार अपनी इंद्रियों की कामना के वशीभूत होना बंद कर देते हैं, तो हमारी संकल्प-शक्ति तंद्रा से जाग जाती है। मोह की जकड़ पहले क्षीण होती है और फिर नष्ट हो जाती है। हम सत्य और अनुशासन के प्रति सजग तथा सतर्क हो जाते हैं। तब सतर्क और विवेकशील मन सशक्त होकर सहज उत्तेजनाओं व वासनाओं की माँग को मर्यादित करने लगता है।

एक बार संकल्प-शक्ति के पूर्णतः जाग्रत हो जाने पर हमें उसके सामर्थ्य को

दृढ़ निश्चय और आत्मानुशासन से बढ़ाना चाहिए। इस तरह सुदृढ़ हो जाने के बाद हमारा विवेकशील मन अपना प्रभुत्व प्राप्त कर लेगा। तब वह हमारी सबसे प्रबल प्रवृत्तियों और उत्तेजनाओं को भी नियंत्रित करने में सफल रहेगा। बाह्य वातावरण की परिस्थितियाँ अस्थायी तौर पर हमारे आचरण को प्रभावित कर सकती हैं, लेकिन संकल्प-शक्ति व विवेकशील मन सर्वोच्च बने रहते हैं। विषय-वासनाओं के आक्रमण के विरुद्ध आत्मानुशासन एक दुर्ग की तरह काम करता है। अंतत: जो आत्मानुशासित है, उस पर बाहरी परिस्थितियों का भी प्रभाव समाप्त हो जाता है।

समस्या का मूल है 'अब आगे और क्या?' 'अब आगे और क्या' यह अतृप्ति की यात्रा अंतहीन और दिशाहीन है। एक वस्तु या व्यक्ति से सुख मिला। कुछ समय बाद दूसरी वस्तु या दूसरे व्यक्ति से सुख पाने की खोज शुरू हो जाती है। पारिवारिक संबंधों की यह करुण कहानी है। कोई भी बाहरी वस्तु व्यक्ति को उस प्रदेश तक नहीं ले जा सकती जहाँ पहुँचने पर अतृप्ति पर पूर्ण विराम लग जाए। आर्थिक स्पर्धा, तलाक, पारिवारिक कलह इन सबकी पृष्ठभूमि में जो तत्त्व काम कर रहा है वह है अतृप्ति।

पारिवारिक जीवन को दु:खी व दयनीय बनाने में चंचलता, कल्पना, संदेह और तीव्र आवेश—इनका बहुत बड़ा हाथ है। यदि जानना चाहें कि पारिवारिक जीवन सुखी कैसे रह सकता है तो इसका सीधा उत्तर होगा—मन का अध्ययन अवश्य करें।

अतीत के संस्कार

यहाँ मन की अवधारणा को समझ लेना उचित होगा। पहले मन और चेतना का अंतर समझ लेना चाहिए। मन अपने आपमें चेतन नहीं है। वह चित्त से प्रतिबिंबित होकर उसका कार्य करता है। उसे समझने के लिए चित्त को समझना जरूरी है। मन स्थायी तत्त्व नहीं है। वह उत्पन्न होता है और नष्ट हो जाता है। चित्त स्थायी तत्त्व है और चेतना का ही एक अंग है। मन शब्द का संबंध किसी व्यक्ति की मानसिक क्षमताओं से है, जैसे संकल्प, प्रज्ञा, चातुर्य, निर्णय-क्षमता, चिंतन, पृथक्करण-क्षमता, अनुभव, शिक्षा, युक्तिसंगतता, पहचानने की क्षमता तथा मानव के भाषा सरीखे संप्रेषणों की क्षमता आदि। मूलत: मन और चित्त एक साथ काम करते हैं। चित्त तक मन से पहुँचा जा सकता है। चित्त में यथार्थ की जो विकृतियाँ आ जाती हैं, मन उनका पता लगा सकता है। चित्त अधिकांशत:

स्वस्थ होता है। एक स्वस्थ चित्त भय को पहचानता है, परंतु उसे अपने ऊपर हावी नहीं होने देता।

चित्त के मुख्य कार्य दो हैं। यह एक अभौतिक हार्ड-डिस्क है, जो स्मृतियों का संग्रह करती है। यह एक अभौतिक पाचक अवयव भी है, जो भय पर नियंत्रण करता है। चित्त विभिन्न जटिलताओं से युक्त हो सकता है। इसकी तुलना अनेक दर्पणों वाले ग्लोब (गोले) से की जा सकती है, जिसके धरातल न्यूनाधिक रूप में परावर्ती हो सकते हैं। कम दर्पणोंवाला ग्लोब यथार्थ का एक सीधा-सादा प्रतिबिंब देता है, जबकि अनेक दर्पणोंवाला ग्लोब यथार्थ का अति जटिल प्रतिबिंब देता है।

यथार्थ की सशक्त विकृतियाँ ऐसी स्थिति उत्पन्न कर सकती हैं, जिसमें चित्त अपनी मूल भूमिका नहीं निभा पाता और भय का ठीक-ठीक नियंत्रण नहीं होता। रुग्णावस्था में कार्य करनेवाला चित्त न केवल यथार्थ की विकृतियों को धारण किए रहता है, बल्कि उनका संवर्धन भी करता है। ऐसी अवस्था में बाहरी सहायता (मनोविश्लेषण) आवश्यक हो जाती है, ताकि चित्त को फिर से भय पर नियंत्रण करने के योग्य बनाया जा सके। इस सहायता के फलस्वरूप तथ्यों की विकृति, जो सदा भय के कारण होती है, को धीरे-धीरे समाप्त किया जा सकता है।

ऊपरी तौर पर यह विरोधाभासात्मक प्रतीत होता है कि चित्त की रचना इस तरह होती है कि वह यथार्थ के विकृत प्रतिबिंबों का संग्रह कर ले, लेकिन इसी स्थिति में चेतन की आवश्यकता होती है और उसका विकास होता है। चेतन स्मृतियों और यथार्थ में भेद करने की क्षमता रखता है, बल्कि वह मन की सहायता से यथार्थ की विकृतियों को सुधारने की क्षमता भी रखता है।

मन और चित्त के बाद एक अन्य महत्त्वपूर्ण कारक संस्कार है। ये अतीत में किए गए कार्यों के प्रभावों की संचित धारणाएँ हैं। दूसरे शब्दों में, धारित स्मृतियाँ संस्कार हैं। मनुष्य का जीवन संस्कारों से संचालित होता है। अर्द्धचेतन स्तर से उभरकर ये स्मृतियाँ सक्रिय हो जाती हैं और हमारे व्यवहार को प्रभावित करती हैं।

पूर्वाग्रह संस्कार का प्रतिफलन है। पारिवारिक जीवन की समरसता में पूर्वाग्रह बहुत बड़ी बाधा है। पति का पूर्वाग्रह पत्नी के लिए बाधक बनता है और पत्नी का पूर्वाग्रह पति के लिए बाधक बनता है। पीढ़ियों का अंतराल (generation gap) समस्या बन रहा है। इसका मुख्य कारण है पूर्वाग्रह। पिता का पूर्वाग्रह पुत्र को

पसंद नहीं है। यह नापसंद रहने की मनोवृत्ति परिवार को विघटन की दिशा में ले जा रही है।

यहाँ शास्त्रों में वर्णित 16 संस्कार, जो पूर्व संचित संस्कारों से भिन्न हैं, को भी समझ लेना चाहिए। ये गर्भाधान से अंत्येष्टि तक के हैं—(1) गर्भाधान, (2) गर्भ धारण का दूसरा या तीसरा महीना—पुंसावनम्, (3) गर्भधारण के पाँचवें और आठवें महीने के बीच—सीमंतोन्नयन, (4) बच्चे के जन्म पर जातकर्म, (5) नामकरण, (6) बच्चों को घर से बाहर लाना—निष्क्रमण, (7) अन्नप्राशन, (8) पहले या तीसरे साल में चूड़ाकर्म (मुंडन), (9) तीसरे या पाँचवें साल में कर्णवेध (कान छेदना), (10) उपनयन, (11) शिक्षा संपूर्ण होने पर—संवर्तन, (12) विवाह संस्कार, (13) गृहस्थ आश्रम, (14) गृहस्थ को त्यागना—वानप्रस्थ, (15) संन्यासी का जीवन व्यतीत करना—संन्यास आश्रम और अंततः (16) मृत शरीर का अंतिम संस्कार—अंत्येष्टि। ये सभी कर्मकांड हैं, जिनके साथ कुछ बलिदान किए जाते हैं। विश्वास किया जाता है कि इन संस्कारों के कारण संस्कारकृत व्यक्ति के जीवन में पवित्रता आती है। जिस प्रकार सोना या हीरा खदान से निकलने के बाद शुद्ध करने या तराशने पर अपनी चमक दिखाता है, उसी प्रकार मनुष्य को भी शारीरिक, मानसिक और आत्मिक रूप से चमकने के लिए इन संस्कारों की आवश्यकता होती है।

हमारे मनोवैज्ञानिक अस्तित्व की कई परतें हैं।[3] इसके केंद्र में हमारी आत्मा है। यह हमारा अभ्यंतर हमारा वास्तविक अस्तित्व है। इस संसार में वास्तव में जो है, यह वह है। अपने जन्म से ही हम जो कुछ अनुभव करते हैं, इसके माध्यम से ही करते हैं और जो कुछ अभिव्यक्त करते हैं, इसके माध्यम से ही करते हैं, लेकिन बाल्यावस्था की वास्तविकताओं से भरी स्थितियों से प्रतिबद्ध होने के कारण हम अपने अस्तित्व के इस पहलू तक नहीं पहुँच पाते। इसलिए हमारी आत्मा बाहरी परिस्थितियों के विरुद्ध प्रतिक्रिया करती है। वह हमारे अभ्यंतर पर एक स्थूल आवरण बना देती है, जो विभिन्न रक्षात्मक युक्तियों व नियंत्रण के उपायों से युक्त होता है। हमारे अधिकांश दमन, नियमन, खंडन, मानसिक आघात, चिंताएँ या भय इस आवरण में दबे रहते हैं। हम इसे 'परित्यक्त आत्मा' कह सकते हैं।

एक तीसरा आवरण हमारा सामाजिक व्यक्तित्व है। यह वह मुस्कराता हुआ मुखौटा है, जिसके पीछे हमारी परित्यक्त आत्मा के अत्यंत दमित भाव रहते हैं। हम अपने सामाजिक व्यक्तित्व में जीने में इतने कुशल हो जाते हैं कि बहुत कम

लोग हमारी सफलता, धैर्य व आत्म-नियंत्रण के आवरण को भेदकर उसके नीचे छिपी पीड़ा को देख पाते हैं। अक्सर जितना बड़ा मुखौटा हो, पीड़ा भी उतनी ही बड़ी होती है। जब हम इस मुखौटे को हटाकर अपने दर्द के मूल का पता लगाने का जोखिम उठाते हैं, तभी हम अपने सच्चे स्वरूप का अनुभव करने की ओर अग्रसर होते हैं।

जब हम अपने सत्य स्वरूप का अनुभव करना आरंभ करते हैं, तभी हमारी परित्यक्त आत्मा स्वस्थ होने लगती है। तब हमें किसी सामाजिक व्यक्तित्व की आवश्यकता नहीं रहती। हम पारदर्शी हो जाते हैं। तब हम अपनी आत्मा के प्रकाश का परावर्तन करने के योग्य हो जाते हैं। भारतीय संस्कृति में संस्कार उन अक्रियात्मक प्रतिमानों को कहते हैं, जिनका मूल न केवल शैशवावस्था अथवा जन्म के मानसिक आघात से होता है, बल्कि परिवार की पीढ़ियों की परंपराओं से भी होता है। कर्म का सिद्धांत इन्हीं संस्कारों से संबंधित है। कर्म के सिद्धांत के अनुसार हमारे जीवन की प्रत्येक घड़ी संस्कार उत्पन्न करती है। जिन्हें 'कार्मिक प्रभाव' कह सकते हैं। इससे आत्म-प्रकाश मंद पड़ता है। इनमें से कुछ तो पानी में लकीर के समान होते हैं, जो तुरंत मिट जाते हैं। अन्य बालू में लकीर के समान होते हैं। वे कुछ समय तक रहते हैं, जब तक ज्वार आकर उनको मिटा नहीं देता, फिर कुछ ऐसे भी होते हैं, जो पत्थर पर लकीर के समान होते हैं।

ये वही हैं, जो जन्म-जन्मांतर तक अपनी आवृत्ति करते रहते हैं। उदय में आने पर वे सदा अपने समान ऊर्जा-प्रतिमानों को आकृष्ट करते हैं और दुःख का कारण बनते हैं। ये संस्कार प्रकाशमान दीपक में कालिमा के समान होते हैं, जो हमारी अंतरात्मा के देदीप्यमान प्रकाश के प्रसारित होने में बाधक बनते हैं।

हमारे जीवन में ऐसी स्थितियाँ बार-बार आती हैं। हमारी प्रतिक्रिया भी उनके प्रति उसी रूप में होती है, लेकिन हम में से प्रत्येक जीव समान स्थिति में भी अलग-अलग प्रतिक्रिया करता है, क्योंकि प्रत्येक की कार्मिक पृष्ठभूमि अलग-अलग होती है। चाहे वह प्रतिक्रिया कैसी ही हो, अगर प्रतिक्रिया में भय या हिंसा जैसा प्रबल भाव हो, तो स्थिति के बदल जाने पर भी वह भाव बना रहता है। बाद में वही स्थिति भाव के प्रभाव (संस्कार) के समक्ष आती है, तो स्मृति से वह भाव फिर जाग उठता है और वही प्रतिक्रिया होती है। इसके अलावा इस भाव की तीव्रता हर वैसी ही स्थिति आने पर बढ़ती जाती है। इसका कारण यह है कि यह संस्कार एक कंपनशील ऊर्जा है, जो अपने अनुनाद से उसी आवृत्ति को आकर्षित

करती है। यह सच है कि हमारा अतीत हमारा भविष्य भी है। अतीत वर्तमान में अपने संकेत देता है और भविष्य में स्वयं को व्यक्त करता है। अपने अतीत से मुक्त होने के लिए हमें संस्कारों का परिष्कार करना होगा।

संस्कार हमें एक सुनिश्चित 'कार्यक्रम' भर बना देते हैं। हम उसी कार्यक्रम के अनुसार जीते हैं। हमारे सामने अनंत संभावनाएँ होती हैं, लेकिन हम अपना जीवन बँधे-बँधाए तरीके से जीते हैं और अन्य सभी संभावनाओं को देखते ही नहीं। या तो हमें अज्ञात का भय सताता है या फिर ज्ञान के लुप्त हो जाने का। यही कारण है कि जब हम किसी भय के वशीभूत होते हैं, तो हमारी सूझ-बूझ और ज्ञान लुप्त हो जाते हैं। तब हम अपने जीवन के प्रति भय की प्रतिक्रिया दिखाते हैं, हम अपनी चुनाव करने की क्षमता खो देते हैं और इसी स्थिति से हमारा सारा जीवन आरंभ होता है। सबकुछ पुराना और उबाऊ लगने लगता है। सामूहिक अनुभवों और संस्कारों के एक समुच्चय के अतिरिक्त फिर परिवार क्या है?

पिछले भावों पर नियंत्रण करने और उनका परिष्कार करने से जीवन में बहुत परिवर्तन आता है, इसे हम संस्कारों का शोधन कहते हैं। संसार के प्रति प्रत्यक्ष दृष्टि बदल जाती है, जीवन जीना सरल हो जाता है और हमें अपने जीवन की अनेक समस्याओं के समाधान मिलने लगते हैं। भाव अब भी उठते हैं, परंतु पहले जैसा प्रभाव नहीं डालते। जब हम संस्कारों का परिष्कार कर लेते हैं, तो हमारा हृदय खिल उठता है। हमारा परम एकत्व से संपर्क हो जाता है और सभी भेद मिट जाते हैं। हम लोगों के साथ संपर्क-संबंध बनाने में समर्थ हो जाते हैं और उनके प्रति सच्चा प्रेम उपजता है।

अहिंसा द्वारा मुक्ति

भगवान् महावीर ने मानव-चित्त में रहे हिंसा के मूल को पहचाना। इसलिए उन्होंने एकांतवाद और आग्रहवाद के विरुद्ध चेतावनी दी। उनका अनेकांतवाद पर बल देना यथार्थ के अनेकांतात्मक स्वभाव को स्वीकार करने हेतु एक अनुरोध था। यथार्थ का ज्ञान (प्रत्यक्षण) द्रष्टा की स्थिति, समय, स्थान, प्रकृति पर निर्भर करता है। किसी एक दृष्टिकोण से परम सत्य नहीं मिल सकता। भगवान् महावीर के लिए एकांतवाद मानसिक हिंसा थी।

घर के वातावरण को स्वस्थ बनाने के लिए सर्वाधिक आवश्यक है—अहिंसा का प्रशिक्षण। नैतिकतापूर्ण व्यवहार और विनम्र व्यवहार उसी के अंग हैं। हम

अहिंसा को बहुत सीमित अर्थ में समझ रहे हैं। 'किसी को मत मारो, मत सताओ' यह अहिंसा का प्रथम शिलान्यास है। उसकी तीन मंजिलें हैं—

1. पहली मंजिल है—वाचिक अहिंसा।
2. दूसरी मंजिल है—मानसिक अहिंसा।
3. तीसरी मंजिल है—भावात्मक अहिंसा।

मानसिक अहिंसा और भावात्मक अहिंसा दोनों का स्तर आंतरिक है। वह सरलता से व्यक्ति के सामने नहीं आता। वाचिक अहिंसा का स्तर बाहरी है। उसका प्रत्यक्षीकरण सहज हो जाता है।

कहा जाता है कि जब क्रोध आता है, तो व्यक्ति का मुँह खुल जाता है और आँखें बंद हो जाती हैं। इसलिए हमें अपने मन पर नियंत्रण करना होगा। कहा जाता है कि युद्ध लोगों के दिमाग में शुरू होते हैं। इसलिए शांति भी वहीं स्थापित की जानी चाहिए। वाचिक अहिंसा को तो प्रत्यक्ष देखा जा सकता है, परंतु मानसिक व भावात्मक अहिंसा का अनुमान करना कठिन हो जाता है।

वाचिक हिंसा

वाचिक हिंसा के अनेक प्रकार हैं—

1. कटु वचन,
2. मर्मभेदी वचन,
3. व्यंग्यात्मक वचन,
4. बिना सोचे-समझे कहा हुआ वचन,
5. दूसरों के मन को पीड़ा देनेवाला वचन।

ये सब दो दिलों को जोड़नेवाले नहीं होते, तोड़नेवाले होते हैं।

इस अवसर पर हमें कवि तिरुवल्लुवर के शब्द याद आते हैं, जो 2000 वर्ष से अधिक पहले हुए थे। (देखें, पृ. 28) उन्होंने 1330 कुरल की रचना की थी। उनमें से एक हमें बताता है कि बोले गए वचन किस प्रकार विचार और क्रिया में अहिंसा उपजा सकते हैं। वह कहते हैं—

யாகாவா ராமினும் நாகாக்க காவாக்கால்
சோகாப்பா சொல்லிழுக்குப் பட்டு.

यहाँ मूल तमिल 'अपनी जिह्वा पर नियंत्रण रखना एक महत्त्वपूर्ण सद्गुण है।

प्रत्येक मनुष्य को इसका पालन करना चाहिए। अनियंत्रित शब्द दूसरों को और अंततः स्वयं को अत्यधिक हानि पहुँचा सकते हैं।' इन पंक्तियों का समर्थन बाइबिल में भी मिलता है। प्रोवर्ब्स (12:13)—'जो दुष्ट हैं, वे अपने होंठों के अतिक्रमण के फंदे में फँस जाते हैं।' वाचिक हिंसा पारिवारिक जीवन में लकड़ी के घुन की तरह काम करती है। जिस तरह घुन निरंतर लकड़ी को खाता रहता है, उसी तरह वाचिक हिंसा पारिवारिक स्नेह और बंधन के धागों को कुतर डालती है। क्या आप परिवार में सरसता का वातावरण बनाए रखना चाहते हैं? यदि चाहते हैं, तो उसके लिए वाचिक अहिंसा के प्रयोग आपके सहयोगी बन सकते हैं। उसके पाँच प्रयोग बहुत माननीय है—

1. विनम्रतापूर्ण वचन,
2. मधुर वचन,
3. निश्छल वचन,
4. तटस्थ वचन,
5. चातुर्यपूर्ण वचन।

परिवार की एकता का सूत्र है विश्वास। असत्य वचन उस विश्वास को खंडित करता है। विश्वास दो को एक बनाता है तो विश्वास का खंडन दो को सौ बना देता है। परिवार के विभाजन का बड़ा सूत्र है झूठ। परिवार में सत्यनिष्ठा का प्रशिक्षण उतना ही आवश्यक है, जितना आवश्यक है अहिंसा का प्रशिक्षण।

मन के प्रमुख कार्य तीन हैं—

1. स्मृति,
2. कल्पना,
3. चिंतन।

विकास के लिए स्मृति बहुत जरूरी है। अनेकांत दृष्टि से देखें तो यह सच्चाई सामने आएगी कि स्मृति जितनी आवश्यक है उतनी ही आवश्यक है विस्मृति।

अनेकांतवाद एक ऐसी अंतर्दृष्टि है, जिसमें सभी परस्पर विलोम के विरोधाभास समेकित हो जाते हैं। यदि हम संतुलित (सापेक्षता की) दृष्टि से वस्तुओं को देखें, तो हम जान जाएँगे कि विलोम एक-दूसरे के पूरक हैं। विरोधियों के बिना विकास या जागरूकता संभव नहीं। जब हम विलोम के चक्र के प्रति सजग हो जाते हैं, तो हम उन्हें परस्पर विरोधी के रूप में नहीं देखते। हम उन्हें विकास

के सद्भावी के रूप में देखते हैं। इससे हमारा संसार के प्रति दृष्टिकोण उन्मुक्त हो जाता है।

पारिवारिक जीवन में अप्रिय-वचन और अप्रिय व्यवहार के प्रसंग आ सकते हैं। यदि विस्मृति की कला का प्रशिक्षण न हो, तो वे परिवार-विघटन के हेतु बन जाते हैं।

जिस व्यक्ति में अप्रिय व्यवहार को भुला देने की क्षमता होती है, वह तनाव-मुक्त रह सकता है और परिवार के अन्य सदस्यों को भी तनाव से मुक्त रख सकता है। अप्रिय व्यवहार से मन उद्विग्न होता है और उद्विग्न मन मानसिक तनाव पैदा करता है। एक व्यक्ति का मानसिक तनाव परिवार के अनेक सदस्यों में क्षोभ और तनाव पैदा कर देता है।

अहंकार प्रत्यक्षतः हिंसा नहीं है, किंतु वह परिवार के गुणसूत्रों को काटने वाली कैंची है। सच्चाई को खोजना बहुत कठिन है। व्यक्ति अहंकार क्यों करता है? अपनी धन-संपत्ति की क्षणिकता को जानते हुए भी उसकी ओर आँखें मूँद लेता है और ऐसा व्यवहार करता है, मानो जिस संपदा पर उसे इतना अहंकार है, वह स्थायी हो। एक व्यक्ति का अहंकार दूसरे व्यक्ति में हीनभावना और प्रतिक्रियात्मक हिंसा को जन्म देता है।

ममत्व एक दुर्गुण के रूप में

ममत्व का भाव प्रत्यक्ष हिंसा नहीं है, पर वह हिंसा का एक बहुत बड़ा कारण है। अधिक पदार्थ को प्राप्त करने की मनोवृत्ति इतनी संकुचित है कि उसमें दूसरे को दो इंच स्थान देने की भी क्षमता नहीं है। उसका व्यावहारिक रूप है— आर्थिक संघर्ष। पिता आर्थिक बँटवारे में पक्षपात करता है, तो पुत्रों में प्रतिक्रियात्मक हिंसा शुरू हो जाती है। पारिवारिक वातावरण मानसिक ग्लानि से भर जाता है। व्यवहार और आर्थिक संविभाग में निकट का संबंध है। यदि आर्थिक संविभाग हो, तो पिता का पुत्रों के प्रति व्यवहार अच्छा होता है और परिवार की नींव मजबूत हो जाती है। विषम विभाग की स्थिति में पारिवारिक समरसता की नींव हिल जाती है।

असहिष्णुता

क्या हमें इस सच्चाई को स्वीकार नहीं करना चाहिए कि आज सहिष्णुता को उपयुक्त आसन नहीं दिया जा रहा है? अतीत में सहिष्णुता का जो मूल्यांकन

था, वह आज नहीं है। सहन करना कमजोरी का पर्याय है। क्या इस स्वीकृति में युग-मानस का अहंकार नहीं बोल रहा है? पुराने जमाने के लोग सहिष्णुता के क्षेत्र में आगे थे। इसे स्वीकार कर क्या हम उनकी अविकसित मनोदशा का चित्रण कर रहे हैं? इन प्रश्नों पर आज खुली चर्चा की अपेक्षा है। हम मानें या न मानें, इस सच्चाई को स्वीकार करना ही होगा कि सहिष्णुता की शक्ति बढ़े बिना सामुदायिक जीवन शांतिपूर्ण नहीं हो सकता, आर्थिक और बौद्धिक विकास की जन्मकुंडली का फलादेश भी शुभ नहीं हो सकता।

कहानी पुरानी है, पर सच्चाई पुरानी नहीं है—एक राजा ने मंत्री से कहा, 'मुझे अपने व्यापारी-वर्ग के प्रति ईर्ष्या हो रही है। वह मुझसे अधिक स्वस्थ और अधिक प्रसन्न है। इसका कारण खोजकर बताओ।' मंत्री ने आदेश को शिरोधार्य कर खोज शुरू कर दी। सात सप्ताह की खोज के बाद मंत्री राजा के सामने उपस्थित हुआ और खोज का विवरण प्रस्तुत किया। राजा ने आश्चर्य के साथ उसे पढ़ा और कहा, 'मैं ऐसा नहीं कर सकता। क्या व्यापारी अपमान करने वाले का भी सम्मान करते हैं?'

'हाँ महाराज, वे अपमान करनेवालों का भी सम्मान करते हैं, इसलिए सदा स्वस्थ व प्रसन्न रहते हैं।'

राजा ने मंत्री की बात पर गहरा चिंतन किया और उसकी बात में छिपी हुई सच्चाई को समझने का प्रयत्न किया। राजा का व्यवहार बदल गया, स्वास्थ्य सुधर गया और मुखमंडल पर प्रसन्नता झलकने लगी।

परिवार के विघटन के अनेक कारण हैं। उनमें असहिष्णुता एक बड़ा कारण है। दो व्यक्ति साथ में रहें और एक-दूसरे को सहन नहीं कर सकें, इससे बड़ी क्लीवता क्या हो सकती है?

कुछ व्यक्ति व्यापार में असफल होते हैं और आत्महत्या की बात सोच लेते हैं। कुछ विद्यार्थी भी परीक्षा में अनुत्तीर्ण होने पर मौत के दरवाजे पर दस्तक देने लग जाते हैं। कुछ व्यक्ति पारिवारिक कलह की स्थिति में मौत को निमंत्रित कर लेते हैं। सामाजिक विकास के संदर्भ में इसे निम्नता का स्तर ही दिया जा सकता है।

परिवार एक संस्था है। उसके होने पर क्या लाभ और न होने पर क्या हानि। इन दोनों पर विमर्श जरूरी है।

क्या अकेला मनुष्य जी नहीं सकता। यदि जी सकता है, तो वह दूसरे के

बंधन को क्यों स्वीकार करें?

क्या अकेला मनुष्य संतुष्टि का अनुभव नहीं कर सकता। यदि कर सकता है, तो वह दूसरे के असंतोष का भार सिर पर क्यों उठाए?

हम इस सच्चाई को स्वीकार करें कि कोई भी प्राणी अकेला नहीं रह सकता।

स्त्री और पुरुष—ये दो हैं। यह प्रकृति के नियम का पहला नियम है।

'स्त्री और पुरुष' दोनों के योग से संतति का विकास होता है। यह प्रकृति के नियम का दूसरा अनुच्छेद है।

'स्त्री और पुरुष' दोनों एक साथ रहें, यह उसका व्यावहारिक प्रयोग है। दोनों शांति के साथ रहें, यह उसका सौंदर्य है।

अकेले व्यक्ति के जीवन में कोई नियम नहीं होता। दो होते ही नियमों का विस्तार हो जाता है। वे कुछ प्राकृत होते हैं और कुछ कृत। इन दोनों की आचार-संहिता का विधिवत् प्रशिक्षण नहीं हो रहा है। एक-दूसरे को सहन किए बिना कोई भी व्यक्ति शांतिपूर्ण सहवास नहीं कर सकता।

परिवार का मूल आधार है, युगल-माता-पिता। उसका संस्कार और व्यवहार संतान पर प्रतिबिंबित होता है। संतान माता-पिता के अनुरूप ही होती है, ऐसा नहीं कहा जा सकता। प्रत्येक व्यक्ति के अपने-अपने कर्म और विज्ञान की भाषा में अपने-अपने जीन होते है। आनुवंशिकता को सर्वथा नकारा नहीं जा सकता, तो उसे सर्वथा भाग्य की प्रतिलिपि भी नहीं माना जा सकता। वर्तमान जीवन की आर्थिक व्यस्तता के वातावरण में यह कल्पना करना कठिन है कि माता-पिता अपनी संतान के संस्कारों के प्रति जागरूक रह सकें। जागरूकता की कमी का परिणाम यह हो रहा है कि संतान भी माता-पिता के प्रति जागरूक नहीं रह पाती। दूसरा परिणाम यह है कि संतान में वैयक्तिकता पनप जाती है। वैश्विक परिस्थितियों का अध्ययन करने पर स्पष्ट होगा कि वर्तमान में सामुदायिक चेतना का रस सूख रहा है। आज के युवा अपने पारिपार्श्विक वातावरण में इतने निमग्न हैं कि वे अपने बुजुर्गों के प्रति कृतज्ञ नहीं हैं, उनमें उनके ऋण से उऋण होने की भावना भी नहीं है।

सामाजिक अध्ययन के आधार पर यह कहा जा सकता है कि आज के वृद्ध सुखी नहीं हैं। इसमें कोई संदेह नहीं कि धनी परिवार के युवा अपने माता-पिता के लिए सुविधा की साधन-सामग्री तो जुटा देते हैं, किंतु केवल सुविधाजीवी

मनुष्य सुखी नहीं हो सकता। उसे सुखी बनाने के लिए चाहिए विनय-वात्सल्यपूर्ण व्यवहार, सौहार्द और प्रेमपूर्ण वातावरण। ऑल्ड हाउस (वृद्धाश्रम) में रहने वाले वृद्ध के लिए सुविधा की कमी नहीं होती, पर अकेलेपन की अनुभूति होती है। पारिवारिक वातावरण में जो मानसिक आह्लाद का रस टपकता है, अकेलेपन में उसकी बूँदें भी सूख जाती हैं। एक विचित्र कहानी है कि एक व्यक्ति पशु के प्रति, पक्षी के प्रति, रोगी के प्रति संवेदनशील है, पर अपने परिवार के प्रति नहीं। सहिष्णुता की भी यही कहानी है। एक व्यक्ति बाहर किसी भी व्यक्ति के अप्रिय व्यवहार को सहन कर लेता है, किंतु अपने परिवार के अप्रिय व्यवहार को सहन नहीं करता। इसका हेतु है—अतिरिक्त अपेक्षाओं की अवधारणा।

एक पति को अपनी पत्नी से और एक पत्नी को अपने पति से उतनी ही अपेक्षा करनी चाहिए, जो सामने वाले के स्वास्थ्य, हित और चिंतन को बाधित न करे। रागात्मकता की एक समस्या है कि प्रियता के क्षणों में अपेक्षा का लंबा जाल बिछा लिया जाता है और उनकी पूर्ति होती नहीं, तब वह टूटता सा नजर आता है। अपने परिवार के सदस्यों को सहन करने की कठिनाई भी अपेक्षा के साथ जुड़ी हुई है। जो अपेक्षा की पूर्ति नहीं करता, उसके साथ असहिष्णुता का भाव प्रबल हो जाता है। इसलिए हमारा मंतव्य है कि एक सहनशील व्यक्ति से ही एक सहनशील परिवार बनता है। एक सहनशील परिवार से सहनशील समाज बनता है और एक सहनशील समाज ही सहनशील राष्ट्र का निर्माण करता है। सहनशील राष्ट्र मिलकर एक सहनशील विश्व बनाते हैं।

शांत सहवास का सर्वोपरि मूल्य है—सम्यक् दर्शन[4]। उसका निर्माण अनेकांत के प्रशिक्षण से हो सकता है। आग्रह सर्वथा त्याज्य है, यह नहीं कहा जा सकता, तो यह भी नहीं कहा जा सकता कि वह सदा सर्वत्र उपयोगी है। अनाग्रह विनम्रता का प्रत्यक्ष दर्शन है। अपनी बात, अपने चिंतन और अपने निर्णय पर डटे रहने की मनोवृत्ति दूसरे व्यक्ति के मन में विग्रह का भाव पैदा करती है।

लचीलापन व्यक्तित्व का बहुत बड़ा गुण है। इस शब्द में जितनी प्रियता है, उतना उसका व्यवहार प्रिय नहीं है। यह अनुभूति उस ओर संकेत करती है कि आदमी के अहं की झोंपड़ी का दरवाजा बंद है। उसमें कोई खिड़की भी नहीं है कि जिसमें दूसरे के चिंतन की हवा प्रवेश कर सके। क्रोध का आवेश परिवार को खंडित करता है। यह नंबर दो की सच्चाई है। नंबर एक की सच्चाई यह है कि क्रोध के आवेश का जनक है अहं।

चिंतन और मेल-मिलाप

हम एक कुलीन परिवार का स्वप्न देख रहे हैं। हमारा सपना नींद का सपना नहीं है, एक जाग्रत् अवस्था का सपना है। अच्छे सपने का अच्छा फल होता है। संदेह करना हमें पसंद नहीं है। साथ-साथ यथार्थ को झुठलाना भी पसंद नहीं है। पदार्थवादी युग में कुलीन परिवार का सपना देखना क्या दुस्साहस नहीं है ? पदार्थ के साथ जुड़ी हुई है विकास की कल्पना। विकास की कल्पना के साथ जुड़ी हुई है अधिक उत्पादन और अधिक उपभोग की कल्पना।

उपभोक्तावादी मनोवृत्ति और सुविधावाद में गहरी मित्रता है। सुविधा के उपकरणों के साथ जीने वाले व्यक्ति के लिए कठोर जीवन जीने की बात दो-चार शताब्दी पूर्व की बात बन जाती है। वह अपने पूर्वजों को सादगी के चश्मे से नहीं देखता। उन्हें अविकास के चश्मे से देखता है। चिंतन की रेखाएँ ये बनती हैं—दो सौ, चार सौ वर्षों से पूर्व के लोग विकास की भूमि पर नहीं जी रहे थे, इसलिए वे सादगी को पसंद करते थे। आज का आदमी टेक्नोलॉजी की उच्च भूमिका पर जी रहा है। अतः उसके लिए सादगी जैसे शब्दों का अब कोई विशेष अर्थ नहीं है।

उत्थान और पतन का एक चक्र होता है। उत्थान की अति का मुँह पतन की दिशा में खुलता है। पतन की अति का मुँह उत्थान की दिशा में खुलता है।

हम उपभोक्तावादी संस्कृति के विकास की अति को देखने का प्रयत्न करें। वैज्ञानिक उपलब्धियों की अति हो रही है। वस्तुओं के निर्माण की भी अति हो रही है। जब अति होती है, तो आगे जाने का रास्ता बंद हो जाता है, फिर विकास से ह्रास की ओर मुँह खुल जाता है। हम प्रकृति के सार्वभौम नियम की अनदेखी कर सकते हैं, पर उसे बदल नहीं सकते।

उपभोक्तावाद की आँधी बहुत तीव्र गति से चल रही है। संयम, त्याग, परिमाण और सीमाकरण जैसे मूल्यवान शब्द मूल्यहीन बन रहे हैं। इनके मूल्यहीन होने का अर्थ है, पतन के राजपथ का निर्माण। उपभोक्तावाद और सुविधावाद दोनों शब्द बहुत आकर्षक हैं और इन दोनों में ही पतन के बीज सुरक्षित हैं। बाहर से सबकुछ अच्छा दिखाई देता है। भीतर ही भीतर पतन की प्रक्रिया प्रारंभ हो जाती है। आज जो सहन करने की शक्ति कम हुई है, वह उपभोक्तावाद और सुविधावाद का परिणाम है। असहिष्णुता एक व्यापक बीमारी है। उससे पूरा विश्वमानस व्यथित है। उसका दूसरा परिणाम है, मनोबल और शौर्य की कमी। किसी भी सभ्यता और संस्कृति के उत्थान के लिए ये दो तत्त्व बहुत बड़ी भूमिका

अदा करते हैं। शौर्य और मनोबल के बिना कोई भी संस्कृति कठिन परिस्थिति को झेल नहीं सकती। उसके बिना वह आगे बढ़ नहीं सकती। बहुत संपदा, बहुत सुविधा के साधन और बहुत ऐशो-आराम में जीनेवाले अपने अस्तित्व की रक्षा में भी कमजोर हो जाते हैं। वे सुविधाओं को छोड़ने से कतराते हैं।

ऐश्वर्य, भोग-विलास और मनोबल इनमें सह-अस्तित्व नहीं हो सकता। भोग में पलने वाला शरीर और मस्तिष्क मनोबल को उत्पन्न नहीं कर सकता।

ऐसा लग रहा है कि रोटी के अभाव से पीड़ित जन-समूह 'रूपसी' को सदा पसंद नहीं कर पाएगा।

गाँव में सिद्धपुरुष का आगमन। वह मुँह माँगा देता है। जनता की भारी भीड़। किसान की पत्नी आई और बोली—महात्माजी, मुझे भी कुछ दो!

सिद्धपुरुष—जो चाहो सो माँग लो।

किसान की पत्नी ने सोचा, अच्छा है, इससे रूप माँग लूँ, जिससे पति का आकर्षण बना रहेगा। यह सोचकर उसने कहा—महात्माजी, मुझे 'रूपसी' बना दो।

सिद्धपुरुष—तथास्तु!

देखते-देखते वह प्रौढ़ अवस्थावाली स्त्री रूपसी बन गई और लौटकर खेत में आ गई। कुछ समय बाद उसका पति खेत की रखवाली करने आया और अपनी पत्नी को देवी मानकर साष्टांग दंडवत् करने लगा। उसने कहा—ऐसा मत करो। मैं देवी नहीं हूँ। मैं तुम्हारी पत्नी हूँ।

मेरी पत्नी! ऐसे कैसे हो गई। उसने सारी कहानी सुना दी।

पति का क्रोध आसमान को छू गया और बोला—खाने को रोटी तो पूरी मिलती नहीं और तुम्हें रूप चाहिए। क्रोध में तमतमाया हुआ वह सिद्धपुरुष के पास पहुँचा और कुछ देने की प्रार्थना की।

सिद्धपुरुष—जो चाहो सो माँग लो।

वह बोला—मेरी पत्नी को गधी बना दो।

सिद्धपुरुष ने कहा—तथास्तु! और रूपसी गधी बन गई। वह रेंगती हुई खेत में चारों ओर घूमने लगी।

कुछ समय बाद किसान का पुत्र खेत पर आया और वहाँ घूमती हुई गधी को देखा, बाबा—यह क्या हो रहा है? आप खेत की रखवाली कर रहे हैं और यह गधी खेत को नष्ट कर रही है।

किसान निःश्वास छोड़ते हुए बोला—बेटा, यह तेरी माँ है, इसे खेत से बाहर कैसे निकालूँ?

मेरी माँ, यह कैसे हुआ? उसने सारी कहानी सुनाई। किसान-पुत्र आश्चर्यमिश्रित क्रोध से भर गया और उसी मुद्रा में सिद्धपुरुष के पास पहुँचा और कुछ देने की प्रार्थना की।

सिद्धपुरुष—बोलो, क्या चाहते हो?

किसान-पुत्र बोला—कुछ नहीं चाहता। हम जैसे थे, वैसे ही बना दो।

तीन वरदान माँगे। पुनः जैसे थे, वैसे हो गए। सुविधावादी मनोवृत्ति रूपसी जैसी मनोहर है। क्या भूख की त्रासदी भोगनेवाला यह वरदान नहीं माँगेगा कि हमें सुविधावाद और उपभोक्तावाद नहीं चाहिए। हमें वहीं ले जाओ, जहाँ सबको दो जून रोटी मिल जाए।

किसी समाज के बनाने और बिगाड़ने में अर्थ और काम महत्त्वपूर्ण भूमिका निभाते हैं। जहाँ तक अर्थव्यवस्था का संबंध है, अनेक विचारकों ने इसमें संशोधन और परिवर्तन पर विचार किया है। उदाहरण के लिए, एडम स्मिथ (1723-1790) और काल मार्क्स (1818-1883) ने अर्थव्यवस्था में गहन अंतर्दृष्टि प्रदान की, लेकिन मनुष्य की कामनाओं और वासनाओं के प्रबंधन के लिए कुछ नहीं किया गया।

जिस व्यक्ति ने काम का परिष्कार नहीं किया, वह अशांति, असंतोष, अप्रसन्नता और अस्थिरता का जीवन जीएगा।

जिस व्यक्ति ने काम का परिष्कार कर लिया, वह शांति, संतोष, प्रसन्नता और स्थिरता का जीवन जीएगा।

इस शरीर में रहनेवाला, इंद्रिय और मन के जगत् में जीनेवाला कोई भी व्यक्ति सर्वथा अकाम बन जाए, सर्वथा कामना से मुक्त हो जाए, यह कल्पना नहीं की जा सकती। यह सोचा जा सकता है कि किस व्यक्ति ने कितना परिष्कार किया है, कितना शोधन किया है।

विकास के तीव्र प्रकाश में आँखें चुँधियाई हुई हैं। अँधेरा अच्छा नहीं है, तो आँखों को चुँधियाने वाला प्रकाश भी अच्छा नहीं है। अच्छा है मध्यम मार्ग। भगवान् बुद्ध ने मध्यम मार्ग का प्रतिपादन किया। इतना कष्ट न हो कि आदमी निरंतर पीड़ा का अनुभव करे, इतनी सुविधा न हो कि आदमी की चेतना मूर्च्छित हो जाए। सुखी समाज वह होता है, जिसे जाग्रत् चेतना के साथ जीवन चलाने की

सुविधा उपलब्ध होती है।

भगवान् महावीर का अनेकांत-दर्शन भी मध्यम मार्ग का प्रतिपादन करने वाला है। उसका तात्पर्य है—पदार्थ सीमित है और इच्छा अनंत। इसलिए उपभोग के क्षेत्र में भी सापेक्ष दृष्टि और परिमाण (सीमा) का प्रयोग करो!

धर्म और अध्यात्म के आचार्यों ने संयम और त्याग को जीवन के लिए श्रेयस्कर बतलाया। वह भी मध्यम मार्ग की प्रतिध्वनि है। उपभोग का संयम करो और त्याग करो, यह सतही चेतना से निकलने वाली ध्वनि नहीं है। यह उस अनुभव की प्रतिध्वनि है, जिसने त्रैकालिक सत्य का साक्षात् किया।

वर्तमान दुनिया में मनोरोग बढ़ रहे हैं। उपभोगवादी मनोवृत्ति और अतिरिक्त आर्थिक महत्त्वाकांक्षा मनोरोग को बढ़ाने वाली है। इसके लिए गणितीय साक्ष्य देना संभव नहीं है, किंतु आध्यात्मिक अध्ययन और अनुभव के आधार पर यह कहा जा सकता है कि अंत:करण में पल्लवित होने वाली अतृप्ति मन को विचलित करती है और विक्षिप्त बना देती है। विक्षेप मनोरोग का बहुत बड़ा कारण है। जैसे-जैसे उपभोग-सामग्री के संवर्धन के लिए महत्त्वाकांक्षा बढ़ रही है, वैसे-वैसे मानसिक चंचलता भी बढ़ रही है। इस तथ्य के सत्यापन के लिए मिशिगन युनिवसिर्टी के एक सर्वे की रिपोर्ट पर ध्यान देना आवश्यक है। सर्वे को प्रायोजित करने वाले 'नेशनल इंस्टीट्यूट ऑफ मेडिकल हैल्थ' के निदेशक डॉ. थॉमस इनसैल बताते हैं—अमेरिकी समाज में मनोरोग की समस्या काफी गंभीर है। युवापीढ़ी पर इसका घातक असर देखने को मिल रहा है। अमेरिका में हर चार में एक व्यक्ति मनोरोगी है। यह वाक्य क्या खतरे की घंटी नहीं है? ड्रग्स, शराब, अतिभोग, ये सब खतरे की घंटियाँ हैं। आज का आदमी भय से घिरा हुआ होकर भी खतरे की घंटी को सुन नहीं रहा है।

अमेरिका उपभोक्ता की पंक्ति में सबसे अग्रणी है। उसके मनोरोग के आँकड़े प्रस्तुत किए गए हैं, किंतु उपभोक्तावादी कोई भी राष्ट्र मनोरोग की समस्या से नहीं जूझ रहा है, ऐसा नहीं है। उपभोग-सामग्री एक बार तृप्ति देती है, साथ-साथ अतृप्ति की वृत्ति बढ़ जाती है। 'आगे और क्या?' इस प्रकार एक तृष्णा पैदा होती है और वह व्यक्ति को मनोरोगी बना देती है।

अध्यात्म का विकास इसीलिए हुआ था कि व्यक्ति अपने अंतर में विद्यमान सुख की खोज करे, अतृप्ति के बिंदु तक जाने की स्थिति न बने। कोई भी व्यक्ति पदार्थ की दुनिया से अलग नहीं हो सकता और पदार्थ के उपभोग से होनेवाली

समस्याओं से मुक्त नहीं रह सकता। इस नियति-चक्र को तोड़ने का सर्वोत्तम उपाय है—अध्यात्म की चेतना का जागरण। आध्यात्मिक व्यक्ति समूह में रहता हुआ भी अकेला रह सकता है, पदार्थ का उपयोग करता हुआ भी उसके बंधन से मुक्त रह सकता है, पदार्थ के भोग से उपजने वाली समस्याओं का समाधान भी कर सकता है।

भावों का शुद्धीकरण

पारिवारिक अशांति के दो प्रमुख हेतु हैं—

1. अर्थ,
2. व्यवहार।

मनुष्य के चिंतन का विस्तार वस्तु-जगत् के साथ होता है। वस्तु की उपलब्धि का हेतु है—अर्थ। इसलिए आर्थिक विकास अथवा आर्थिक उपलब्धि ही चिंतन को जिस दिशा में ले जाती है, मनुष्य का व्यवहार उसी दिशा में चला जाता है।

पारिवारिक जीवन की शांति का सर्वाधिक महत्त्वपूर्ण कारक तत्त्व है—मृदु व्यवहार। आश्चर्य है कि आदमी कुटिल व्यवहार को अधिक महत्त्व दे रहा है। मनुष्य के मस्तिष्क की एक परत है सरीसृप मन (reptilian brain)।[5] इस स्तर पर जीने वाला व्यक्ति करुणापूर्ण और निश्छल व्यवहार नहीं कर सकता। इस पर नियंत्रण किए बिना व्यवहार मानवीय नहीं बनता। मानवीय व्यवहार के लिए जरूरी है, लिंबिक ब्रेन का परिष्कार। इसका तात्पर्य है भावधारा का परिष्कार।

क्रोध, अहं, लोभ और भय—ये नकारात्मक भाव हैं। व्यवहार को कुटिल बनाने में इनका प्रमुख हाथ है। इनका परिष्कार चेतना के स्तर पर किया जा सकता है। चेतना की जागृति होने पर क्रोध, क्षमा और सहिष्णुता में, अहं, विनम्रता और मृदुता में, लोभ सहज तृप्ति में और भय मैत्री में बदल जाता है। योग और अध्यात्म के प्रयोगों द्वारा ऐसा हो सकता है। नियोकॉर्टेक्स ब्रेन (नव वल्कल मन) का सम्यक् उपयोग किया जाए, तो मानवीय व्यवहार तर्कसंगत होने के बावजूद भी विनम्रता और मृदुता से परिपूर्ण हो सकता है। अच्छे परिवार की कल्पना करने वाले लोग पहले अच्छे मस्तिष्क की कल्पना करें, फिर अच्छे परिवार की कल्पना करें।

कोई भी परिवार आर्थिक संपन्नता के आधार पर सुखी नहीं हो सकता।

सुख के सारे बीज भावात्मक विकास में छिपे हुए हैं। उसकी ओर उतना ध्यान नहीं दिया जा रहा है, जितना वैभव और विलास के विकास की ओर दिया जा रहा है।

आध्यात्मिक विकास के लिए आवश्यक है—चेतना का रूपांतरण। उसके लिए आवश्यक है ध्यान। एक परिवार को रोटी के लिए जैसे पैसे की जरूरत होती है, वैसे ही शांति के लिए ध्यान की जरूरत होती है। भूख प्रत्यक्ष है, इसलिए रोटी और पैसे का मूल्य प्रत्यक्ष है। मानसिक अवसाद उतना प्रत्यक्ष नहीं है। इसलिए शांति की माँग भी उतनी प्रत्यक्ष नहीं है। यह प्रत्यक्ष है कि शांति के बिना रोटी भी सुख नहीं देती। रोटी, सुख और शांति इन तीनों का एक साथ होना ही अच्छे परिवार का लक्षण है।

परिवार एक समूह है, जो उद्‌देश्य के आधार पर बनता है। उसके लिए समान उद्‌देश्य की आवश्यकता है। उद्‌देश्य के निर्धारक तीन तत्त्व हो सकते हैं—

1. आवश्यकता पूर्ति में सहयोग और सुविधा,
2. आधार और आश्वासन,
3. विश्वास और संतुष्टि।

पारिवारिक एकता के लिए सामंजस्य की अभिवृत्ति जरूरी होती है। परिवार के सब सदस्य समान विचार वाले नहीं होते। वैचारिक विभेद कलह के वातावरण का निर्माण करता है। यह सच है कि विचारों की भिन्नता को नहीं मिटाया जा सकता, किंतु प्रशिक्षण द्वारा ऐसे वातावरण का निर्माण किया जा सकता है, जिससे भिन्न और विरोधी विचार वाले व्यक्तियों में शांतिपूर्ण सह-अस्तित्व हो सकता है। उसका महत्त्वपूर्ण प्रयोग है—सामंजस्य की अनुप्रेक्षा।

शांति का रहस्य

एक बार की बात है, दो राजा थे। एक राजा के राज्य में कलह, लड़ाई-झगड़ा बहुत होता था। इससे परेशान होकर वह पड़ोसी राजा के पास गया। अपनी मानसिक व्यथा सुनाते हुए कहा—आपके राज्य में कलह नहीं होती, लड़ाई-झगड़े नहीं होते?

बिलकुल नहीं।

यह कैसे हो सकता है? मेरे राज्य में तो बहुत होता है, फिर आप उससे कैसे बच सकते हैं?

मेरी राजधानी के चार दरवाजे हैं। उन पर बहुत शक्तिशाली सुरक्षा-प्रहरी बैठे हैं। इसलिए कलह, लड़ाई-झगड़ा प्रवेश ही नहीं कर सकता।

मैं उनका नाम जानना चाहता हूँ, यदि कष्ट न हो, तो आप बताएँ?

राजा बोला—पहला सुरक्षा-प्रहरी है सत्य। मेरे राज्य में कोई भी व्यक्ति झूठा व्यवहार नहीं करता, झूठा तौल माप नहीं करता।

दूसरा सुरक्षा-प्रहरी है न्याय। कोई किसी के साथ अन्याय नहीं करता, न बड़ा छोटे के साथ, न छोटा बड़े के साथ।

तीसरा सुरक्षा-प्रहरी है प्रेम। सबमें प्रेमपूर्ण संबंध हैं। जहाँ झूठा व्यवहार नहीं होता, अन्याय नहीं होता, दोहन और शोषण नहीं होता, वहाँ प्रेम पुष्ट बन जाता है।

महाराज, प्रेम कलह की समस्या का समाधान है, पर स्वार्थों की टक्कर में उसकी जड़ें हिले बिना कैसे रह सकती हैं?

आपका वक्तव्य सही है, पर हमारा चौथा सुरक्षा-प्रहरी है त्याग। उसकी शक्ति असीम है। उसके द्वारा स्वार्थ पर नियंत्रण किया जा सकता है। इस प्रकार उस संभ्रम में पड़े राजा को प्रजा में शांति के रहस्य का पता चल गया।

स्वार्थ को कैसे नियंत्रित करें?

एक बार एक युवक ने सुना कि यह गाँव अच्छे परिवारों का है। इसमें रहनेवाले परिवारों में शांतिपूर्ण सह-अस्तित्व है। वह उत्सुकता के साथ उस गाँव में गया, जैसे ही गाँव में प्रवेश किया, उसने शांति का अनुभव किया। ऊर्जा के अणु पूरे आकाश-मंडल में व्याप्त होते हैं। शांति की ऊर्जा के अणु आकाश के कण-कण को शांति से भर देते हैं और अशांति की ऊर्जा के अणु आकाशीय कणों को उदासी और बेचैनी से भर देते हैं। उस युवक ने प्रवेश के साथ ही अनुभव किया कि यह गाँव वास्तव में शांत-सहवास का गाँव है। उसने एक युवक से पूछा—

क्या आप सब शांति से जी रहे हैं, तनावमुक्त हैं?

बिलकुल, न कोई अशांति, न कोई तनाव।

यह कैसे हो सकता है?

हो सकता है, यदि आदमी धार्मिक बन जाए।

धार्मिक आदमी तो बहुत लड़ते-झगड़ते हैं।

वे सही अर्थ में धार्मिक नहीं हैं, केवल 'मान्यता' पर चलने वाले धार्मिक हैं।

सही धार्मिक कौन है?

मेंरे गाँव में रहनेवाला प्रत्येक व्यक्ति।

कोरी कल्पना या यथार्थ?

यथार्थ और शत प्रतिशत यथार्थ।

यह कैसे?

मेरे गाँव में प्रत्येक व्यक्ति के पास एक धर्म का मंदिर है। उसके चार द्वार हैं। उनको पार कर हम सब भीतर जाते हैं और वहाँ धर्म की आराधना करते हैं।

कौन से चार द्वार हैं?

क्षमा पहला द्वार है। मंदिर के भीतर वही जा सकता है, जो सहन करना जानता है, जो क्षमा लेना भी जानता है और क्षमा देना भी जानता है। अप्रिय व्यवहार को भुलाना भी जानता है।

दूसरा द्वार?

स्वतंत्रता, मुक्ति। हम लोग पदार्थ का उपभोग करते हैं, उपयोग करते हैं, पर उनमें आसक्त नहीं हैं। पदार्थ का संयोग अथवा वियोग हमें प्रभावित नहीं करता।

तीसरा द्वार?

सरलता। हम सब एक-दूसरे के साथ सरल व्यवहार करते हैं। हमारा व्यवहार निश्छल है, इसलिए कोई किसी को धोखा नहीं देता। हमारा व्यवहार निश्छल है, इसीलिए प्रामाणिक है। कोई भी व्यक्ति झूठा तौल-माप नहीं करता, अनैतिकता का आचरण नहीं करता।

चौथा द्वार?

मृदुता। अशांति का बहुत बड़ा कारण है अहंकार। उसमें तोड़ने की बहुत बड़ी शक्ति है। उसी का परिणाम है जातीय उन्माद। समाज-व्यवस्था में उच्चता और निम्नता का भेद उसी का परिणाम है। हम सबके साथ मृदु व्यवहार करते हैं। वह सबको जोड़े हुए है। शांत-सहवास में उसका बड़ा योगदान है।

आगंतुक युवक ने स्थानीय युवक का वक्तव्य सुना और आश्चर्य के साथ बोला—हमारे गाँव के लोग भी धार्मिक हैं, पर हमारे यहाँ शांत-सहवास नहीं है।

स्थानीय युवक—तुम धार्मिक हो, पर तुमने धर्म का मंदिर नहीं बनाया।

किस देवता का मंदिर?

धर्म-देवता का मंदिर।

प्रतिमा?

अहिंसा, संयम और तप—इन तीन धातुओं से बनी हुई प्रतिमा।

उसकी पूजा से हमें मिला है मैत्री का संज्ञान। उसकी पूजा से हमें मिला है संयम। हमारे गाँव में सब लोग उपभोग का संयम करते हैं। उपभोग की आवश्यक सामग्री सबको प्राप्त है। न कोई बड़प्पन का प्रदर्शन, न कोई हीनता की अनुभूति। उसकी पूजा से हमें मिला है तप का वरदान। हम सुविधावादी नहीं हैं। कठोर जीवन जीना जानते हैं। श्रम से जी नहीं चुराते हैं।

हम सुविधा के साधनों का कम उपभोग करते हैं, इसलिए हमारे गाँव का स्वास्थ्य अच्छा है। हम श्रम करते हैं, इसलिए हमारे गाँव का स्वास्थ्य अच्छा है। हम भावात्मक विकास का प्रयत्न करते हैं, इसलिए हमारा शारीरिक और मानसिक दोनों प्रकार का स्वास्थ्य अच्छा है। अच्छा परिवार और अच्छा गाँव। शांति का वातावरण और सुखमय जीवन।

आगंतुक बोला—मित्र, तुमने मुझे नया जीवन-दर्शन दिया है। धर्म के वास्तविक रूप से परिचित होने का मुझे अवसर मिला है। मैं भी प्रयत्न करूँगा कि मेरा गाँव भी अच्छा बने और हम सब शांत-सहवास में सुख की साँस ले सकें।

नई दिशा : भावात्मक मेधा (Emotional Intelligence)

लोग सीधे, सहज रूप में समझते हैं कि मेधा मूलभूत है। जीवन को प्रभावी बनाने में इसकी प्रमुख भूमिका है। इसमें उन गहन प्रश्नों के निरूपण की क्षमता है, जिनका उत्तर खोजने के प्रयास में मानव अर्थ की दिशा में अग्रसर होता है। इसलिए यह विचार कि कुछ लोग या उनके समुदाय दूसरों की अपेक्षा श्रेष्ठ होते हैं और फलस्वरूप जो जातीय घृणा अथवा संघर्ष इससे उपजते हैं, वे सभ्य समाज को बिलकुल स्वीकार्य नहीं।

भावात्मक मेधा स्वयं अपने व दूसरों के या समुदायों के भावों का अनुभव करने उनका आकलन व प्रबंधन करने की अर्हता, क्षमता व कुशलता को विवेचित करती है। भावों को अनुभव करने और समझने की क्षमता वास्तव में एक नई मेधा है, जिसमें मनुष्य की वह क्षमता अंतर्गर्भित है, जिसके द्वारा वह अपने सम्यक् चिंतनार्थ भावों का सही-सही अनुभव एवं प्रयोग कर सकता है, भावों के अर्थों को समझ सकता है तथा भावों का प्रबंधन कर सकता है।

भावात्मक मेधा के आरंभिक व आधारभूत क्षेत्र का संबंध भावों के अभाषात्मक

ग्रहण एवं अभाषात्मक अभिव्यक्ति के साथ है। विकासवादी जीव-विज्ञानियों व मनोवैज्ञानिकों का कहना है कि पशु-प्रजाति में भावात्मक अभिव्यक्ति सामाजिक संप्रेषण के रूप में हुई। हर्ष, उदासी, क्रोध एवं भय की चेहरे की अभिव्यक्तियाँ मानवों में सार्वभौम रूप से समझी जाती थीं। मानव-भावों पर शोध करने वालों, विकासवादी जीव-वैज्ञानिकों, अभाषात्मक व्यवहार के विशेषज्ञों व अन्य विद्वानों ने इस क्षेत्र में बहुत प्रगति की है। मानव भावों को कैसे पहचानते हैं और अभिव्यक्त करते हैं, इसका अवबोध करने के क्षेत्र में उन्होंने जबरदस्त घुसपैठ की है। दूसरों के चेहरे व वाणी द्वारा अभिव्यक्त होने वाले भावों को ठीक-ठीक जानने (अनुभव करने) की क्षमता भावों का उन्नत अवबोध करने की दिशा में एक संगीन आदि बिंदु है।

भावात्मक मेधा का दूसरा क्षेत्र भी पूर्णांशतया उतना ही आधारभूत है, जितना पहला है। यह है भावों की ज्ञान-प्रणाली में प्रवेश कर तथा उसका समुचित मार्गदर्शन करके चिंतन को प्रेरित करने की क्षमता। उदाहरण के लिए, ज्ञान-विज्ञानी (cognitive scientists) बताते हैं कि भाव विचारणा से पूर्ववर्ती होते हैं। दूसरे शब्दों में, जिसके प्रति हम भावात्मक प्रतिक्रिया करते हैं, वह वही वस्तु होती है, जिसने हमारा ध्यान आकृष्ट किया हो। अत: अच्छी भावनात्मक-प्रणाली को हमें महत्त्वपूर्ण बातों पर विचार करने के लिए प्रेरित करने में सहायक होना चाहिए। दूसरे उदाहरण के रूप में अनेक शोधकर्ताओं ने बताया है कि भाव रचनात्मकता के लिए बहुत महत्त्वूपर्ण हैं। उदाहरण के लिए, रचना के क्रियान्वयन की क्षमता के लिए सकारात्मक मूड व मूड के झोंके आना, दोनों आवश्यक हैं।

भाव सूचना देते हैं। हर्ष का भाव सामान्यत: दूसरे लोगों के साथ जुड़ने की इच्छा का द्योतक होता है। क्रोध दूसरों पर प्रहार करने या उन्हें हानि पहुँचाने की इच्छा का संकेत देता है। भय पलायन की इच्छा का संकेत देता है आदि। प्रत्येक भाव अपनी तरह की सूचना व उस सूचना से संबंधित संभावित क्रिया का संप्रेषण करता है। उदाहरण के लिए, क्रोध के संदेश का अभिप्राय यह हो सकता है कि कोई व्यक्ति ऐसा अनुभव कर रहा है कि उसके साथ समुचित व्यवहार नहीं हुआ। ऐसे क्रोध के साथ संभावित ये क्रियाएँ हो सकती हैं—समझौता करना, आघात करना, दंडित करना, प्रतिशोध लेना अथवा शांत होने के लिए पीछे हट जाना। भावों व उनसे संबद्ध क्रियाओं को समझना इस कुशलता का महत्त्वपूर्ण पक्ष है।

जब कोई व्यक्ति भावों के ऐसे संदेशों को व उनसे उद्भूत होने वाली संबद्ध क्रियाओं को समझ सकता है, तो ऐसे भावों व क्रियाओं का निष्कर्ष निकालने की क्षमता भी महत्त्वपूर्ण हो जाती है। दूसरे शब्दों में, भावों को पूर्णत: समझने की क्षमता में दोनों बातें संयुक्त रूप से अंतर्गर्भित हैं, एक तो भावों के अर्थ का सम्यक् अवबोध और दूसरी, उन अवबोधों के प्रति तर्कणा करने की क्षमता। भावात्मक मेधा का यह पक्ष उसके कौशल का प्राण है।

भावों का प्रबंधन प्राय: संभव है। सूचना के संप्रेषण के लिए किसी व्यक्ति के भावों को समझना आवश्यक है। जिस सीमा तक कोई भाव स्वैच्छिक नियंत्रण के अंदर है, वहाँ तक तो व्यक्ति चाह सकता है कि वह उसके संकेतों के प्रति खुला (मुक्त) रहे, बशर्ते कि वे अत्यधिक रूप में पीड़ादायक न हों, पर उन भावों का निरोध करे, जो दुर्दमनीय हों। इस बीच जब वे उस व्यक्ति की सहनशीलता की सीमा में हों, तो उसके लिए यह संभव है कि वह अपने व दूसरे व्यक्ति के भावों का प्रबंधन निजी या सामाजिक उद्देश्य के लिए करे।

चार मूलभूत क्षेत्र

किसी सुखी परिवार के लिए सबसे अधिक आवश्यकता प्रेम की होती है। आदर्श स्थिति नि:स्वार्थ प्रेम है, जो एक स्त्री और पुरुष को परिवार बनाने के लिए एक दूसरे को जोड़ता है। प्रेम ही बच्चों में प्रसन्नता बढ़ाता है। एक परिवार को परस्पर बाँधने वाला प्रेम आंशिक रूप से स्वाभाविक प्रवृत्ति होती है, लेकिन एक सुखी परिवार में प्रेम स्वाभाविक प्रवृत्ति से कहीं अधिक नि:स्वार्थ होता है। एक पुरुष को अपनी पत्नी के योग-क्षेम और प्रसन्नता की सुरक्षा के लिए अपनी प्रसन्नता, बल्कि अपने जीवन का बलिदान देने से भी नहीं हिचकना चाहिए। पत्नी को भी प्रत्युत्तर में वैसा ही नि:स्वार्थ प्रेम प्रदर्शित करना चाहिए। माता-पिता के रूप में पति और पत्नी को भी अपने बच्चों के लिए वैसे ही नि:स्वार्थ प्रेम का प्रदर्शन करना चाहिए।

दुर्भाग्य की बात यह है कि प्रेम कुम्हलाकर समाप्त हो सकता है। इसे जीवंत रखने के लिए निकटता, सावधानी व देखरेख की आवश्यकता पड़ती है। जब माता-पिता दोनों कामकाजी होते हैं और उनके पास बच्चों के लिए समय नहीं होता, तो वे किसी सीमा तक उनके लिए अजनबी हो जाते हैं। स्वभावत: बच्चे अपने माता-पिता से प्यार करते हैं और बदले में उनसे भी प्यार की अपेक्षा रखते

हैं। गहरा निजी प्यार, जा स्नेहपूण सहयोग, देखभाल व मनोयोग में व्यक्त होता है, संबंधों के बिगड़ने व कटुता को रोकता है तथा परिवार की प्रसन्नता का एक सबसे बड़ा स्रोत होता है। कितना भी धन, बड़ी कारें, उपहार या उपकरण इसका विकल्प नहीं बन सकते।

प्रसन्नता और सुख का दूसरा बड़ा स्रोत है—आस्था। विश्वास, भरोसा, निर्भरता आदि अपने सभी रूपों में इस सुख व प्रसन्नता का प्रदाता है। यदि किसी घर को सुखी बनाना हो, तो माता-पिता का आचरण ऐसा होना चाहिए कि दोनों का परस्पर अटूट विश्वास हो और वे बच्चों में भी ऐसा ही विश्वास उत्पन्न करें। यदि माता-पिता अपने सदाचारी जीवन का उदाहरण प्रस्तुत करते हैं तो वे एक-दूसरे पर विश्वास करते हैं।

प्रसन्नता और सुख का तीसरा बड़ा स्रोत आत्मानुशासन है। आत्मानुशासन बाहरी अनुशासन के माध्यम से धीरे-धीरे और कभी-कभी कष्टपूर्वक होता है। एक पीढ़ी पहले हमने अनुज्ञापकता (permissiveness) के युग में प्रवेश किया है। जहाँ बच्चों को अपने निर्णय स्वयं लेने और अपने कार्य स्वयं करने की अनुमति होती है। आज विश्व के लगभग सभी मनोवैज्ञानिक इस तथ्य को स्वीकार करते हैं कि बच्चों को अधिक प्रसन्नता देने की अपेक्षा इस अनुज्ञापकता के परिणाम बच्चों और उनके माता-पिता दोनों के लिए घातक हो रहे हैं। जब तक बच्चे आत्मानुशासन के योग्य निर्णय लेने व आचार-व्यवहार की परिपक्वता नहीं पा जाते, उन्हें माता-पिता के निर्देशन में रहना चाहिए। आज्ञापालन में निश्चय ही कुछ प्रतिबंध हैं। माता-पिता को अपने बच्चों को समझाना चाहिए कि कुछ बातें सही होती हैं, कुछ गलत। उन्हें यह भी देखना चाहिए कि वे सीमा में रहें, लेकिन जब निर्देश विफल हो जाएँ और अनुशासन आवश्यक हो, तो इसे हताशा अथवा क्रोध से नहीं, बल्कि प्रेम से लागू करना चाहिए।

सुख और प्रसन्नता का चौथा मूलभूत स्रोत उत्तरदायित्व है। यह पहले तीन स्रोतों से स्वाभावत: विकसित होता है। यदि किसी घर में प्रेम, परस्पर विश्वास और भरोसा है और आत्मानुशासन के विकास के लिए आवश्यक निर्देश व संशोधन का अवकाश है, तो उसका सहज परिणाम उत्तरदायित्व को स्वीकार करना है। परिवार का प्रत्येक सदस्य दूसरे के प्रति अपने उत्तरदायित्व का अनुभव करता है। विश्वास व भरोसे के योग्य होने का उत्तरदायित्व, अपने आश्वासन पूरे करने का उत्तरदायित्व और कर्तव्य एवं काम पूरे करने का उत्तरदायित्व। जब उत्तरदायित्व

की भावना स्वभाव बन जाती है, तो यह परिवार के बाहर जो लोग हैं, उनके प्रति भी व्यवहार में आती है, अधीनस्थ कर्मचारियों, सहयोगियों व मित्रों के प्रति। जब परिवार के सदस्यों में परस्पर विश्वास कम होता है अथवा उसका नितांत अभाव होता है, जब जिसकी उनसे अपेक्षा की जाती है, उसे वे कभी-कभी ही करते हैं, तो परिणाम दु:खद और त्रासद ही होता है, लेकिन जब परिवार के सदस्यों का एक-दूसरे पर पूरा भरोसा होता है और आत्मानुशासन के माध्यम से उन्होंने उत्तरदायित्व का वहन करने की आदत बना ली है, तो इसे निश्चय ही सुखी परिवार ही नहीं सफल जीवन की भी नींव पड़ती है।

चूँकि एक परिवार में प्रसन्नता व सुख उपजाने के सहज तरीकों पर चर्चा कर रहे हैं, इसलिए यहाँ संपदा, सफलता व प्रेम को परस्पर जोड़ने के विषय में एक कथा का वर्णन उचित होगा।

विकल्प

एक स्त्री अपने घर से बाहर निकली तो उसने बाहर आँगन में तीन लंबी सफेद दाढ़ीवाले बूढ़ों को बैठे देखा। वह उनको पहचान न सकी। वह बोली, ''मैं आपको नहीं जानती। लेकिन आप लोग भूखे होंगे। कृपया अंदर आकर भोजन ग्रहण करें।''

''क्या गृहस्वामी अंदर हैं?'' उन्होंने पूछा।

''नहीं, वह तो बाहर गए हुए हैं।'' उस स्त्री ने जवाब दिया।

''तब तो हम अंदर नहीं आ सकते।'' वे बोले।

शाम को जब उसका पति घर लौटा तो स्त्री ने उसे सारी बात बताई, ''अब जाकर उन्हें बता दो कि मैं घर आ गया हूँ और उनको अंदर आने को कहो।'' उसका पति बोला।

स्त्री ने बाहर जाकर बूढ़ों को अंदर आने का आमंत्रण दिया।

''हम सब एक साथ किसी घर में नहीं जाते।'' वे बोले।

''ऐसा क्यों?'' स्त्री ने पूछा।

उनमें से एक व्यक्ति ने अपने साथी की ओर इशारा करते हुए जवाब दिया, ''इसका नाम संपदा है।'' फिर दूसरे की तरफ इशारा करते हुए बोला, ''यह सफलता है और मैं प्रेम।'' इसके बाद वह बोला, ''अब अंदर जाकर अपने पति से सलाह कर लो कि हममें से किसे अपने घर में बुलाना चाहोगी?'' स्त्री अंदर

गई। जो कुछ उस बूढ़े ने कहा था, वह उसने अपने पति को कह सुनाया। यह सुनकर उसका पति खुशी से उछल पड़ा, ''वाह, कितनी अच्छी बात है? तब तो हम संपदा को न्योतेंगे। हमारा घर धन-धान्य से भर जाएगा।'' उसकी पत्नी इस पर सहमत न हुई। वह बोली, ''प्रिय, हम सफलता को क्यों न न्योतें?'' उनकी बेटी घर के एक कोने में यह सब सुन रही थी। उसने अपनी राय दी, ''क्या प्रेम को आमंत्रित करना बेहतर न होगा? फिर तो हमारा घर प्रेम से परिपूर्ण हो जाएगा।'' ''हमें अपनी बेटी की बात मान लेनी चाहिए'', पति ने पत्नी से कहा, ''बाहर जाकर प्रेम से कहो कि वह हमारा आतिथ्य ग्रहण करे।'' उस स्त्री ने बाहर जाकर पूछा, ''आप में से प्रेम कौन है? कृपया अंदर आकर हमारा आतिथ्य स्वीकार करें।'' इस पर प्रेम उठकर उनके घर के अंदर जाने लगा। बाकी दोनों भी उठकर उसके पीछे चल पड़े। हैरान होकर उस स्त्री ने संपदा और सफलता से पूछा, ''मैंने तो केवल प्रेम को आमंत्रित किया है। आप दोनों अंदर क्यों आ रहे हैं?'' उस पर उन बूढ़ों ने जवाब दिया, ''यदि तुमने संपदा या सफलता में से किसी एक को आमंत्रित किया होता, तो बाकी दो बाहर ही रहते, लेकिन तुमने प्रेम को आमंत्रित किया है। वह जहाँ जाता है, हम भी उसका अनुसरण करते हैं। जहाँ प्रेम है, वहाँ संपदा और सफलता भी है।''

परिवर्तन कैसे लाएँ?

सजगता के तीन चरण हैं।[6] पहला चरण किसी विचार का उपजना है। हमें स्वस्थ व सबल विचारों की पद्धति विकसित करनी चाहिए। दूसरा चरण इन विचारों का अवचेतन मानस पर अंकन है, जिसे संस्कार कहते हैं। तीसरा चरण उन आदर्शों को कार्यान्वित करना या आचार है। विचार और आचार में अंतर स्वाभाविक है। केवल वे व्यक्ति, जो राग या वासना से मुक्त हैं, जो उपदेश देते हैं, उसी के अनुरूप आचरण भी करते हैं। राग-द्वेष में लिप्त व्यक्ति की कथनी और करनी में सदा अंतर होता है। उसके विचार और आचार के इस अंतर को समाप्त नहीं किया जा सकता। नदी पार करने के लिए पुल की आवश्यकता होती है। विचार और आचार के अंतर को दूर करने के लिए हमें संस्कारों के पुल की आवश्यकता होती है। यहाँ हम इस परिवर्तन की प्रक्रिया की संस्तुति करते हैं। हम व्यावहारिक जीवन में अनेकांतता का दृष्टिकोण अपनाने की संस्तुति करते हैं। यह परिवार में शांति बनाए रखने के लिए रक्षा-कवच का काम करेगी।

संसाधनों का सुविचारित उपभोग और वस्तुओं में आसक्ति से मुक्ति का संगम इसका श्रेष्ठ विकल्प हो सकता है। एक नई समाज-व्यवस्था बनाने के कई प्रयास किए गए हैं, लेकिन ध्यान हमेशा समाज के बाहरी ढाँचे में परिवर्तन करने पर केंद्रित रहा है। चित्तवृत्तियों में परिवर्तन लाए बिना सामाजिक-पद्धति में परिवर्तन लाने का कोई प्रयास सफल नहीं हो सकता।

मुक्तिमार्ग के चार घटक हैं—(1) सम्यक् ज्ञान, (2) सम्यक् श्रद्धा, (3) सम्यक् आचार और (4) सम्यक् तप। एक आध्यात्मिक संत इन चारों के समेकित अभ्यास से मुक्ति प्राप्त कर लेता है। वह अपनी क्षमतानुसार अपने निष्ठापूर्ण प्रयत्नों से इस मार्ग पर निरंतर अग्रसर होता रहता है, किंतु किसी भी व्यक्ति को इसके लिए आबद्ध नहीं किया जा सकता। आत्म-नियंत्रण और तप की श्रेणियाँ तथा इनके संयोजन के विकल्प इतने व्यापक हैं कि इनका एकनिष्ठ अभ्यास सरलतम विधि से करना संभव है। श्रद्धा का संबंध चित्तवृत्ति से है, जो सरल और कठिन के भेद से मुक्त है, लेकिन सम्यक् ज्ञान इस अंतिम सत्य की मूलभूत समझ पर आधारित है कि प्रत्येक मानव सदा पृथक् है, फिर भी दूसरों से गहराई से जुड़ा हुआ है।

सदा पृथक्, सदा संयुक्त

सभी मानवों में एक आधारभूत पृथकता और संयुक्तता दोनों विद्यमान हैं। ये भेद और अभेद इस रूप में विद्यमान हैं कि दोनों सार्वभौम रूप से स्वीकृत हैं तथा सांस्कृतिक रूप से सुग्राही हैं। विलियम जेम्स (1842-1910) का कहना है—'व्यक्ति की मानसिक प्रोत्तेजना (impulse) के बिना समुदाय की प्रगति अवरुद्ध हो जाती है। समुदाय की सहानुभूति के अभाव में मानसिक प्रोत्तेजना (impulse) मर जाती है।' महात्मा गांधी (1869-1948) के लिए स्वतंत्रता मनुष्य के लिए उतना ही महत्त्वपूर्ण आदर्श थी, जितनी कि आत्मनिर्भरता। मनुष्य सामाजिक प्राणी है। समाज के साथ परस्पर संबंधों के बिना वह न तो ब्रह्मांड से एकाकार होने की अनुभूति कर सकता है, न ही अपने अहं का दमन कर सकता है। उसकी सामाजिक परस्पर-निर्भरता उसे अपनी आस्था का परीक्षण करने और यथार्थ की कसौटी पर स्वयं को सिद्ध करने का अवसर प्रदान करती है। स्टीफन कोवी[7] ने वैयक्तिक विकास की एक रूपरेखा को खोज निकाला है, जो बचपन में दूसरों पर अवलंबन की स्थिति से लेकर (यह दूसरी बात है कि कुछ लोग

बेचारे अवलंबन की संस्कृति से कभी भी बाहर निकल नहीं पाते) मध्य में किशोरावस्था में अवलंबन से मुक्त स्थिति से गुजरती हुई प्रौढ़ावस्था में पारस्परिक अवलंबन की स्थिति तक पहुँचती है। यह एक ऐसी रूपरेखा है, जो इस बात को मान कर चलती है कि यदि कोई व्यक्ति अपने में, जो सर्वोत्तम है, उसे प्रदान करे और संविभक्त उद्देश्य (मिशन) और दर्शन के साथ किंतु उसे प्राप्त करने हेतु अपनी श्रेष्ठ निर्णायकता को काम में लेने की छूट के साथ एक सामान्य लक्ष्य तक पहुँचने के लिए कार्य करे, तो श्रेष्ठ परिणाम उपलब्ध हो सकता है।

परस्पर-निर्भरता की वास्तविकता के लिए स्वाधीन-चिंतन मात्र ही अनुकूल नहीं। ऐसे स्वाधीन व्यक्ति, जिनमें परस्पर-निर्भरता के साथ कार्य करने या विचार करने की क्षमता नहीं है, अच्छे निजी उत्पादक हो सकते हैं, किंतु वे अच्छे नेता या टीम के सदस्य नहीं बन सकते। एक अच्छा परिवार निर्भर बच्चे का पालन-पोषण इस तरह करता है कि वह बड़ा होकर आत्मनिर्भर युवा बने। इस आत्मनिर्भर युवा के लिए अगला चरण संगठित प्रयासों के लिए परस्पर निर्भर गुटों का निर्माण करना होता है।

इस पुस्तक में अब तक हमने मन की एकात्मकता और जीने के सामंजस्य के संदर्भ में संस्कृति, व्यक्ति व परिवार की समझ को विकसित करने का प्रयत्न किया है। इसके अगले व अंतिम अध्याय में हम देखेंगे कि हमारे देश की विभिन्नता संस्कृतियों के संदर्भ में मानव-पृथकता या स्वतंत्रता व मानव-संयुक्तता एवं परस्पर-निर्भरता किस प्रकार अपनी भूमिका निभाती हैं।

□

6

एक समृद्ध राष्ट्र का उद्‍भव

> हे प्रभो! मुझे अपनी शांति का एक माध्यम बनाओ। जहाँ घृणा हो, वहाँ मैं प्रेम, जहाँ क्षति हो, वहाँ क्षमा और जहाँ संदेह हो, वहाँ आस्था के बीज बोऊँ।
>
> *—संत फ्रांसिस ऑफ असीसी*

चाहे कोई व्यक्ति हो या राष्ट्र, उसका निरंतर प्रयास वर्तमान की वास्तविकता का सामना करने और भविष्य की चुनौतियों की तैयारी का रहता है। इसके लिए वह अतीत के अनुभवों का उपयोग करता है। कहीं भी किसी भी क्षेत्र में हो रही बातचीत सुनें, तो उसमें शांति-प्राप्ति और संपन्नता-प्राप्ति के लिए चिंता ही झलकेगी। विद्यार्थियों को अवसरों की चिंता रहती है, किसानों को गुजर-बसर की चिंता सताती है, महिलाओं को भेदभाव की चिंता रहती है, जनसाधारण बढ़ती कीमतों और मुद्रास्फीति को लेकर चिंतित रहते हैं। जहाँ व्यक्ति और परिवार इन समस्याओं को लेकर चिंतित रहते हैं, वहीं राष्ट्र संपूर्ण मानवजाति के लिए खतरा बन चुकी समस्याओं से जूझ रहे हैं, जैसे—ऊर्जा, पेयजल की कमी, पर्यावरण का विनाश, स्वास्थ्य रक्षा की चुनौतियाँ, भ्रष्टाचार और आतंकवाद। शांति व्यक्तियों व राष्ट्रों से दूर भाग रही है। यह न केवल उनकी प्रगति में बाधक है, बल्कि

मानसिक बेचैनी भी पैदा कर रही है, जिससे और समस्याएं उपज रही हैं, जैसे असमानता, भय, घृणा, चरमवाद व आतंकवाद। दुर्भाग्यवश इसके अतिरिक्त हम कुछ बीती घटनाओं से उत्पन्न असंतोष की समस्याओं से भी निबटने में असफल रहे हैं। हम सब वे कहानियाँ सुन चुके हैं कि किस तरह कुछ व्यक्तियों की घृणा ने व्यक्तियों, उनमें फँसे परिवारों को अपूरणीय क्षति पहुँचाई। सभी राष्ट्रों में अगणित स्मारक हैं, जो हमें नित्य युद्धों की विभीषिका और उनकी अवशिष्ट भावनाओं का स्मरण कराते रहते हैं, जिनको लेकर लोग दीर्घकाल तक जीते हैं, पर क्या हम इनसे पर्याप्त सबक सीख रहे हैं? यह सच है कि हमें इस बात का अहसास हो चुका है कि आज का विश्व परस्पर संबद्ध है। टेक्नोलॉजी और भ्रमण ने संसार को एक वैश्विक ग्राम बना दिया है। विश्व को राष्ट्रों का एक महासंघ बनना है। एक राष्ट्र राज्यों, सामाजिक समुदायों, परिवारों व व्यक्तियों का महासंघ होता है। अत: आवश्यकता है 'जियो और जीने दो' की स्थिति की। व्यक्ति की आवश्यकताएँ, निजता, स्वतंत्रता, आकांक्षाएँ, उपलब्धियाँ—इन सबका महत्त्व है। पर आवश्यकता एक ऐसे उदात्त व उत्तम राष्ट्र की है, जिसमें सारे देश का हित उसकी जनता के विचारा व कार्यों में समाहित हो। यह आज की आवश्यकता है। हम ऐसे उदात्त राष्ट्र की कल्पना को कैसे साकार कर सकते हैं?

एक उत्तम व उदात्त राष्ट्र की हमारी परिकल्पना के दो भाग हैं। एक आंतरिक, जो व्यक्ति, परिवार, समुदाय व समाज से संबद्ध है। दूसरा उद्यम से संबंधित है। इसमें जीविका, व्यवसाय, धन का वितरण तथा व्यक्तिगत संपत्ति व अधिकार जैसे मुद्दे सम्मिलित हैं। इसके लिए हम कोई नया सिद्धांत या अवधारणा प्रस्तुत नहीं कर रहे, बल्कि अपनी सभ्यता की विरासत से निष्कर्ष निकालते हैं। आधारभूत बात यह है कि एक मूल्यों का आदर करनेवाला कोई भी नागरिक अपने परिवार, समाज तथा तदनुरूप अपने राष्ट्र का सम्मान करता है। इसके अतिरिक्त इस बारे में भी सचेत होता है कि वह विश्व-परिवार का अंग है। व्यवहार्य बात है, जनसाधारण की समृद्धि व उनकी पर्याप्त अर्जन क्षमता। ऐसे राष्ट्र को हम विकसित राष्ट्र का नाम दे सकते हैं। आर्थिक संपन्नता एवं अंतर्स्थापित मूल्य पद्धति एक शांतिपूर्ण व संपन्न समाज का विकास करते हैं और उसी से एक सुखी राष्ट्र बनता है।

इस धरती पर जीवन का आरंभ आज से साठ करोड़ वर्ष पहले हुआ था। महाद्वीपों का खिसकना बीस करोड़ वर्ष पहले आरंभ हुआ और इससे पाँच महाद्वीप बने। चालीस करोड़ साल पहले स्तनपायी विकसित हुए। सबसे पहले

के मानव की किस्म के होमिनिड 2.6 करोड़ वर्ष पहले विकसित हुई। लगभग दो लाख वर्ष पहले आज का मानव विकसित हुआ। वह अहेरी-संग्राहक के रूप में धरती पर विचरण करता रहा, फिर आज से पचास हजार साल पहले समुदायों के रूप में बस्ती बनाकर रहने लगा। उच्चरित भाषा लगभग दस हजार वर्ष पुरानी है, जबकि लेखन का विकास पिछले कुछ हजार वर्षों में ही हुआ है। सभ्यता को आज हम जिस रूप में देखते हैं, उसका उदय 200 से 400 पीढ़ियों के मध्य ही हुआ है, यानी कोई पाँच हजार से दस हजार वर्षों के मध्य। क्या कोई आनुवंशिक निरंतरता है?

आधुनिक आनुवंशिक टेक्नोलॉजी ने हमें मानव इतिहास की खोज में नई अंतर्दृष्टि प्रदान की है। एरिजोना विश्वविद्यालय में आनुवंशिकी विश्लेषण के प्रोफेसर मिखाइल हेमर के शब्दों में—'एक मनुष्य का डी.एन.ए. उसके इतिहास की पुस्तक है।' संसार के करोड़ों मनुष्य अनेक पीढ़ियों या उससे भी पहले के पूर्वजों के बारे में मौखिक इतिहास, पारिवारिक दस्तावेजों या सरकारी अभिलेखों के माध्यम से जान सकते हैं। मनुष्य की जीन में निहित इतिहास पृथ्वी के हरेक मानव को अफ्रीका की जैव-उत्पत्ति से जोड़ता है। लोगों के अफ्रीका से बाहर प्रवास के कारण समय के साथ जीन में स्वाभाविक परिवर्तन आए। डी.एन.ए. विकसित, उत्परिवर्तित हुआ और उसमें अंतर आया। संभवतः तीस से पचास हजार वर्ष पहले के साथ-साथ रहने से समाज का विकास हुआ। उन्होंने नए अन्वेषण और सभ्यताओं को अपनाया। अतीत के मानव के प्रवास व मिल-जुलकर रहने के स्वभाव के कारण हम इतने वर्षों में विभिन्न महाद्वीपों में भी विलग व अकेले नहीं रहे। हमारे प्रवास का इतिहास है और हमारी उत्पत्तिमूलकता से यह परिलक्षित होता है।

अतएव एक आनुवंशिक निरंतरता है। यद्यपि एक जीन एक गुणसूत्र में रहती है, परंतु यह आवश्यक नहीं कि वह अगली पीढ़ी में भी वहीं रहे। आनुवंशिकी का भौतिक पदार्थ, जैसा कि पहले समझा जाता था, प्रोटीन नहीं है। यह डी.एन.ए. है। डी.एन.ए. का परमाणु द्विकुंडलाकार है। इसके दो स्तंभ हैं—शुगर फॉस्फेट-शुगर फॉस्फेट। इन दो आधारों की हड्डियाँ कुंडल की धुरी की तरफ अंदर को बढ़ी होती हैं। हाइड्रोजन के बंध इनको परस्पर बाँधे रहते हैं। ये निरंतर आधारों को समतुल्य रखते हैं एडेनीन थाइमीन से और गुआनीन साइटोसीन से। आनुवंशिक निरंतरता की मूलभूत प्रकृति इस प्रक्रिया की प्रकृति है। डी.एन.ए. का परमाणु अपनी प्रतिकृति बनाता रहता

है। प्रत्येक जीवन अपनी तरह के जीवन से उत्पत्ति पाता है, परंतु उसका अपना विलक्षण स्वरूप होता है।

आधुनिक समाज की चुनौतियाँ

विश्व की छह अरब की आबादी में से केवल आधी को सही पेयजल उपलब्ध है। विश्व की एक-तिहाई जनसंख्या को शौचालयों की सुविधा उपलब्ध नहीं। सन् 2025 तक विश्व की जनसंख्या बढ़कर आठ अरब हो जाएगी। इनमें से केवल एक अरब को पर्याप्त पानी मिलेगा। पाँच अरब को शौचालय की सुविधा नहीं होगी। जीवाश्म ईंधन के प्रयोग ने पर्यावरण के लिए बड़ी विकट समस्याएँ खड़ी कर दी हैं। इससे मौसम में असामान्य परिवर्तन हो रहे हैं। स्वास्थ्य-रक्षा के क्षेत्र में एच.आई.वी./एड्स, कैंसर, तपेदिक, मलेरिया, जलजनित रोग व हृदय रोग जैसी भयंकर बीमारियाँ काफी बढ़ गई हैं। विकास की गति ने प्राकृतिक साधनों में नाजुक संतुलन के लिए चुनौती खड़ी कर दी है। इसने मानव गतिविधियों के हर स्तर पर प्रतिस्पर्धा उत्पन्न कर दी है। स्वस्थ जीवन का आनंद, संपन्नता व सुख-सुविधा जीवन-यापन के स्वाभाविक ढंग की जगह तनावयुक्त हो गए हैं।

ऐसे में क्या लगभग रोग-रहित, आर्थिक रूप से संपन्न व शांतिपूर्ण समाज का निर्माण संभव है? हमारी राय में त्रिकोणीय प्रयास से यह संभव हो सकता है—(1) स्वच्छ व हरा-भरा पर्यावरण बनाने से, (2) स्वास्थ्य रक्षा के लिए त्रिआयामी जीवन-शैली को प्रोत्साहन देकर और साथ ही आनुवंशिकी-रचित औषधियों के प्रयोग तथा (3) प्रबुद्ध नागरिकों के विकास द्वारा।

स्वच्छ व हरे-भरे पर्यावरण का निर्माण

हमारी धरती ओजोन की परत में छिद्रों के कारण समताप मंडलीय शीतलता का और ग्रीन हाउस गैसों की वृद्धि के कारण क्षोभमंडलीय ऊष्मा का अनुभव कर रही है। जीवाश्म ईंधन से ऊर्जा उत्पादन के फलस्वरूप प्रतिवर्ष 30 अरब टन कार्बन डाइऑक्साइड पैदा हो रही है। धरती के पर्यावरण की सुरक्षा का उत्तरदायित्व हम पर है। हमारा यह भी उत्तरदायित्व है कि जीवाश्म ईंधन का कोई शाश्वत विकल्प निकालें, जो पर्याप्त स्वच्छ ईंधन के रूप में होने के साथ-साथ क्रय-योग्य भी हो।

स्टीफन हाकिंग (Stephen Hawking) ने कल्पना की कि यदि मानव वंश को जीवित बचे रहना है, तो उसे कहीं बाह्य अंतरिक्ष में जाकर बसना होगा। हम उनसे सहमत हैं। हमने पर्यावरण में जो बिगाड़ किया है, उसे सुधारना भी इस बात की गारंटी नहीं कि धरती बिना किसी व्यवधान के हमारी वृहत् जनसंख्या को आनेवाले वर्षों में वहन कर सकेगी। स्वयं को बचाए रखने की आशा कई ग्रहों पर जाकर बसने से ही रखी जा सकती है। ईंधन की आपूर्ति व माँग में होने वाले तीव्र परिवर्तन से अर्थव्यवस्था को लगने वाले झटकों से बचने की सर्वोत्तम आशा पर्यावरण अनुकूल ईंधनों का प्रयोग करना है, जो आपूर्ति को विविधता दे। हमारी राय में अंतरिक्ष-आधारित सौर ऊर्जा की आर्थिक संभाव्यता के परीक्षण में निवेश करने में समझदारी है।

चंद्रयात्रा को हमारे भविष्य के लिए आर्थिक निवेश के रूप में देखना चाहिए। इससे टेक्नोलॉजी को शायद बहुत अधिक लाभ न मिला हो, लेकिन दीर्घकाल में इससे जो नए उद्योग पनपेंगे और जो आनेवाली पीढ़ियों का संबल बनेंगे, वह महत्त्वपूर्ण होगा। चंद्रमा से प्राप्त पदार्थों का प्रयोग करके बनाए गए ऊर्जा उपग्रहों से प्राप्त ऊर्जा अंतत: काफी सस्ती होगी। चंद्रमा अपने हीलियम-3 के भंडारों से हमें संभवत: स्वच्छ ईंधन की आपूर्ति करेगा।

चंद्रमा के अतिरिक्त मंगल एक और खगोलीय पिंड है, जिसने मानव का ध्यान आकर्षित किया है। विश्वास किया जाता है कि मंगल आत्मसम्मान, आदर, ऊर्जा व अहं का प्रतिनिधित्व करता है। भारतीय संस्कृति में मान्यता है कि मंगल की किन्हीं दशाओं में जनमे लोगों के स्वभाव में अस्थिरता होती है और वे अपने जीवनसाथी के साथ सामंजस्य बैठाने में कठिनाई का अनुभव करते हैं। पिछले लगभग पचास वर्षों से हमारी संस्कृति मंगल पर अंतरिक्ष यान भेजने के प्रयास करती रही है। इक्कीसवीं सदी के आरंभ तक अब तक भेजे गए 33 यानों में से केवल दस पूरी तरह सफल रहे हैं। मंगल पृथ्वी के बाद सूर्य का चौथा ग्रह है। वह पृथ्वी के 687 दिनों में सूर्य की परिक्रमा करता है। उसका एक दिन का समय पृथ्वी के लगभग समान 24 घंटे 39 मिनट और 35 सेकंड है। इसका वातावरण अधिकांशत: कार्बन डाइऑक्साइड (95.3 प्रतिशत) का है। वहाँ ऑक्सीजन नहीं है। मंगल भी कभी पृथ्वी सरीखा ही था। इसकी धरती पर पानी होने के अवशेष-चिह्न हैं। बड़ी नहरें व छोटी गूलें पानी होने के इतिहास की

पुष्टि करती हैं। इस बात की संभावना है कि वहाँ कभी जीवन था या आज भी है।

जब हम अपने अंतरिक्ष अभियानों में प्रगति कर रहे हैं, तो उसके साथ ही हमें स्वयं को जीवाश्म ईंधन से मुक्त करके भारत को स्वच्छ, हरा-भरा ऊर्जा व पर्यावरण देने के लिए अल्पकालिक कदम उठाने चाहिए।

ऊर्जा-स्रोतों की संरचना

आनेवाले दो दशकों में भारत की संभावित प्रगति के अनुसार 2030 तक हमारा ऊर्जा उत्पादन बढ़कर चार लाख मेगावाट हो जाएगा, जो इस समय 130,000 मेगावाट है। ऊर्जा में आत्मनिर्भरता तीन स्रोतों से उपलब्ध की जा सकती है। पनबिजली, परमाणु ऊर्जा और अपरंपरागत स्रोत (मुख्यतः सौर ऊर्जा)। ताप ऊर्जा इसके अतिरिक्त है। सामान्य जलस्रोतों व नदियों को परस्पर जोड़ने के बाद जल-ऊर्जा का 50 हजार मेगावाट अतिरिक्त उत्पादन होगा। सैकड़ों मेगावाट की उत्पादन क्षमता वाले अनेक सौर ऊर्जा फार्मों से लगभग 55 हजार मेगावाट बिजली का उत्पादन होगा। परमाणु बिजलीघरों का लक्ष्य 50 हजार मेगावाट का रखा जा सकता है। पवन-ऊर्जा से मिलनेवाली प्रकल्पित बिजली 64 हजार मेगावाट होगी। शेष 51 हजार मेगावाट का उत्पादन स्वच्छ कोयला टेक्नोलॉजी, गैस तथा बायोमास, नगरपालिका-कर्कट एवं सौर-ताप ऊर्जा जैसे नवीकरणीय स्रोतों से उत्पादित विद्युत् से होगा। इसमें सबसे महत्त्वपूर्ण पहलू यह है कि नवीकरणीय ऊर्जा टेक्नोलॉजी से उत्पादित विद्युत् को वर्तमान 5 प्रतिशत से बढ़ाकर 28 प्रतिशत किया जाए। परिवहन क्षेत्र में भारत की योजना बड़े पैमाने पर इमल्सीकृत डीजल, जैव-डीजल और ईथेनॉल का प्रयोग करने की है।

इससे पर्यावरण स्वच्छ बनेगा, क्योंकि हम जीवाश्म पदार्थों का प्रयोग बंद कर देंगे जो सर्वाधिक कार्बन डाइऑक्साइड उत्पन्न करते हैं। जो परिणाम सामने आ रहे हैं, उनसे पता चलता है कि हम जीवाश्म पदार्थों पर आधारित ईंधन के बिना रह सकते हैं। इसके बदले हम सौर, परमाणु व पनबिजली उत्पादन का प्रयोग कर सकते हैं। पृथ्वी के वातावरण में छोड़े जानेवाले अरबों टन कार्बन से बहुत हद तक बचा जा सकता है। इसी प्रकार राज्यों के मध्य और राज्यों व तटवर्ती क्षेत्रों के मध्य नदियों को परस्पर जोड़कर स्वच्छता व सिंचाई के लिए पर्याप्त मात्रा में जल उपलब्ध कराया जा सकता है। अधिक

वन उपजाकर वर्षा के अनुकूल स्थितियाँ बनाई जा सकती हैं। स्वच्छ व हरा-भरा पर्यावरण हमारी धरती को मानवता के फलने-फूलने का अधिक अनुकूल स्थान बना देगा।

स्वास्थ्य रक्षा के लिए त्रिशाखीय जीवन-शैली का दृष्टिकोण

हमारे अस्पतालों में डॉक्टर शारीरिक व्याधियों का उपचार करते समय अपना सारा ध्यान व्याधि-विज्ञान को शरीर-विज्ञान में पलटने पर केंद्रित करते हैं। यह देखा गया है कि इस प्रकार के उपचार से आंशिक सफलता ही मिलती है। भारतीय वैज्ञानिकों के एक दल को स्तन कैंसर के रोगियों पर मानसिक-शारीरिक चिकित्सा का प्रयोग करने का अवसर मिला। इस प्रयोग से पता चला कि मनो-तांत्रिकीय प्रतिरक्षण अक्ष इन रोगियों में व्याधि की पूर्व सूचना देने में महत्त्वपूर्ण भूमिका अदा करता है। इस धारणा का एक और प्रायोगिक प्रमाण रक्षा अनुसंधान एवं विकास संगठन और ग्लोबल हॉस्पीटल रिसर्च सेंटर के संयुक्त अध्ययन में सामने आया। हृदय धमनी रोग के प्रत्यावर्तन के लिए यह अध्ययन माउंट आबू (राजस्थान) में किया गया था। इसके लिए त्रिशाखीय जीवन-शैली का हस्तक्षेप अपनाया गया। इसमें शामिल थे—(1) कम वसा, उच्च रेशेवाला आहार, (2) नियमित एरोबिक व्यायाम और (3) ध्यान। इस अध्ययन से स्पष्ट हो गया कि जीवन-शैली के हस्तक्षेप से इस रोग का प्रत्यावर्तन हो गया और प्रमाण-स्वरूप एंजियोग्राम से बिंबाणु अदृश्य हो गए। प्रत्येक व्यक्ति में अंतर्निहित अध्यात्म-बल होता है, जो सुप्त अवस्था में रहता है। इसे जाग्रत् करके हम निश्चय ही निरोग होने की प्रक्रिया को बढ़ा सकते हैं और रोगियों के जीवन की गुणवत्ता सुधार सकते हैं।

इस प्रकार का त्रिशाखीय स्वास्थ्य रक्षा दृष्टिकोण स्वास्थ्य रक्षा के दर्शन में महत्त्वपूर्ण विकास सिद्ध हो सकता है। यह एच.आई.वी./एड्स, कैंसर, डाइबिटीज व अन्य दीर्घकालिक रोगों के उपचार में उपयोगी सिद्ध हो सकता है। जीवन-शैली का यह दृष्टिकोण न केवल कम खर्चीला है, बल्कि व्यक्तियों के जीवन की गुणवत्ता में सुधार करने का धारणीय समाधन भी प्रस्तुत करता है।

प्रबुद्ध नागरिक और आर्थिक संपन्नता

प्लेटो अपनी पुस्तक 'डायलॉग्स ऑफ प्लेटो' में लिखते हैं—''राष्ट्र के

निर्माण में हमारा उद्देश्य किसी वर्ग के लिए असमान आनंद व सुख नहीं था बल्कि सबके लिए सर्वाधिक आनंद था।'' लगभग उसी काल में आज से 2400 वर्ष पहले तमिल कवि तिरुवल्लुवर[1] ने कहा—

பீணீயீன்மை செல்வம் வீளைவீன்பம் ஏமம்
அணீயென்ப நாட்டிற்கீவ வைந்து

'यानी 'किसी राष्ट्र का निर्माण करनेवाले महत्त्वपूर्ण तत्त्व हैं—रोग-मुक्ति, संपन्नता, उच्च उत्पादकता, समरस जीवन व सुदृढ़ सुरक्षा।' हमें पता लगाना चाहिए कि हम सबकी प्रसन्नता व सुख के निमित्त किसी राष्ट्र के नागरिकों को ये सारे तत्त्व कैसे उपलब्ध करा सकते हैं। इससे विश्व चरमपंथ से मुक्त व शांतिपूर्ण बन सकता है। पहले हम यह चर्चा करेंगे कि प्रबुद्ध समाज कैसे विकसित किया जा सकता है।'

प्रबुद्ध समाज का विकास

हम इन तीन तत्त्वोंवाले प्रबुद्ध समाज का विकास कैसे कर सकते हैं—(1) मूल्य पद्धति के साथ शिक्षा, (2) अध्यात्म में रूपांतरित होता धर्म, (3) सामाजिक रूपांतरण के लिए आर्थिक विकास।

मूल्य पद्धति के साथ शिक्षा

विश्वशांति के बीज प्रत्येक व्यक्ति के हृदय की सदाचारिता में निहित हैं। ऐसे सदाचारी नागरिक एक प्रबुद्ध समाज का विकास करते हैं। शिक्षा का प्रारूप ऐसा होना चाहिए कि युवा मानस में हृदय की सदाचारिता विकसित हो। शिक्षा के मुख्य वर्ष पाँच से सत्रह वर्ष की आयु के होते हैं। जैसा कि एक पुरातन यूनानी गुरु ने कहा है—'मुझे सात वर्ष के लिए एक बच्चा दे दो, फिर चाहे उसे ईश्वर को सौंपो, चाहे शैतान को। वे बच्चे को बदल न पाएँगे।' यह महान् गुरुओं की सामर्थ्य और युवा मानस में वे क्या अंतर्निविष्ट कर सकते हैं, उसका संकेतक है। माता-पिता व शिक्षकों को बच्चों में नैतिक मूल्यों का अंतर्निवेश अवश्य करना चाहिए। इसके लिए मानव अंतश्चेतना की विलक्षणता व सर्वव्यापकता में अंतर्दृष्टि की सामर्थ्य होना चाहिए। सच्ची शिक्षा दैनिक घटनाओं, मानव व भूमंडलीय के साथ मनुष्य का संपर्क बनानेवाले स्थायी सत्य को समझने की प्रबुद्ध भावना व

प्रबुद्ध सामर्थ्य अर्जित करना है।

सन् 1950 में सेंट जोजेफ कॉलेज, तिरुचिरापल्ली के रेक्टर, रेवरेंड कलाथिल प्रत्येक सोमवार को एक कक्षा लेते थे। इसमें वह वर्तमान समय व अतीत के अच्छे लोगों की चर्चा करते और अच्छे मनुष्य के गुणों के बारे में बताते। वह भगवान् बुद्ध, कंफ्यूशियस, संत अगस्तीन, खलीफा उमर, महात्मा गांधी, आइंस्टीन, अब्राहम लिंकन के बारे में बताते और हमारी सभ्यता की विरासत से संबंधित नीति-कथाएँ सुनाते। फादर कलाथिल युवा छात्रों को बताते कि किस प्रकार वे महापुरुष अच्छे मनुष्य बने। इसके लिए उन्हें माता-पिता की देखरेख, शिक्षा व अच्छी पुस्तकों का साहचर्य मिला था। स्कूलों व कॉलेजों में यह आवश्यक है कि संस्था के महान् शिक्षकों द्वारा सप्ताह में एक बार सभ्यता की विरासत एवं उससे निःसृत मूल्य पद्धति पर एक घंटे तक व्याख्यान दिया जाए। आचार्य महाप्रज्ञ की पुस्तक 'जीवन विज्ञान' जैसी पाठ्य-पुस्तकें मूल्यों के विषय में आदर्श सबक दे सकती हैं।[2] नैतिक विज्ञान की यह कक्षा युवा मानस को अपने देश से प्रेम करना व अन्य मानवों से प्रेम करना सिखाकर उच्च धरातल तक उनका उन्नयन करेगी। हावर्ड गार्डनर की पुस्तक 'फाइव माइंड्स फॉर द फ्यूचर'[3] हमारी राय में युवाओं की शिक्षा-प्रक्रिया में पाँच क्षमताओं का निर्माण करने के बारे में बताती है—

1. अनुशासित मन

अनुशासित मन के लिए मुख्य विचारधाराओं पर निपुणता की आवश्यकता है। विज्ञान, गणित, इतिहास व धर्म इसमें शामिल हैं। इसके अतिरिक्त अनुशासित मन को कम-से-कम एक व्यावसायिक क्षेत्र की कुशलता में समृद्ध होना चाहिए। शोध से पुष्टि हुई है कि किसी एक विषय में प्रवीणता प्राप्त करने में दस वर्षों का समय लग जाता है। ऐसा मन जानता है कि कुशलता व समझ-बूझ को बेहतर बनाने के लिए कैसे अतिरिक्त समय तक काम किया जा सकता है।

2. संयोजक मन

इसका संबंध विभिन्न विषयों या क्षेत्रों के विचारों का संयोजन करने की क्षमता से है, जो उन्हें समेकित प्रणाली बनाकर संयोजित विचारों का संप्रेक्षण कर सके। वर्तमान विश्व में सूचना के बढ़ते भंडार के कारण संयोजन-क्षमता का महत्त्व बहुत बढ़ जाता है।

3. रचनात्मक मन

नई समस्याओं, प्रश्नों व तत्त्वों का समाधान करने व उन्हें उद्घाटित करने की क्षमता अर्जित करना आवश्यक है। उदाहरण के लिए, रचनात्मकता के लिए हम नेताओं को खोजते हैं, प्रबंधकों को नहीं। रचनात्मक मन नए विचार देता है और परिचित प्रश्नों के अभूतपूर्व उत्तर खोज निकालता है। यह आधुनिकतम कंप्यूटरों व यंत्र-मानवों से भी एक कदम आगे रहने की चेष्टा करता है। भविष्य के अधिकांश कंप्यूटर लघु आकार के और धारणीय होंगे। उनमें परस्पर बेतार संप्रेषण की सुविधा होगी। एक सेकंड में एक अरब गणनाएँ करने की क्षमतावाला आज का सामान्य मूल्य का निजी कंप्यूटर आनेवाले दस वर्षों में प्रति सेकंड दस खरब गणनाएँ कर लेगा। भविष्य के बारे में अनुमान है कि 2019 तक एक सामान्य कंप्यूटर की संगणन क्षमता मानव मस्तिष्क से आगे निकल जाएगी। 2029 तक एक सामान्य कंप्यूटर की क्षमता मस्तिष्क से एक हजार गुना बढ़ जाएगी। हमारी राय में मानव का रचनात्मक मन भविष्य के सर्वाधिक शक्तिशाली कंप्यूटरों से सदा श्रेष्ठ रहेगा।

4. आदरपूर्ण मन

विलक्षण विकासवाला परिपक्व मन विभिन्न मनुष्यों के बीच मतभेद के प्रति जागरूक भी रहता है और उनका आदर भी करता है। एक आदरपूर्ण मन दूसरों को समझने व परस्पर विश्वास की क्षमता रखता है। वर्तमान विश्व में जब हम सब परस्पर संबद्ध हैं और कार्य से संबंध बनाए रखना हमारे लिए आवश्यक है, असहिष्णुता व्यवहार्य विकल्प नहीं।

5. नैतिक मन

एक व्यक्ति में कर्मी व एक नागरिक के रूप में अपने उत्तरदायित्व एक साथ निभाने की अंतर्निहित क्षमता होती है। यह 'निष्ठा से कार्य करने व निष्ठा से सफल होने' की प्रेरणा देती है। मन परिकल्पना कर लेता है कि किस प्रकार कर्मी निजी हित से आगे के उद्देश्य की पूर्ति कर सकता है और किस प्रकार दूसरों के हित के लिए निस्स्वार्थ भाव से कार्य कर सकता है। नैतिक मन फिर इस विश्लेषण के अनुरूप आचरण

करता है। आज के परिदृश्य में आदरपूर्ण मन और नैतिक मन का होना अति महत्त्वपूर्ण है, क्योंकि आज की अनेक सामाजिक समस्याओं के मूल में दूसरों के बारे में न सोचने का रवैया और व्यक्तियों की अति स्वार्थपरकता है। शिक्षा पद्धति ऐसी होनी चाहिए, जो युवाओं में ऐसे मन का विकास करे, ताकि वे दूसरों का आदर करना सीख सकें और जीवन में अपने लक्ष्यों की प्राप्ति के लिए सहिष्णु व अध्यवसायी बनें।

इन पाँच प्रकारों की मानसिकता होने पर कोई व्यक्ति, जो अपेक्षित है और जो अप्रत्याशित है, इन दोनों स्थितियों का सामना कर सकता है। इनके अभाव में व्यक्ति उन शक्तियों की दया पर निर्भर होगा, जिन्हें वह समझ नहीं सकता। हमारी शिक्षा, राजनीति, प्रबंधन व आध्यात्मिक प्रणाली को इन पाँच मानसिकताओं में परिपक्वता अर्जित करनी होगी। तभी सकारात्मक मानव क्षमता विकसित हो सकती है। विषय ज्ञान, संयोजन व रचनात्मकता का प्रयोग किसी भी तरह के उद्देश्य के लिए किया जा सकता है, अगर हम नैतिकता व आदर की भावना का विकास नहीं करते। इसलिए पाँचों प्रकार की मानसिकता के सामंजस्य के साथ कार्य करना चाहिए।

युवाओं में पाँच धारिताएँ उपजाकर इन पाँच मानसिकताओं का पोषण किया जा सकता है। ये पाँच धारिताएँ हैं—अन्वेषण, रचनात्मकता, टेक्नोलॉजी का अनुप्रयोग, उद्यमशील व नैतिक नेतृत्व। इनका विकास करके हम स्व-अध्येता बनाएँगे, जो आत्म-निर्देशित, आत्म-नियंत्रित, आजीवन अध्येता होगा। उसमें सत्ता का आदर करने का गुण होगा और साथ ही उपयुक्त विधि से उस पर प्रश्न उठाने की क्षमता भी।

ये स्वायत्त अध्येता सम्मिलित रूप से काम करेंगे और स्व-संगति नेटवर्क का निर्माण करेंगे। वे अपने समाज को एक संपन्न राष्ट्र में रूपांतरित कर देंगे। शिक्षा का एक अत्यंत महत्त्वपूर्ण भाग छात्रों में 'मैं कर सकता हूँ' की भावना भरना है।

धर्म का आध्यात्मिकता में रूपांतरण

धर्म के दो घटक होते हैं—धर्मतंत्र और अध्यात्म। यद्यपि प्रत्येक धर्म का धर्मतंत्र विलक्षण होता है, आध्यात्मिक घटक मानव द्वारा उन मूल्यों के अंतर्निहित

किए जाने का प्रसार करता है, जिनसे जीवन अच्छा बन व समाज का हित हो। तब भी जब हम सांसारिक जीवन जी रहे हों।

सन् 1960 में भारत में अंतरिक्ष अनुसंधान के प्रवर्तक प्रोफेसर विक्रम साराभाई व उनके दल ने टेक्नोलॉजी की दृष्टि से अंतरिक्ष अनुसंधान के लिए एक आदर्श स्थान का पता लगाया। यह केरल में थुंबा था। यह चुंबकीय विषुवत् रेखा के निकटतम होने के कारण ऊपरी वायुमंडल में आयनमंडलीय व विद्युतधारा अनुसंधान के लिए आदर्श था। वहाँ मछुआरे परिवार रहते थे। इस स्थान पर एक प्राचीन सेंट मेरी मेगडालेन गिरजाघर, पादरी का घर और स्कूल भी था। राजनीतिक वर्ग के अनुसार यह एक प्रतिकूल स्थिति थी। विक्रम साराभाई ने एक शनिवार की शाम को पादरी से संपर्क किया। आदरणीय फादर बोले, ''विक्रम, मुझसे तुम मेरे बच्चों का, मेरा और मेरे प्रभु का आवास माँग रहे हो। यह कैसे संभव है?'' दोनों में एक विलक्षण गुण था। दोनों प्रतिकूल स्थितियों में भी मुसकरा सकते थे। आदरणीय फादर ने रविवार की सुबह गिरजाघर आने को कहा।

रविवार की प्रार्थना-सभा में जब प्रार्थना समाप्त हो गई, तो पादरी ने साराभाई को मंच पर आकर उपस्थित भक्तजनों को अपना परिचय देने को कहा। फादर बोले—'मेरे प्यारे बच्चो, यह एक वैज्ञानिक हैं। विज्ञान क्या करती है? गिरजाघर सहित हममें से सभी बिजली से मिलनेवाले प्रकाश का अनुभव करते हैं। मैं आपसे इस माइक के द्वारा बात कर पा रहा हूँ, जो विज्ञान की देन है। डॉक्टरों द्वारा रोगियों का उपचार चिकित्सा विज्ञान के कारण संभव होता है। टेक्नोलॉजी के माध्यम से विज्ञान सुख-सुविधा और मानव जीवन की गुणवत्ता में वृद्धि करता है। एक उपदेशक के नाते मैं क्या करता हूँ? मैं आपके लिए प्रार्थना करता हूँ। आपके भले के लिए, शांति के लिए। संक्षेप में बात यह है कि जो विक्रम कर रहे हैं और जो मैं कर रहा हूँ, वह एक समेकित तौर से भौतिक रूप में और आध्यात्मिक तौर से मानव कल्याण ही है। प्यारे बच्चो, विक्रम साराभाई का कहना है कि वह एक साल के अंदर हमें समुद्र तट के निकट वैकल्पिक सुविधा प्रदान करेंगे, तो प्यारे बच्चो, क्या हम एक महान् वैज्ञानिक मिशन के लिए अपना घर और प्रभु का घर दे सकते हैं?' इस पर एकदम सन्नाटा छा गया। एक सुई भी गिरती, तो उसकी आवाज सुनाई देती। उसके बाद सबने उठकर एक स्वर में 'आमीन' कहा। उनकी सम्मिलित

आवाज से गिरजाघर गूँज उठा। इस प्रकार वह गिरजाघर अंतरिक्ष-संबंधित अनेक वैज्ञानिक व तकनीकी गतिविधियों का केंद्र बना।

बाद में थुंबा विषुवत् रेखीय रॉकेट प्रक्षेपण स्टेशन ने विक्रम साराभाई अंतरिक्ष केंद्र का स्वरूप लिया। इसके बाद सारे देश में अनेक अंतरिक्ष केंद्र बने। आज वह गिरजाघर अध्ययन का एक महत्त्वपूर्ण केंद्र बन चुका है। यहाँ आकर हजारों लोग भारत के अंतरिक्ष कार्यक्रम के प्रगतिशील इतिहास और एक वैज्ञानिक तथा एक आध्यात्मिक नेता की महान् मानसिकता के बारे में जानते हैं। हाँ, थुंबा के नागरिकों को सही समय पर ही एक अन्य स्थान पर संपूर्ण सुविधाओं के साथ आराधना-स्थल व शिक्षा केंद्र मिल गया। जब भी मैं इस घटना को याद करता हूँ, तो अनुभव करता हूँ कि किस प्रकार प्रबुद्ध आध्यात्मिक व वैज्ञानिक नेता मानव जीवन को गौरवान्वित करने के लिए सम्मिलित प्रयास कर सकते हैं।

अब हम प्रबुद्ध समाज के तीसरे महत्त्वपूर्ण घटक की चर्चा करेंगे। यह है—सामाजिक रूपांतरण के लिए आर्थिक विकास।

सामाजिक रूपांतरण के लिए आर्थिक विकास

भारतीय अर्थव्यवस्था प्रगति की ओर अग्रसर है। उत्पादन व सेवा क्षेत्रों में पर्याप्त वृद्धि हुई है। हमारे सामने इस आर्थिक वृद्धि को सारे देश में फैलाने का उद्‌देश्य है, जिसमें ग्रामीण क्षेत्र भी सम्मिलित है। ग्रामीण व शहरी क्षेत्र में लगभग 22 करोड़ लोगों का उनके जीवन स्तर में सुधार लाकर उद्धार करना है। यद्यपि सकल घरेलू उत्पाद (GDP) आर्थिक प्रगति का द्योतक है, फिर भी वांछनीय लक्ष्य पाने के लिए जन-सहयोग की आवश्यकता है। जनता को अच्छा जीवन-स्तर देना आवश्यक है। उन्हें पौष्टिक भोजन, अच्छे आवास, स्वच्छ पर्यावरण, आर्थिक रूप से शक्य स्वास्थ्य रक्षा, अच्छी शिक्षा व उत्पादक रोजगार उपलब्ध कराना है। दूसरे शब्दों में हम एक ज्ञानवान् समाज के निर्माण की संस्तुति कर रहे हैं।

ज्ञानवान् समाज

ज्ञान सदा समृद्धि का अग्र-वाहक रहा है। ज्ञानवान् समाज सदा ही किसी राष्ट्र के विकास का एक आधार रहा है। ज्ञान के अनेक स्वरूप हैं और वह

अनेक स्थानों पर उपलब्ध है। ज्ञान अर्जन की पिपासा सारे संसार में सर्वत्र रही है। इसे बाँटना हमारे देश की संस्कृति की विशिष्टता है। भारत के लिए आर्थिक वृद्धि ज्ञान, उत्पादों व सेवा क्षेत्र में सामाजिक रूपांतरण के साथ आबद्ध है, फिर ये कृषि और उत्पादन को नवप्रवर्तन व मूल्य-योग से सशक्त करते हैं। 2020 में विकसित भारत के हमारे बहु-आयामी आंदोलन का उद्देश्य केवल कच्चे माल, कृषि व औद्यागिक उत्पादनों से ही नहीं, जो कि किसी भी कृषि आधारित समाज की विशेषता होते हैं, बल्कि ज्ञान-आधारित उत्पादों व कुशलताओं से भी आय अर्जित करने का लक्ष्य है।

ज्ञानवान समाज व रचनात्मकता

ज्ञानवान समाज में हम निरंतर नवप्रवर्तन करते रहते हैं। नवप्रवर्तन रचनात्मकता से आता है। रचनात्मकता सुंदर मन से उपजती है। यह कहीं भी और संसार के किसी भी भाग में हो सकती है। यह किसी मछुआरे के पुरवे से, किसान के घर से, दूध की डेरी या पशु-प्रजनन केंद्र से हो सकती है। यह किसी कक्षा, प्रयोगशाला या उद्योग के अनुसंधान-विकास विभाग में हो सकती है। रचनात्मकता बहुआयामी होती है, जैसे—अनुसंधान, खोज और नवप्रवर्तन। रचनात्मक मन उपलब्ध विचारों के संयोजन, परिवर्तन अथवा पुनःप्रयुक्ति से अनुसंधान या कल्पना करने में समर्थ होता है। एक रचनाधर्मी परिवर्तन व नवीनता का स्वागत करता है। वह विचारों व संभावनाओं के साथ प्रयोग करने को तत्पर रहता है, उसका दृष्टिकोण उदार होता है। जो कुछ अच्छा है, वह उससे हर्षित होता है और उसमें सुधार करने के तरीके खोजता रहता है। रचनात्मकता ऐसी प्रक्रिया है, जिसके माध्यम से हम विचारों में निरंतर सुधार कर सकते हैं और अपने कार्य में धीरे-धीरे परिवर्तन व परिष्कार करके विलक्षण समाधान निकाल सकते हैं। रचनात्मकता का महत्त्वपूर्ण पहलू है, किसी वस्तु को दूसरों की तरह ही देखना, किंतु भिन्न तरह से सोचना।

ज्ञानवान समाज के आयाम

ज्ञानवान अर्थतंत्र में समाज का लक्ष्य सर्वतोमुखी विकास के लिए आधारभूत आवश्यकताओं की पूर्ति से बदलकर सशक्तीकरण हो जाता है। शिक्षा-पद्धति का उन्नयन रचनात्मकता, अंतर्व्यवहार, स्वाध्याय, औपचारिक व अनौपचारिक शिक्षा

से किया जा सकता है, जिसमें मूल्यों, योग्यता व गुणवत्ता पर ध्यान केंद्रित हो। कर्मी कुशल या अर्द्धकुशल होने के स्थान पर ज्ञानवान, स्वसशक्त और नम्य-कुशलता वाले होंगे। कार्य का स्वरूप ढाँचागत और हार्डवेयर से होनेवाला न होकर अल्प-ढाँचागत और सॉफ्टवेयर से संपन्न होनेवाला होगा। प्रबंधन की शैली आदेश देने के बजाय उत्तरदायित्व सौंपने पर बल देने वाली होगी। औद्योगिक अर्थतंत्र की अपेक्षा इसमें पर्यावरण व पारिस्थितिकी पर पड़नेवाला प्रभाव बहुत कम होगा। अंततः अर्थव्यवस्था अधिकांशतः ज्ञान व ज्ञान-संचालित उद्योग से संचालित होगी।

ज्ञानवान् समाज को आधार रूप में इस्तेमाल करते हुए हमें 700 'पूरा' (ग्रामीण क्षेत्रों में शहरी सुविधाएँ उपलब्ध कराना—PURA—Providing Urban Amenities in Rural Areas) बनाकर सामाजिक रूपांतरण का लक्ष्य प्राप्त करना है। यह योजना भारत के विभिन्न भागों के छह लाख ग्रामों में लागू होगी।

'पूरा' मिशन

पूरा की परिकल्पना ग्राम समूहों का आर्थिक सशक्तीकरण करने की है। यह भौतिक संपर्क, इलेक्ट्रॉनिक संपर्क व ज्ञान संपर्क के माध्यम से होगा, जिनसे आर्थिक संपर्क बनेगा। हमारे देश में भू-भाग व मौसम की स्थितियों के अनुरूप चार प्रकार के पूरा हो सकते हैं—मैदानी भू-भाग, पर्वतीय, तटवर्ती और मरुस्थली। मैदानी व तटवर्ती भू-भाग के पूरा की जनसंख्या 20 से 30 ग्रामों के समूह में 20 हजार से एक लाख तक हो सकती है। पर्वतीय अथवा मरुस्थली पूरा में यह जनसंख्या 30 से 50 ग्रामों के समूह में साढ़े सात हजार से पंद्रह हजार तक हो सकती है।

विशिष्ट कार्यरत 'पूरा'

देश के विभिन्न भागों में कार्यरत पूरा का अध्ययन करके उसके बारे में अंतर्दृष्टि प्राप्त की जा सकती है। ये पेरियार, लोनी, चित्रकूट और बाइराजू में कार्यरत हैं। हम यहाँ कुछ कार्यरत पूरा का उल्लेख करते हैं—

पेरियार 'पूरा' (तमिलनाडु)

पेरियार मनियाई कॉलेज ऑफ टेक्नोलॉजी फॉर वीमन, वालाम, तंजौर द्वारा प्रवर्तित पेरियार पूरा परिसर, वालाम के निकट एक लाख की

जनसंख्या वाले 65 ग्रामों के समूह में कार्यरत है। इस पूरा परिसर में भौतिक, इलेक्ट्रॉनिक व ज्ञान के तीनों संपर्क हैं, जो उसे आर्थिक संपर्क की ओर ले जा रहे हैं। इसके कार्यों का संचलन महिला इंजीनियरिंग कॉलेज से हो रहा है, जो उसे इलेक्ट्रॉनिक व ज्ञान का संपर्क उपलब्ध कराता है। पेरियार पूरा में स्वास्थ्य रक्षा केंद्र हैं, प्राथमिक से लेकर स्नातकोत्तर स्तर तक शिक्षा है व रोजगार प्रशिक्षण केंद्र है। इससे बड़े पैमाने पर रोजगार पैदा हुए हैं और 850 स्व-सहायता दलों की मदद से अनेक उद्यम खड़े किए गए हैं। दो सौ एकड़ की अनुर्वर भूमि को कृषि योग्य भूमि में परिवर्तित किया गया है। इसके लिए बाह्याकृति जलाशयों, पनढालों जैसे जल-संचयन व सिंचाई के अभिनव उपायों से काम लिया गया। ग्रामीण जेट्रोफा व जड़ी-बूटियों के पौधे उगाते हैं, बायोमास से ऊर्जा उत्पादन करते हैं, आहार संसाधित करते हैं और विपणन केंद्र चलाते हैं। यह मॉडल किसी प्रकार की सरकारी पहल के बिना विकसित हुआ है। इंजीनियरिंग संस्थान ने इसके लिए निष्ठापूर्ण नेतृत्व प्रदान किया है। हाल ही में पाँच पेरियर पूरा ग्रामों को कम-से-कम 4 एमबीपीएस संपर्क वाले डब्ल्यूआई-मैक्स वायरलैस से पेरियार पूरा नोडल केंद्र से जोड़ा गया है। इस संपर्क से इस क्षेत्र में धारणीय आर्थिक विकास हुआ है।

एक ग्राम एक उत्पाद और पूरा

पेरियार पूरा के सदस्यों ने जापान के जापान एक्सटर्नल ट्रेड ऑर्गेनाइजेशन (जेईटीआरओ) के साथ एक व्यापारिक साझेदारी की है। पिछले आठ महीनों से पेरियार पूरा के ग्रामीणों ने महिला इंजीनियरिंग कॉलेज की तकनीकी सहायता से विभिन्न उत्पादों पर जेईटीआरओ विशेषज्ञों के साथ काम किया है, जिनके लिए कच्चा माल तंजावूर जिले में उपलब्ध है। ये चादर, मेजपोश, कुशन कवर, पीतल के ड्रम, परदे, रोटी की टोकरियाँ आदि के नमूने तैयार करते हैं। जेईटीआरओ विशेषज्ञों के साथ अंतर्व्यवहार में जापानी उत्पादों के साथ तुलना, कच्चे माल के चुनाव पर चर्चा, उत्पाद विकास पर तकनीकी परामर्श व अंततः गुणवत्ता निरीक्षण शामिल हैं। इस सघन अंतर्व्यवहार के आधार पर ग्रामीणों ने 123 उत्पाद बनाए। जेईटीआरओ ने इनमें से चालीस को अंतरराष्ट्रीय

मंडियों के लिए चुना। इन उत्पादों का प्रदर्शन दिल्ली व टोकियो में किया गया और इन्होंने वहाँ आने वाले सैकड़ों लोगों को आकर्षित किया।

लोनी 'पूरा' (महाराष्ट्र)

महाराष्ट्र के लोनी पूरा में 80 हजार की जनसंख्या वाले 44 गाँवों में समेकित ग्रामीण विकास का सहभागी मॉडल विकसित हुआ है। लोनी पूरा के मॉडल का प्रवर्तन प्रवर मेडिकल ट्रस्ट ने किया है। यह स्वास्थ्य-रक्षा, शिक्षा व रोजगार के माध्यम से जीवन की गुणवत्ता में सुधार लाकर ग्रामीणों की उत्पादकता में वृद्धि कर रहा है। इसकी अवधारणा सामाजिक रूपांतरण के लिए जन-केंद्रित विकास करना है। विकास का रुझान समग्र चिकित्सा सेवा पर है। इसमें महिलाओं व बच्चों की आवश्यकता आधारित स्वास्थ्य शिक्षा व किसानों के ई-संपर्क पर विशेष ध्यान दिया जा रहा है। इस संकुल में सत्ताइस शैक्षणिक व रोजगारोन्मुख संस्थान हैं। इनमें स्कूल, कॉलेज, पोलीटेक्नीक, मेडिकल और इंजीनियरी कॉलेज शामिल हैं। इसने एक चीनी मिल, बायोगैस, रसायनिक कारखाने व बिजली परियोजनाएँ भी स्थापित की हैं। उनके यहाँ बड़ी संख्या में स्व-सहायता ग्रुप हैं। ये समाज के कमजोर वर्ग को कम ब्याज-दर पर ऋण उपलब्ध कराते हैं। ग्रामीणों के सहकारी प्रयास से इन ग्रामों में साक्षरता 63 प्रतिशत से बढ़कर 83 प्रतिशत हो गई है, जन्म-दर घटी है, शिशु मृत्यु-दर 70 प्रति हजार से घटकर 35 प्रति हजार हो गई है और जीवन-स्तर निकटवर्ती ग्रामों की तुलना में 20 प्रतिशत बेहतर हो गया है।

बिराजू 'पूरा'

भीमावरम के निकट सत्यम के बिराजू फाउंडेशन ने पाँच लाख की जनसंख्या वाले 116 ग्रामों के लाभार्थ 32 अश्विनी केंद्रों की स्थापना का मिशन आरंभ किया है। इसने नेशनल एकेडमी ऑफ कंस्ट्रक्शन, हैदराबाद व अन्य क्षेत्र-विशेषज्ञों की सहायता से वायरलैस (512 केबीपीएस से 2 एमबीपीएस तक) इलेक्ट्रॉनिक संपर्क व ज्ञान संपर्क उपलब्ध कराए हैं और उनसे इन ग्रामों में आर्थिक संपर्क बनाया है। अपने कार्य के इन चार वर्षों में इसने भवन-निर्माण, सिलाई, वस्त्र-उत्पादन, सूचना प्रौद्योगिकी व अंग्रेजी बोलने के क्षेत्र में कुशलता व

ज्ञान का प्रसार किया है। इससे तीन हजार रोजगारों का सृजन हुआ। इससे न्यूनतम तीन हजार रुपए महीने की आय होने लगी, जो उनकी पहले की आय क्षमता से तीन गुना अधिक है। एक ग्रामीण बीपीओ, ग्राम आईटी जल्लीकाकीनाडा केंद्र में स्थापित किया गया। इसने बेरोजगार युवकों को सूचना प्रौद्योगिकी व अंग्रेजी बोलने में प्रशिक्षित किया, फिर 'मैपिंग ऑफ बॉटम ऑफ द पिरामिड' कार्यक्रम के अंतर्गत सौ युवकों को नियुक्ति दी। ये लोग सत्यम कंप्यूटर्स के मानव संसाधन का डाटा संसाधित करते थे। इसके अलावा इन्होंने इसी कार्यक्रम के अंतर्गत आंध्र प्रदेश के स्व-सहायता ग्रुपों के दस लाख सदस्यों का ब्योरा भी संसाधित किया।

इस ग्राम आईटीबीपीओ के कारण हैदराबाद से उलटे दस प्रतिशत भीमावरम को प्रवास हुआ। हमारी बहुत सी सूचना प्रौद्योगिकी कंपनियाँ ग्रामीण क्षेत्रों में पूरा समूह बनाने व ग्रामीण रूपांतरण के लिए इस मॉडल का अनुकरण कर सकती हैं। आर्थिक संपन्नता की समानता लाने के लिए हमें राष्ट्रीय आचार का निर्माण करना होगा। स्वच्छ पर्यावरण, स्वस्थ जीवन-शैली, मूल्य पद्धति युक्त शिक्षा से सशक्त लोग, अध्यात्म में रूपांतरित होता धर्म व वृद्धि समावेशित आर्थिक विकास एक उदात्त राष्ट्र की उत्पत्ति की पूर्वापेक्षित शर्तें हैं।

शांतिपूर्व व समृद्ध समाज का विकास करना

भारत के दार्शनिक राष्ट्रपति डॉ. एस. राधाकृष्णन् ने अनेक सभ्यताओं के ज्ञान केंद्रों की तुलना की थी। डेल्फी टेंपल कहता है—'स्वयं को जानो।' ठीक उसी तरह जैसे उपनिषद् कहते हैं—'**आत्मानं विद्धि।**' उन्होंने यह भी कहा कि महानतम सभ्यताएँ 'अपने भू-भाग के विस्तार पर निर्भर नहीं होतीं। न ही अपनी जनसंख्या के आधार पर निर्भर होती हैं। उनका आधार तो उस देश की कलात्मक, बौद्धिक व आध्यात्मिक उपलब्धियाँ होती हैं।'

बीसवीं शताब्दी में जो विकास हुआ है, उसने मानव जीवन की स्थितियों में सुधार किया है, परंतु हमारे दैनिक जीवन में द्वंद्व और संघर्ष बना हुआ है। एक शांतिपूर्ण व संपन्न समाज अब भी स्वप्न ही है। हम ऐसे समाज का निर्माण कैसे करेंगे? उत्तम राष्ट्र का एक महत्त्वपूर्ण घटक अनेकता वाले विश्व में मानसिक

एकता का मार्ग प्रशस्त करना है। हमारे देश में और अन्यत्र किए गए प्रयोगों से पता चलता है कि यह संभव है। मनों की एकता के इस विषय पर मेरे और आचार्य महाप्रज्ञजी के बीच कई अवसरों पर चर्चा हुई।

विश्व शांति के लिए तीर्थयात्रा

आचार्य : मैंने अध्यात्म का मार्ग अपनाया। आपने अपना जीवन अपनी तरह से बनाया। आप अपना अनुभव किस प्रकार व्यक्त करते हैं?

कलाम : शक्ति और प्रतिष्ठा संघर्ष से मिलते हैं। मुझे अपनी 16 सितंबर, 2004 की दक्षिण अफ्रीका में डरबन की यात्रा स्मरण हो आई है। रेलगाड़ी पीटरमार्टिजबर्ग पर रुकी। यह वही स्टेशन था, जहाँ गांधीजी 7 जून, 1893 को रंगभेद के दानव के शिकार हुए थे। उनको उनकी त्वचा के रंग के कारण प्रथम श्रेणी के डिब्बे से निकाल दिया गया था।

आचार्य : यह 300 ई.पू. के कलिंग युद्ध के बाद अहिंसा का पुनर्जन्म था।

कलाम : सौभाग्य से यह क्रम अटूट है। आचार्यजी, आप अहिंसा के सिद्धांत को एक मिशन के रूप में प्रचारित कर रहे हैं। जब मैं पीटरमार्टिजबर्ग स्टेशन पर खड़ा था, दो दृश्य मेरे मानस-पटल पर उभर रहे थे। एक रॉबेन आइलैंड का था, जहाँ नेल्सन मंडेला को बंदी बनाकर रखा गया था। दूसरा दृश्य उनके घर का था।

आचार्य : मुझे बताएँ, जब आप रॉबेन आइलैंड में थे, तब आपको क्या अनुभूति हुई?

कलाम : रॉबेन आइलैंड में व्यक्तियों की स्वतंत्रता को शृंखलाबद्ध कर दिया गया था। वहाँ मेरी भेंट अहमद कथराडा से हुई। वह नेल्सन मंडेला के साथ बंदी थे। मुझे वह छोटी कोठरी देखकर बहुत आश्चर्य हुआ, जिसमें छह फीट लंबे नेल्सन मंडेला को 26 वर्षों तक बंदी बनाकर रखा गया था। उनको तेज धूप में पास के पहाड़ पर खनन के लिए ले जाया जाता था। इससे उनकी आँखें खराब हो गईं। निरंतर यातनाएँ दिए जाने के बावजूद उन्होंने विश्व को अपने अदम्य साहस का परिचय दिया। इसी दौरान उन्होंने छोटे-छोटे पत्रों के रूप में प्रतिदिन स्वाधीनता की पांडुलिपि की रचना की, जब जेलर सोने चला जाता

था। यह छोटे पत्रों में लिखी गई पांडुलिपि अंततः मंडेला की प्रसिद्ध पुस्तक 'ए लांग वॉक टू फ्रीडम' बनी।

आचार्य : दूसरी घटना क्या थी?

कलाम : जब मैं नेल्सन मंडेला के घर गया, उनकी प्रफुल्लता ने मुझे बहुत प्रभावित किया। जब मैं उनके घर से लौट रहा था, तो वह मुझे विदा करने के लिए ओसारे तक आए। चलते समय उन्होंने अपनी छड़ी छोड़ दी और मेरा सहारा ले लिया। चलते-चलते मैंने उनसे पूछा, 'डॉक्टर मंडेला, कृपया मुझे दक्षिण अफ्रीका में रंगभेद विरोधी आंदोलन के प्रवर्तकों के बारे में बताइए।' उन्होंने तुरंत उत्तर दिया, 'अवश्य, दक्षिण अफ्रीका के रंगभेद-विरोधी आंदोलन के एक महानतम प्रवर्तक मोहनदास करमचंद गांधी थे। भारत ने हमें मोहनदास करमचंद गांधी दिए। दो दशक बाद हमने आपको महात्मा गांधी लौटाए। महात्मा गांधी अहिंसा के दिव्य-संदेशवाहक थे।'

आचार्य : मोहनदास करमचंद गांधी दक्षिण अफ्रीका गए और महात्मा गांधी बनकर भारत लौटे। यह सचमुच नेल्सन मंडेला का सुंदर व सच्चा कथन है। क्या आप मुझे बता सकते हैं कि नेल्सन मंडेला में विलक्षण क्या है?

कलाम : नेल्सन मंडेला जब दक्षिण अफ्रीका के राष्ट्रपति बने, तो जिन लोगों ने नस्लभेद चलाया था, जिन्होंने उन्हें यातनाएँ दीं और 26 साल तक जेल में रखा, उन सबको दक्षिण अफ्रीका में समानता के अधिकार वाले नागरिकों की तरह विचरण करने और रहने की स्वतंत्रता दी। नेल्सन मंडेला की इस भावना की महानता को कवि तिरुवल्लुवर ने भी बड़े सुंदर ढंग से व्यक्त किया है—

> இன்னா செய்தாரை ஒறுத்தல் அவர்நாண
> நன்னயம் செய்து விடல்

'जो आपके साथ बुराई करते हैं, उनके लिए सबसे अच्छा दंड है, बदले में अच्छाई करना।' समाज में समरसता और शांति स्थापित करने के लिए नेताओं में यह विशेषता होना आवश्यक है।

आचार्य : क्या आपको भारत में भी कोई ऐसा ही अनुभव हुआ?

कलाम : अपनी शांति तीर्थयात्रा के दौरान मैं बिहार अपापापुरी गया था। यह एक पाप रहित उपनगर है। जिस स्थान पर भगवान् महावीर ने प्रवचन दिए थे, वहाँ श्वेत संगमरमर का एक सुंदर मंदिर है। मैं जल-मंदिर भी गया, जहाँ भगवान् महावीर ने निर्वाण प्राप्त किया था। वहाँ झील में खिले कमल देखकर मुझे तिरुवल्लुर की कुछ और पंक्तियाँ स्मरण हो आईं—

வெள்ளத் தனைய மலர்நீட்டம மாந்தர்தம்
உள்ளத் தனைய துயர்வு

'जलाशय की गहराई अथवा स्वच्छता की स्थिति चाहे जैसी हो, कमल उगता है और सूर्य की ओर शान से देखते हुए ही खिलता है।' इसी प्रकार मानव जीवन का उद्द्देश्यपूर्ण उच्च जीवन-यापन में रूपांतरण तभी होता है, जब कोई महान् उद्देश्य व्यक्ति के मन में समाविष्ट होता है।

आचार्य : क्या आपको आशीर्वाद मिला? आपको क्या संदेश मिला?

कलाम : मैं विनम्रतापूर्वक आपको बताना चाहूँगा। भगवान् महावीर ने शिक्षा दी कि मानव अपनी मुक्ति स्व-प्रयास से पाता है। यह तीन रत्नों के माध्यम से मिलती है—सम्यक् श्रद्धा, ज्ञान व चरित्र।

भगवान् महावीर ने जातिप्रथा के भेदभाव का बहिष्कार किया। उन्होंने हर तरह की असहिष्णुता व भेदभाव के विरुद्ध आवाज उठाई।

विचार, वाणी व कर्म की शुचिता से रहित कर्मकांड का भी उन्होंने प्रतिरोध करते हुए उसे अस्वीकार किया। इस उक्ति में मैं शक्ति के रूप में ज्ञान और मुक्ति के लिए ज्ञान का एकीकृत रूप देखता हूँ।

आचार्य : जैन दर्शन और आचार वस्तुतः अहिंसा के सिद्धांत के पर्यायवाची हैं, जो समग्र जैन परंपरा में एक स्वर्णिम सूत्र की तरह अनुस्यूत हैं। अहिंसा जैन धर्म का एकमात्र केंद्र-बिंदु है। आपने बिहार में क्या पाया?

कलाम : बिहार पावन भूमि है। मैं मुंगेर में बिहार योग विद्यालय गया। आदि शंकराचार्य से प्रेरित होकर यह विद्यालय योग्य-परियोजनाओं तथा प्रख्यात अस्पतालोंवाली चिकित्सा अनुसंधान संस्थाओं का निर्देशन

करता है। मैं खानकाह रहमानी गया। इस पवित्र स्थल की स्थापना सौ वर्ष से अधिक समय पहले प्रमुख सूफी संत हजरत मौलाना मुहम्मद अली ने की थी। दरगाह में कुछ युवाओं के साथ चर्चा के दौरान मैं हजरत पैगंबर के संदेश का सहभागी बना—

जब भी बोलो, सच बोलो।
जो वादा किया है, वह पूरा करो।
अपने कर्तव्य का पालन करो।
प्रहार करने से अथवा
जो अविधिक या बुरा है, उसे लेने से
अपने हाथ को रोको।

आचार्य : हम इस मार्ग का अनुसरण करें और उत्तम जीवन जीएँ। आप बोध गया भी गए होंगे?

कलाम : मैं महाबोधि मंदिर गया, जहाँ भगवान् बुद्ध को आत्मज्ञान मिला था। मैं पटना में तख्त श्री हरमंदिर साहब गया, जो गुरु गोविंद सिंहजी का जन्मस्थान है। इन सब स्थानों पर मैंने पाया कि महान् आत्माओं ने अच्छे जीवन के दर्शन का प्रचार किया था। सबसे बड़ी बात यह थी कि इन केंद्रों ने एक समरसतापूर्ण बहुधर्मी वातावरण बनाया, जिसमें लोग शांतिपूर्वक आनंद से रह सकें। जब मैं इन महत्त्वपूर्ण स्थानों पर गया, तो मुझे अनुभूति हुई कि मनों की एकता के लिए कार्य आरंभ करने के निमित्त बिहार ही सर्वोत्तम भूमि है।

आचार्य : कलाम, आपने वास्तव में तीर्थयात्रा ही की। मैंने आपके व्याख्यानों में आपके तवांग के अनुभवों के बारे में सुना है। हम उस पर चर्चा करें।

कलाम : जी हाँ, मुझे दो महान् अनुभव हुए। 2003 में मैं तवांग के एक बौद्ध मठ में गया, जो अरुणाचल प्रदेश में है। मेरे मन में जिज्ञासा थी कि तवांग व उसके आस-पास के ग्रामों में ऐसी क्या विशेषता है, जिसके कारण यहाँ के लोग और भिक्षु इतने शांत रहते हैं। अवसर आने पर मैंने प्रमुख भिक्षु से पूछा कि सबके चेहरों पर शांति व प्रसन्नता झलकने का रहस्य क्या है? उन्होंने कहा, 'आज के संसार में हमारे

सामने समस्या अविश्वास व अप्रसन्नता की है, जो हिंसा में परिवर्तित हो जाती है।'

आचार्य : आदरणीय भिक्षु ने आपको ठीक ही बताया। जब आप अपने मन से 'अहंकार' और 'ममकार' का भाव मिटा देते हैं, तो अहं समाप्त हो जाता है। जब आप अहं से मुक्त हो जाते हैं, तो सहचरों के प्रति घृणा भाव समाप्त हो जाता है। मन से घृणा के निकल जाने पर विचार और कर्म में हिंसा नहीं रहती। हिंसा न होने पर मानव मन में शांति का प्रस्फुटन होता है। तब समाज में शांति ही पुष्पित-पल्लवित होती है।

कलाम : मैं शांतिपूर्ण जीवन के सुंदर समीकरण को समझ रहा हूँ, परंतु सामान्य व्यक्तियों के लिए 'अहंकार' और 'ममकार' के जातिगत स्वभाव से मुक्त होना सरल नहीं।

आचार्य : यह शिक्षा से संभव है। बचपन में स्कूली शिक्षा से और महान् आचार्यों के सान्निध्य से। दूसरा अनुभव क्या था?

कलाम : मैं रिला के एक प्राचीन ईसाई मठ में गया। यह बुल्गारिया की पहाड़ियों में है। यह वहाँ का सबसे बड़ा धार्मिक व सांस्कृतिक पुनरुत्थान केंद्र है। इसके पुस्तकालय में 16 हजार पुस्तकें हैं, जिनमें 134 पांडुलिपियाँ हैं। ये पंद्रहवीं से उन्नीसवीं शताब्दी तक के समय की हैं। इस पवित्र स्थली ने मध्यकालीन बुल्गारिया के सामाजिक व सांस्कृतिक जीवन में बड़ी महत्त्वपूर्ण भूमिका निभाई थी। उन्नीसवीं शताब्दी में एक बड़े अग्निकांड में यह मठ ध्वस्त हो गया था। इस भवन-समूह का पुनर्निर्माण किया गया और अब यह एक बड़े दुर्ग से घिरा है। उस दैवी वातावरण में और अस्सी से नब्बे वर्ष के पादरियों के मध्य होने के कारण मेरे मन में प्रार्थना करने की इच्छा जगी। मैं मंच के निकट गया और आदरणीय बिशप से सेंट फ्रांसिस ऑफ असीसी की प्रार्थना का अंश दोहराने की अनुमति माँगी। इस प्रार्थना को मठ में उपस्थित सभी लोगों ने दोहराया—

हे प्रभु, मुझे अपनी शांति का एक माध्यम बनाओ,
जहाँ घृणा है, वहाँ मैं प्रेम के बीज बोऊँ,
जहाँ आघात है, वहाँ क्षमा,

जहाँ अविश्वास है, वहाँ आस्था,
जहाँ निराशा है, वहाँ आशा,
जहाँ अंधकार है, वहाँ प्रकाश,
जहाँ उदासी है, वहाँ हर्ष।
क्योंकि देने में ही हम पाते हैं।
...क्षमा करने में ही हमें क्षमा मिलती है,
...और मृत्यु में ही हम अमर जीवन के लिए जन्म लेते हैं।

आचार्य : कलाम, आपका मन सुंदर घटनाओं व आध्यात्मिक विचारों से प्रशिक्षित हुआ है। मैं मंगलकामना करता हूँ कि आप अपने विश्व-शांति के प्रचार के मिशन में सफल हों। प्रेम का यह सुंदर, दिव्य संदेश आपके जीवन को आलोकित करे।

राष्ट्र के लिए आचार

अब तक हमने मानव जीवन और मानव समाज के विकास की चर्चा की। एक उदात्त राष्ट्र की उत्पत्ति के लिए समाज के सम्मुख प्रस्तुत चुनौतियों का अध्ययन करना होगा। इन चुनौतियों का कारण विकास की सतत प्रक्रिया से पर्यावरण को क्षति है। इस क्षति की पूर्ति का समाधान खोजने व समृद्धि के लिए संघर्ष रहित समाज का विकास करने की आवश्यकता है। इसके लिए स्वच्छ हरित पर्यावरण, त्रिशाखीय मॉडल के अनुरूप समाज के विकास, मूल्य आधारित शिक्षा द्वारा प्रबुद्ध नागरिकों के निर्माण, धर्म के अध्यात्म में रूपांतरण तथा सर्वोपरि निर्धनता व निरक्षरता रहित राष्ट्र के निर्माण के लिए कार्य करना होगा। हम एक सुखी समाज के निर्माण के लिए मनों की एकात्मता विकसित करने पर चर्चा कर चुके हैं। यह सब संभव है यदि सारा राष्ट्र 'निष्ठा से काम करके निष्ठा से सफल होने' का व्रत ले ले। इसका आरंभ कैसे हो? राष्ट्रीय आचार का विकास कैसे हो? इसके लिए हम निम्न प्रक्रिया प्रस्तावित करते हैं—

धारणीय आर्थिक समृद्धि व शांति के लिए किसी राष्ट्र को अपने प्रत्येक कार्यों में आचार का पालन करना होता है।
यदि किसी राष्ट्र को आचारवान होना है, तो समाज को आचार व मूल्य पद्धति का विकास करना होगा।

यदि समाज को आचार व मूल्य पद्धति बनानी है, तो परिवारों को आचार व मूल्य पद्धति का विकास करना होगा।

यदि परिवारों को आचार व मूल्य पद्धति अपनानी है, तो माता-पिता को आचारवान होना होगा।

माता-पिता में आचार महान् अध्ययन, मूल्य आधारित शिक्षा व स्वच्छ पर्यावरण के निर्माण से आते हैं, जिनसे हृदय में सदाचारिता उपजती है।

हृदय, चरित्र, राष्ट्र और विश्व में परस्पर एक सुंदर संबंध है। किसी समाज में हमें उसके सभी घटकों में सदाचारिता उत्पन्न करनी होगी। पूरे समाज को सदाचारी बनाने के लिए हमें परिवार, शिक्षा, सेवा, कैरियर, व्यवसाय, उद्योग, नागरिक प्रशासन, राजनीति, सरकार, कानून-व्यवस्था व न्याय में सदाचारिता लानी होगी।

प्रत्येक व्यक्ति के मन में शांति व राष्ट्र की समृद्धि के लिए इस प्रार्थना के साथ हम प्रस्तुत पुस्तक का समापन करते हैं—

जहाँ हृदय में सदाचारिता है,
वहाँ चरित्र में सुंदरता है।
जहाँ चरित्र में सुंदरता है,
वहाँ परिवार में समरसता है।
जहाँ परिवार में समरसता है,
वहाँ राष्ट्र में व्यवस्था है।
जहाँ राष्ट्र में व्यवस्था है,
वहाँ विश्व में शांति है।

—एक दिव्य स्रोत

□

पश्चालेख

आत्मा मेरा प्रभु है,
त्याग मेरी प्रार्थना,
मैत्री मेरी भक्ति है,
आत्म–नियंत्रण शक्ति,
अहिंसा मेरा धर्म है।

—आचार्य महाप्रज्ञ

हमारा सपना : लोग स्वच्छ–हरित पर्यावरण में रहें, निर्धनताहीन समृद्धि में जिएँ, युद्ध की आशंका से मुक्त शांति में रहें, राष्ट्र के सभी नागरिकों के रहने की एक सुख–स्थली।

—ए.पी.जे. अब्दुल कलाम

संयुक्त परिवार प्रणाली को आज अधिकांशतः अध्ययन के लिए उपयुक्त नहीं माना जाता, क्योंकि अधिक–से–अधिक व्यक्ति माता–पिता और बच्चों वाले एकल परिवार को अपना रहे हैं। प्रिंट मीडिया और टेलीविजन के लोकप्रिय कार्यक्रमों की विषय–वस्तु ने भी लोगों को संयुक्त परिवार प्रणाली से दूर हटने के लिए प्रोत्साहित किया है। भौतिक उपभोगों में रचे–बसे उपलब्धि केंद्रित दर्शन की धारणा और अनुप्रयोग ने निश्चय ही पारिवारिक मूल्यों के महत्त्व को कम किया है। हमारे समाज में छोटे बच्चों की बहुत बड़ी संख्या अब अनुभवी माता–

पिता और दादा-दादी के दिशा-निर्देश के बिना पल-बढ़ रही है। इस प्रवृत्ति के दूरगामी परिणाम होंगे, जो हमारे राष्ट्रत्व का भविष्य निर्धारित करेंगे।

इस पुस्तक में हमने भारतीय समाज के बहुल स्वरूप की चर्चा की है, जिसमें विभिन्न वर्गों व संस्कृतियों की परंपराएँ हैं। भारतीयों में उनके संस्कृति मानदंडों से प्रेरित आस्था पद्धतियाँ व मूल्य अंतर्निहित हैं। किसी भी बहुजातीय समाज के सांस्कृतिक-संस्थागत ढाँचे में नातेदारी, शिक्षा, धर्म, संपत्ति व अर्थव्यवस्था, मनोरंजन व कुछ रूपात्मकता सन्निहित होती है। वर्तमान भारत की वस्तुस्थिति बहुलता वाले समाज की है, जिसमें कोई साझी मूल्य पद्धति नहीं है। इस प्रकार की परस्पर विरोधी व अस्थिर स्थितियों में नियंत्रण व व्यवस्था के कार्यों को प्राथमिकता देनी पड़ती है।

स्पष्टत: परंपरागत सांस्कृतिक बहुल-रूपात्मकता ने जातीय अलगाव व संवरण उपजाया है। फलत: ग्रामीण जनता का आर्थिक प्रगति में नाममात्र सहभाग ही है। इसके अलावा विभिन्न धार्मिक समुदायों में अंतर्व्यवहार भी कम ही रहा है, लेकिन प्रतिस्पर्धी जातीय गुट यह समझने लगे हैं कि वे सामाजिक ढाँचे में प्रत्येक स्तर पर एक ही वर्ग की साझी हैसियत में हैं। इससे जातीय अलगाव व संवरण में कमी आई है, परंतु सजातीय, किंतु विभिन्न वर्ग-स्तर के लोगों में पूर्वग्रह व भेदभाव के एहसास की संभावना अभी भी बनी हुई है। जाति एवं वर्ग के इन तीन कारकों या उनके संयोजन से पूर्वग्रह या भेदभाव उत्पन्न होने की संभावना रहती है, जिससे आर्थिक विकास का श्रमसाध्य कार्य विफल हो जाता है। एक उदात्त राष्ट्र निश्चय ही हर प्रकार की असमानता से ऊपर उठ जाता है।

भारतीय समाज के असमानता के निरंतर चक्र को कैसे तोड़ा जाए? यद्यपि प्रत्येक समुदाय की अपनी विशिष्ट संस्कृति है, किंतु वह प्रवेश्य है। सदाचारिता को धुरी बनाकर मेलजोल के साथ रहने के समन्वित बहुलतावादी प्रतिमान का सृजन संभव है। इस प्रकार के समन्वित बहुलतावादी मॉडल में जातीय समानता पर ध्यान केंद्रित करने की प्राविष्णुता होगी, न कि जातीय भेदभाव की। इस प्रकार वह एक प्रभावी संस्कृति के अंतर्गत विभिन्न समुदायों की आकांक्षाओं की आपूर्ति कर सकेगा।

कई बार साझी भारतीय संस्कृति के समावेशन के लिए एक मिथ्या मान्यता का प्रयोग किया जाता है, क्योंकि सारा ध्यान केवल जातीय विभेदों पर केंद्रित

रहता है। यह मिथ्या मान्यता है कि एक साझा संस्कृति का विकास करके असमानता का समाधान संभव है। केवल समावेशन से इसका विकास हो सकता है। जातीय समानताओं पर ध्यान आकर्षित करके एक-दूसरे की संस्कृति का संरक्षण व संवर्धन किया जा सकता है। सदाचारिता पूर्ण जीवन-यापन एवं अहिंसा व शांतिपूर्ण सहअस्तित्व पर आधारित गठबंधन का सेतु निर्मित होना चाहिए, जिसमें हमारी उपसंस्कृतियों के आधार-स्वरूप सांस्कृतिक-सर्वव्यापकता सन्निहित हो। समस्त संस्कृति को परस्पर जोड़ा नहीं जा सकता। ऐसा करना भी नहीं चाहिए। विभिन्न संस्कृतियों के उभयनिष्ठ अवयवों का परस्पर संयोजन पर्याप्त होगा। उदाहरण के लिए संयुक्त परिवार एक सांस्कृतिक सार्वभौमिक के प्रतिपादन हो सकते हैं।

भारतीय ग्रामीण समाज की इकाई, व्यक्ति नहीं, संयुक्त परिवार रहे हैं। इस सामाजिक इकाई की एक महत्त्वपूर्ण विशेषता यह रही है कि सारी संपत्ति इसमें साझा थी। संयुक्त परिवार प्रणाली और कुटुंब का यह प्रारूप ग्रामों से नगरों में प्रभावी रूप से स्थानांतरित नहीं किया जा सका। इसने संस्कृतियों के परस्पर प्रवाह की निरंतरता को प्रभावित किया, जो बच्चे को निर्माणकाल के वर्षों में उसका समाजीकरण करने में परिवार के लिए बहुत महत्त्वपूर्ण थी।

प्रस्तुत पुस्तक का आह्वान है कि किसी व्यक्ति की सर्वप्रथम निष्ठा उसकी अंतश्चेतना के प्रति होनी चाहिए, फिर अपने परिवार के प्रति। उसके पश्चात् अपने कुटुंब के बड़े दायरे, फिर समुदाय व समाज के प्रति होनी चाहिए। एक सदाचारिता पर आधारित जीवन, जो मूलतः परिवार की परिधि में हो और द्वितीयक रूप से सामाजिक व सार्वजनिक जीवन से संबद्ध हो, किसी महान् राष्ट्र का प्रमाणक लक्षण बनता है। परिवार केंद्रित दृष्टिकोण विशिष्टतावादी मूल्यों का उन्नयन करता है। यह परिवार, ग्राम, राज्य व धर्म के प्रति प्रेम की जातीय पहचान को दृढ़ता देता है। यही लगाव व्यक्ति के आधारभूत कार्यों में परिणत होकर राष्ट्रीय राजनीति को प्रोत्साहित करता है। अनेक युवा भारतीय नेता, स्थानीय मानसिक लगाव के बावजूद अपने जातीय आधार का प्रयोग संस्कृति-बहुलता के उच्च-स्तर को प्रोत्साहित करते हुए जातीयता व वर्ग को रानजीतिक सक्रियता के निमित्त संगठित कर रहे हैं। आर्थिक कमजोरी के इस काल में जातीय अलगाव और दोष देनेवाला जातीय विभाजन हमें आसानी से निर्धनता व दासता की ओर ही ले जाएगा। हमें किसी भी स्थिति में ऐसा नहीं होने देना चाहिए। हमें प्रत्येक समुदाय के सांस्कृतिक

मूल्यों के पारस्परिक अनुकूलन और अनौपचारिक अंतर्व्यवहार की प्रक्रिया आरंभ करनी चाहिए।

लेकिन यह करेगा कौन?

हमने इस प्रश्न पर विचार किया है कि एक उत्तम राष्ट्र का निर्माण कैसे किया जा सकता है। हम इस निष्कर्ष पर पहुँचे हैं कि इसके बीज परिवार में बोए जा सकते हैं। एक अच्छा व्यक्ति ही, जिसका पालन-पोषण एक अच्छे परिवार के वातावरण में हुआ हो, वही राष्ट्र के प्रति अपने उत्तरदायित्व को समझ सकता/सकती है। ऐसा नागरिक इस सिद्धांत को अपनाएगा, 'निष्ठा से काम करो और निष्ठा से सफलता पाओ।'

अत: हमारा विश्वास है कि हृदय में सदाचारिता की आधारभूत नींव के साथ उत्तम राष्ट्र का निर्माण संभव है। तब हमारे देशवासी प्रदूषण से मुक्त स्वच्छ, हरित पर्यावरण में रह सकते हैं, निर्धनता से मुक्त होकर प्रगति कर सकते हैं। युद्ध की आशंका से मुक्त होकर शांति का अनुभव कर सकते है और अपना जीवन सुखी बना सकते हैं। इस प्रकार हमारा राष्ट्र धरती पर उत्तम समाज के निर्माण के लिए एक आदर्श बन सकता है।

हम आशा करते हैं कि इस पुस्तक को इस गंभीर समझ-बूझ के साथ पढ़ा जाएगा कि एक सुंदर परिवार के निर्माण से एक उत्तम राष्ट्र के निर्माण का मार्ग कैसे प्रशस्त होता है।

□

भाग-1

अध्याय-1

1. तीर्थंकर उन्हें कहते हैं, जो साधना द्वारा संपूर्ण आत्मज्ञान प्राप्त कर लेते हैं। इस प्रकार वह 'जिन' बन जाते हैं, जिन्होंने क्रोध, मान, माया, लोभ आदि आंतरिक शत्रुओं को जीत लिया हो। तीर्थंकर दूसरों को आत्मज्ञान का मार्ग दिखाते हैं। पहले तीर्थंकर ऋषभ थे। 24वें और अंतिम तीर्थंकर महावीर (599–527 ई.पू.) थे।
2. ऐतरेय उपनिषद् सबसे प्राचीन उपनिषदों में से है। यह ऋग्वेद के ऐतरेय अरण्यक का भाग है। तीन अध्यायों में विभक्त यह उपनिषद् रचना की प्रक्रिया के विषय में बताता है। वेदांत की अत्यंत प्रसिद्ध उक्ति 'प्रज्ञानं ब्रह्म' (ब्रह्म प्रज्ञा है।) ऐतरेय उपनिषद् से है।
3. छांदोग्य उपनिषद् दार्शनिक व रहस्यवादी सूत्रोंवाले वेदांत में प्रमुख है। दस मुख्य उपनिषदों में छांदोग्य और बृहदारण्यक अपनी महान् गरिमा में सर्वोपरि हैं। छांदोग्य उपनिषद् में मूलत: इंद्रियों के प्रत्यक्ष अनुभव का विवेचन है।
4. महायान (शाब्दिक अर्थ विशाल वाहक) बौद्ध धर्म की मुख्य शाखाओं में से एक है। महायान के अनुसार आत्मज्ञान का बोध सिद्धि का प्रमुख उद्देश्य है। करुणा को गुणों व मुक्ति के अंतरण से उपलब्ध किया जाता है। समृद्ध ब्रह्मांड-रचना इसमें सहायक होती है, जिसमें दिव्य

क्षेत्र व शक्तियाँ समाहित रहती हैं। यह बोधिसत्त्वों की शृंखला से संभव होता है। वे देवतुल्य मानव, अपने अनुयायियों की सहायता करने में समर्थ होते हैं।

5. पुराण संस्कृत आख्यानों और प्राचीन आर्य धारणाओं का समग्र-साहित्य हैं। कुल 18 मुख्य पुराण हैं। सभी अधिकांशतः काव्य रूप में लिखे गए हैं। इनको तीन वर्गों में बाँटा गया है, जिनमें से प्रत्येक में हिंदू त्रिमूर्ति के एक देवता का गुणगान है। जो पुराण रजोगुण आधारित हैं, मुख्यतः ब्रह्माजी से संबंधित हैं (ब्रह्म पुराण, ब्रह्मांड पुराण, ब्रह्मवैवर्त पुराण, मार्कंडेय पुराण, भविष्य पुराण और वामन पुराण)। जो पुराण सतोगुण आधारित हैं, वे भगवान् विष्णु से संबंधित हैं (विष्णु पुराण, भागवत पुराण, नारदीय पुराण, गरुड़ पुराण, पद्म पुराण और वराह पुराण।) जो पुराण तमोगुण प्रधान हैं, वे आदिदेव शिवजी से संबंधित हैं (शिव पुराण, लिंग पुराण, स्कंद पुराण, अग्नि पुराण, मत्स्य पुराण और कूर्म पुराण)। इन 18 मुख्य पुराणों में विष्णु पुराण सर्वथा संपूर्ण है।

6. आचार्य तुलसी (1914-1997) ने ग्यारह वर्ष की अवस्था में मुनिदीक्षा ग्रहण की। सोलह वर्ष की आयु आते-आते वह अनुयायियों को आकृष्ट करने लगे थे। आचार्य कालुगणी (1876-1936) ने जब उन्हें तेरापंथ का नौवाँ आचार्य नियुक्त किया, उनकी अवस्था कुल बाईस वर्ष की थी। 1949 में उन्होंने अपना अणुव्रत आंदोलन आरंभ किया। वह संप्रदायवाद के विरुद्ध और जैन एकता के प्रस्तावक थे। आचार्य तुलसी ने अनेक राष्ट्रव्यापी पदयात्राएँ कीं, जो कुल एक लाख किलोमीटर से अधिक थीं।

7. टॉमस स्टीयर्स इलियट (1888-1965) अमेरिका में जनमे कवि, नाटककार व आलोचक थे। उनके संग्रह 'दी वेस्टलैंड एंड फोर क्वार्टेट्स' बीसवीं शताब्दी की नई कविता की प्रमुख उपलब्धियाँ मानी जाती हैं। इलियट ने सांसारिक वस्तुओं, जीवन की आवृत्यात्मक प्रकृति व सामान्य मानवीय स्थितियों द्वारा मानव-महत्त्वाकांक्षाओं के अवरुद्ध होने के बारे में लिखा, उन्होंने देखा कि लोग नए औद्योगिक युग में आनंद के लिए नहीं, अपना अस्तित्व बनाए रखने के लिए जीते हैं।

अध्याय-2

1. पवित्र कुरान 16 : 3 सूरा अन-नहल (मधुमक्खी)।
2. प्राचीन नगरी की नीतिकथा महायान बौद्धमत के अत्यंत महत्त्वपूर्ण सूत्रों में से एक 'लंकावतार सूत्र' में वर्णित है। चीन के चैन और उसके जापानी स्वरूप जेन का मूलाधार एवं सर्वाधिक महत्त्वपूर्ण मत अंतश्चेतना को प्रधानता देता है, जिसे बहुधा 'केवल मन' कहा जाता है, अर्थात् अंतश्चेतना ही एकमात्र सत्य है। इन सूत्रों के अनुसार सभी सांसारिक वस्तुएँ एवं अनुभवों के नाम व स्वरूप मन की अभिव्यक्तियाँ मात्र हैं।
3. पवित्र कुरान 39.23, सूरा अज-जुमार।
4. साम 1.13 साम हिब्रू बाइबिल अथवा तनरक और ईसाई बाइबिल का ओल्ड टेस्टामेंट है। साम पुस्तक के इसलामी संपादन को जबूर कहते हैं। ऐसी मान्यता है कि इस पवित्र पुस्तक को अल्लाह ने कुरान शरीफ से पहले नाजिल किया था। पुस्तक 150 सामों में विभाजित है, जिनमें से प्रत्येक में एक धार्मिक स्तुति-गान है। पहली पुस्तक में पहले 41 साम हैं। ये सभी डेविड से संबद्ध हैं।
5. 10 दिसंबर, 2002 को दिल्ली के विज्ञान भवन में मानव अधिकार दिवस समारोह में ए.पी.जे. अब्दुल कलाम का भाषण। सभी मानव अपनी गरिमा और अधिकारों में स्वतंत्र व समान रूप में जन्म लेते हैं। वे सभी विवेक व अंतश्चेतना से समृद्ध होते हैं और उनको भ्रातृभाव से परस्पर व्यवहार करना चाहिए। प्रत्येक व्यक्ति को उसके व उसके परिवार के स्वास्थ्य व योगक्षेम के अनुरूप पर्याप्त साधनों के साथ जीवन-यापन का अधिकार है। इसमें आहार, वस्त्र, आवास, चिकित्सा व आवश्यक नागरिक सेवाएँ शामिल हैं। उसे बेरोजगारी, बीमारी, अपंगता, वैधव्य अथवा वृद्धावस्था में सुरक्षा का अधिकार होना चाहिए। सभी बच्चे, चाहे वे विवाह से जनमे हों या विवाह के बाहर, उनको भी यही सामाजिक सुरक्षा मिलनी चाहिए।
6. यूसेबियस, द हिस्ट्री ऑफ द चर्च : फ्रॉम क्राइस्ट टू कंस्टेनटीन (पेंगुइन क्लासिक्स, 1990)
7. चर्च ऑफ इंग्लैंड, बुक ऑफ कॉमन प्रेयर (ऑक्सफोर्ड यूनिवर्सिटी प्रेस, 2000)

8. हेराल्ड डब्ल्यू पेरसीवल, थिंकिंग ऐंड डेस्टिनी (मोतीलाल बनारसीदास पब्लिशर्स, 2001)

अध्याय-3

1. एनेक्सागोरस सुकरात से पहले के यूनानी दार्शनिक थे। वह निर्देशक शक्ति नाउस (मन) की ब्रह्मांडीय धारणा के प्रवर्तन के लिए विख्यात हैं।
2. एकनाथ ईश्वरन, द धम्मपद (नीलगिरि प्रेस, नया संस्करण, 1993)
3. बेनेडिक्ट्स द स्पिनोजा, स्पिनोजा : कंप्लीट वर्क्स (हेकेट पब्लिशिंग कंपनी, 2002)
4. जी.डब्ल्यू. लीबनिज, फिलोसोफिकल एसेज (हेकेट पब्लिशिंग कंपनी, 1989)
5. आर्थर शॉपेनहावर, ई.एफ.जे. पायने (अनुवादक), द वर्ल्ड एज विल एंड रिप्रजेंटेशन (डोवर पब्लिकेशंस, नया संस्करण, 1966)
6. डी.आर. गोर्डन और डी.बी. सुइट्स, इपीक्यूरस : हिज कंटीन्यूइंग इन्फ्लुएंस ऐंड कंटेंपरेरी रिलेवेंस (आरआईटी गे ग्राफिक्स आर्ट प्रेस, 2003)
7. एच. एंसबाशेर और आर.आर. एंसबाशेर, इंडिविजुअल साइकोलॉजी ऑफ एल्फ्रेड एडलर (हार्पर पेरेनियल, 1964)
8. ए.पी.जे. अब्दुल कलाम और वाई.एस. राजन, इंडिया 2020 : ए विजन फॉर द न्यू मिलेनियम, (पेंगुइन बुक्स, 1998)
9. पवित्र कुरान 3.103 सूरा अल-इमरान (इमरान का परिवार)
10. मेटियन रिकेर्ड और क्रिश्चयन शिमत, जर्नी फॉर पीस : हिज होलीनेस द फोर्टींथ दलाई लामा (स्केलो पब्लिशर्स, 2005)
11. लीला डिसूजा, द सोशोलॉजी ऑफ रिलीजन : ए हिस्टोरिकल रिव्यू, (रावत पब्लिकेशन, 2005)
12. लियोनार्ड स्विडलर 1966 से टेंपल युनिवर्सिटी में कैथोलिक चिंतन और धार्मिक संवाद के प्रोफेसर हैं। वह जरनल ऑफ इक्यूमेनिकल स्टडीज के संपादक एवं पचास से अधिक पुस्तकों के लेखक हैं।

भाग-2

अध्याय-4

1. हिपोक्रेट्स (460-380 ई.पू.) एक प्राचीन यूनानी चिकित्सक थे। चिकित्सा में औषधियों के क्षेत्र में उनको अत्यंत प्रमुख हस्ती माना जाता है। उनको 'औषधियों का जनक' कहा जाता है। सभी स्नातक डॉक्टरों को अपना व्यवसाय आरंभ करने से पूर्व 'हिपोक्रेट्स शपथ' लेनी होती है।
2. कर्म का सिद्धांत पुरातन व सर्वमान्य सिद्धांत 'जैसा बोओगे, वैसा ही काटोगे' के आध्यात्मिक क्षेत्र में विस्तार का सीधा परिणाम है। दूसरे शब्दों में यह सिद्धांत दैनिक जीवन में देखे जानेवाले इस भौतिक तत्त्व का कि प्रत्येक क्रिया की प्रतिक्रिया होती है, प्रत्येक कार्य का कारण होता है तथा उसके विलोम-क्रम का ही विस्तार है। कर्म के सिद्धांत के अनुसार किसी भी प्राणी का जीवन यहाँ व पुनर्जन्म में उसके कर्मों से निर्धारित होता है। एक पुनीत जीवन से इस जन्म में सुख-सुविधाएँ संतोष व सामान्य योगक्षेम मिलता है। इससे पुनर्जन्म उच्च व श्रेष्ठतर स्थितिवाला मिलता है। कुकर्मों के परिणामस्वरूप मनुष्य भावी जीवन में निम्न स्तरीय स्थितिवाली अवस्था को प्राप्त होता है। वह इस जन्म में भी दुःख व कष्ट पाता है। थोड़े में हम उसे 'अपने कर्मों के अवश्यंभावी परिणामों' का सिद्धांत कह सकते हैं।
3. आयुर्वेद (संस्कृत आयु—जीवन, वेद—ज्ञान) अथवा आयुर्वैदिक औषध चिकित्सा की एक संपूर्ण पद्धति है। 5000 वर्ष पुरानी इस पद्धति का मूल वैदिक संस्कृति में है। चरक और सुश्रुत संहिता किसी एक लेखक की कृतियाँ न होकर दो परंपराओं का सार है। एक तीसरी परंपरा कश्यप है। आयुर्वेद का दृष्टिकोण यह है कि शरीर पर्यावरण, उसके आहार व जलवायु के अनुकूल स्वयं को ढाल लेता है। इस अनुकूलन सिद्धांत को 'सत्यम शरीर' कहते हैं। अल्प मात्रा में आहार या औषधि देने से शरीर स्वयं को पर्यावरण के अनुरूप ढाल सकता है और उसका प्रतिरोध करना सीख सकता है।
4. सहिष्णुता के सिद्धांत पर संयुक्त राष्ट्र की 1995 की घोषणा।
5. अवधान-न्यूनता—अतिसक्रियता विकार (एडीएचडी) एक मनो विकारिक

निदान है। यह अपसारी व्यक्तित्व के लक्षणों की व्याख्या करता है, जो मानसिक-विकार की विभ्रांति उत्पन्न करके परिलक्षित होते हैं। ये लक्षण कई बार अतिकेंद्रण, अतिसक्रियता, सामाजिक व्यग्रता, विस्मरण, मनोदशा-परिवर्तन व अवज्ञा के रूप में प्रकट होते हैं। यह विकार सामान्यत: बच्चों में पाया जाता है। वयस्कों में मिलने पर इसे अवधान-न्यूनता-विकार (एडीडी) कहा जाता है। माना जाता है कि एडीएचडी वाले 30 से 70 प्रतिशत बच्चों में बड़े होने तक यह विकार बना रहता है। एडीडी वाले वयस्कों के बारे में माना जाता है कि बचपन में उनके इस विकार का निदान नहीं हो सकता।

6. योग संकुचित विचारों, संकल्पनात्मक मन, बनावट एवं कृत्रिमता से मुक्ति है। योग हमें छिछलेपन, खोखलेपन, स्नायुविकारग्रस्त बाह्य परिष्करण/प्रतिपूर्ति से मुक्त करता है और हमें हमारी अधिक मौलिक मनश्चेतना की स्थिति में लाता है। योग हमें सत्य, प्रेम, प्रकाश व शांति के माध्यम से वास्तविकता की ओर ले जाता है। हठयोग ऐसा कुंडिलिनी जाग्रत् करके करता है। इसमें छह मुख्य क्रियाओं का प्रयोग होता है। ये हैं—(1) शरीर, मानसिक स्नायु व मस्तिष्क का शुद्धीकरण (क्रिया), (2) स्थितियाँ जो शरीर/मस्तिष्क का शुद्धीकरण करती हैं और मानसिक ताप, आंतरिक मानसिक शक्ति का निर्माण करती हैं एवं सुप्त संचालन को सक्रिय करती हैं (आसन), (3) विभिन्न ऊर्जा बंधनों को सक्रिय करना, जो आध्यात्मिक ऊर्जा के अपव्यय को रोकते हैं, आंतरिक सक्रियता व नैसर्गिक विकासात्मक ऊर्जा के प्रवाह के वेग को तीव्रता प्रदान करना (बंध), (4) मुख्य रूप से श्वास नियंत्रण के माध्यम से अपनी केंद्रीय ऊर्जा व प्राण के स्रोत के साथ चेतन रूप से संबंध स्थापित करना (प्राणायाम), (5) आसन, बंध, प्राणायाम व धारणाओं का एक साथ प्रयोग करके मानसिक स्नायु व चक्रों के माध्यम से कुंडलिनी की विकासात्मक ऊर्जा को सक्रिय बनाना तथा वेग देना (मुद्रा) तथा (6) ऐसी स्थिति का पालन व विकास करना, जिसमें द्वैत भाव समाप्त हो जाता है।

7. प्रतिरोध प्रणाली विशेष कोशिकाओं व अंगों की प्रणाली है, जो किसी अंग की बाह्य जैविक प्रभावों से रक्षा करती है। व्यापक अर्थों में प्रत्येक

अंग सुरक्षात्मक कार्य करता है (जैसे त्वचा), जब प्रतिरोध प्रणाली सुचारु रूप से अपना कार्य कर रही हो, तो यह जीवाणुओं व विषाणुओं के संक्रमण से शरीर की रक्षा करती है। यह कैंसर कोशिकाओं और विजातीय तत्त्वों को नष्ट कर देती है। यदि प्रतिरोध प्रणाली निर्बल हो जाए, तो इसकी शरीर की रक्षा करने की क्षमता भी निर्बल हो जाती है, जिससे सामान्य सर्दी-जुकाम, फ्लू के विषाणुओं सहित रोगजनक फलने-बढ़ने लगते हैं।

अध्याय-5

1. मूलवृत्ति एक पूर्वनिर्मित व्यावहारिक प्रतिमान है, जो बहुधा जन्म से ही प्रकट होने लगती है। इसका विन्यास वंशानुगत होता है और पदार्थों के प्रति अपनाई गई सापेक्ष रूपात्मकता के अनुसार इसकी आवृत्ति होती है। सिग्मंड फ्रायड मूलवृत्ति को जैव उत्तेजक, एक ऐसी चाह, जो मानसिक पद्धति को प्रभावित करती हो और ऐसे जैव चाह उत्तेजक को मानसिक प्रतिनिधि मानने के बीच डोलते रहे। फ्रायड का कहना था कि आनंदप्रद तनाव और तनाव का निरानंद शिथिलन अवश्य होता है।
2. चित का अर्थ है ऊपर मुँह करके पीठ के बल लेटना। उसका उलट—पट, यानी मुँह नीचे करके लेटना है, जो बहुधा किसी बीमारी या दुर्घटना के कारण होता है। चित लेटना औंधा लेटने का भी उलट है, जैसे कि रोगी अस्पताल में पेट के बल लेटते हैं। वेदों की एक पुरातन उक्ति है 'सः अकाम्य' और उसके बाद सृष्टि का निर्माण हुआ, यानी भौतिक स्वरूप लेने से पहले ईश्वरीय बीज को कामना की दहकती उत्तेजना की अनुभूति हुई। अतः हममें से प्रत्येक को विकास करने, पुष्पित-पल्लवित होने की कामना करनी होती है, अन्यथा हम चित पड़े हैं। देवता इसे भलीभाँति जानते हैं कि चित पड़े व्यक्ति कोई आध्यात्मिक (भौतिक भी) उपलब्धि नहीं पा सकते।
3. मनोविज्ञान केवल मस्तिष्क या स्नायु-तंत्र से संबंधित ही नहीं है। इसका संबंध मस्तिष्क के इंद्रियग्राह्यता अथवा सूचनाओं को संसाधित करने के सिद्धांतों से भी है। बौद्ध धर्म में मनोवैज्ञानिक जीव को वेदना, संज्ञा,

संस्कार और विज्ञान से परिभाषित किया गया है। चिकित्सा विज्ञान किसी व्यक्ति की विशिष्टताएँ मानता है, जैसे व्यक्तित्व, चिंतन, विवेक, स्मृति, बौद्धिकता और मनोभाव। जैन धर्म विलोमों के समन्वय को महत्त्व देता है (जैसे पुरुषत्व और नारीत्व, चिंतन और भाव, विज्ञान और अध्यात्म)।

4. सम्यक् दर्शन अध्यात्म-पथ पर प्रथम चरण है। इसके बिना अगले सभी चरण विपथ पर होंगे। जैन योग की परंपरा में आंतरिक विकास की चौदह स्थितियों का वर्णन है। वर्तमान प्रसंग में इनमें से प्रथम पाँच विचारणीय हैं—(1) मिथ्या दृष्टि, जो अतत्त्व को तत्त्व समझता है, उसकी चेतना का आंतरिक विकास है। (2) सास्वादन सम्यक् दृष्टि, जो प्राप्त सम्यक् दृष्टि के वापस चले जाने पर उसके अवशिष्ट सम्यक् बोध की दशा है। (3) सम्यक्-मिथ्या दृष्टि, जो आरंभिक बोध की स्थिति है, जिसमें सम्यक् दृष्टि के साथ मिथ्या दृष्टि का मिश्रण होता है। (4) अविरत सम्यक् दृष्टि, इस स्थिति में साधक को सम्यक् दृष्टि प्राप्त होती है, परंतु अभी भी उसमें उस पर निरंतर आचरण करने के आत्मानुशासन का अभाव होता है। (5) देश विरत्, सम्यक् दृष्टि के साथ संयम (आत्मानुशासन) की आंशिक आराधना करनेवाली दशा।

5. मानव-मस्तिष्क के एक भाग को सरीसृप मस्तिष्क कहते हैं, क्योंकि इसकी क्रिया सरीसृप जैसी ही होती है। यह मानव के भावों की अधिकांश प्रक्रियाओं को संसाधित करता है। ये क्रियाएँ सामान्यत: स्वत:स्फूर्त होती हैं, जैसे खतरे की स्थिति में भागना या आक्रमण करना। मानव का विकास कुछ इस प्रकार हुआ है कि जीवन की संकटपूर्ण स्थितियों में 'स्वाभाविक अपहरण' हो जाता है। मनुष्यों में सरीसृप मस्तिष्क का संपर्क नव-बाह्यावरण (neocortex) से रहता है, जो आवश्यकतानुसार सरीसृप मस्तिष्क की स्व-प्रतिक्रियाओं को कुछ नियंत्रित कर लेता है।

6. चेतना हिमखंड के समान होती है, जिसका 90 प्रतिशत जलमग्न होने के कारण आँखों के लिए अदृश्य होता है। हमारे अधिकांश व्यवहार-प्रतिमान और वैसे व्यवहार के कारण स्वत: संचालित होते हैं। इनके

कारण हमारी चेतना के गर्त (अवचेतन) में होते हैं। चैतन्यता, चेतनता के स्तर के नीचे जो कुछ है, उसे चेतना के स्तर तक लाने की क्रिया है। चैतन्यता के बहुत लाभ हैं। जब आप स्वचालित व्यवहार की निद्रा जैसी आत्म-विस्मृति से जागते हैं, तो स्वयं को अधिक जीवंत पाते हैं। आपके पास प्रत्येक अवसर के लिए अनेक विकल्प होते हैं। आपके पास नए चुनाव होते हैं, जो आपको जैसा जीवन आप जीना चाहते हैं, उसके लिए सक्षम बनाता है। आपको ज्ञान हो जाता है कि आप वास्तव में क्या हैं? आप बंधनमुक्त हो जाते हैं और अपने जीवन का निर्माण अधिक स्वेच्छा से कर सकते हैं। आपका जीवन व संबंध प्रेम तथा उपशमन से ओत-प्रोत हो जाते हैं। जीवन-संघर्ष के स्थान पर आनंद छा जाता है।

7. स्टीफन एस. कोवी, द सेवन हैबिट्स ऑफ हाइली इफेक्टिव पीपुल (न्यूयॉर्क : साइमन ऐंड शुस्टर, 1989)

अध्याय-6

1. ओ.आर. कृष्णास्वामी, द विज्डम ऑफ तिरुकुरल : ए गाइड टू लिविंग कमेंट्री (भारतीय विद्या भवन, 2004)।
2. आचार्य महाप्रज्ञ (मुनि नथमल) जैनिज्म : एथिक्स ऐंड मोरेलिटी। (अनमोल पब्लिकेशंस, 2000)।
3. हावर्ड गार्डनर, फाइव माइंड्स फॉर द फ्यूचर (हार्वर्ड बिजनेस स्कूल प्रेस, 2007)।